权威数据 | 全面解读 | 科学引导

中国汽车技术研究中心有限公司 编著

2018 节能与新能源汽车发展报告

ANNUAL REPORT ON ENERGY-SAVING AND NEW ENERGY VEHICLE IN CHINA 2018

人 民 邮 电 出 版 社
北 京

图书在版编目（CIP）数据

节能与新能源汽车发展报告. 2018 / 中国汽车技术研究中心有限公司编著. -- 北京 : 人民邮电出版社, 2018.10
ISBN 978-7-115-49522-8

Ⅰ. ①节… Ⅱ. ①中… Ⅲ. ①节能－新能源－汽车－研究报告－中国－2018 Ⅳ. ①U469.7

中国版本图书馆CIP数据核字(2018)第223404号

内容提要

本书共分 6 篇、13 个专题，分别从产业环境、燃料消耗、产品趋势、技术应用、能耗评价以及对照国外发展等方面详细论述了国内节能与新能源汽车发展情况。

产业环境篇：从能源环境、政策环境、产业现状 3 个角度出发，对节能与新能源汽车产业的整体发展情况进行了概述。燃料消耗篇：对乘用车和商用车燃料消耗量的管理进展进行了展示。产品趋势篇：基于车辆属性的发展特点，深入探求了车辆属性与能耗之间的关系。技术应用篇：对节能与新能源汽车技术的应用特点进行全面剖析，同时对行业重点关注的替代燃料和动力电池技术开展专题研究。能耗评价篇：通过因子分析模型得到了国内乘用车产品节能竞争力排名，通过统计分析揭示了真实驾驶与认证油耗的差异水平。国外发展篇：以燃油车禁售、欧盟重型车油耗管理为研究对象，为我国节能与新能源汽车产业发展提供了有益参考。

◆ 编　　著　中国汽车技术研究中心有限公司
责任编辑　代晓丽
◆ 人民邮电出版社出版发行　　北京市丰台区成寿寺路 11 号
邮编　100164　　电子邮件　315@ptpress.com.cn
网址　http://www.ptpress.com.cn
北京康利胶印厂印刷
◆ 开本：787×1092　1/16
印张：14.75　　2018 年 10 月第 1 版
字数：415 千字　　2018 年 10 月北京第 1 次印刷

定价：108.00 元

读者服务热线：(010)81055488　印装质量热线：(010)81055316
反盗版热线：(010)81055315

《节能与新能源汽车发展报告》编委会

编委会主任：

于　凯

副　主　任：

吴志新

主　　　编：

郑继虎

副　主　编：

惠怡静　赵冬昶

主要执笔人：

任焕焕　王　昊　郭千里　柳邵辉　金　璐
陈　川　齐　亮　苏　卉　禹如杰　葛　鹏
李宏伟　邹玉红　张丹阳　贾莉洁　郑　洲
李　平　刘建春　刘　勇　吕　旺　吕　力
贾国瑞　康泽军　夏　琳　曹一哲

姚春德（天津大学内燃机燃烧学国家重点实验室）
李秋荻（奥地利 AVL 李斯特公司）

前言

一、汽车产业产销增速回落

2017 年，我国汽车产业全年产销量分别达 2 901.5 万辆和 2 887.9 万辆，与 2016 年相比，分别增长 3.2% 和 3.0%，同比增速有所回落。

市场产销增速回落主要是受居民消费和产业政策的影响。2017 年，我国在稳步推进去库存、去产能的基础上，加大去杠杆的力度，虽然人均居民可支配收入有所增加，但在扣除基本生活消费以及各类贷款等刚性支出后，其余部分的消费增幅比较有限，固定资产投资增速持续下滑；另外，乘用车 1.6 L 及以下排量购置税由 5% 回调至 7.5%，导致 2016 年提前透支了部分市场需求。不过，新能源汽车在补贴政策和双积分办法的双重推动下，继续保持高速增长。

二、新能源汽车技术水平持续提高

2017 年，我国新能源汽车产销量分别达 80.8 万辆和 81.2 万辆，与 2016 年相比，分别增长 57.8% 和 67.8%。

新能源汽车产销量高速增长的背后，技术水平同样得到较大提升。虽然纯电动乘用车的主要续驶里程段已经升至 150~250 km，但平均续驶里程有所下滑，这主要是受 A00 车型产量占比提升的影响。如果不考虑 A00 级车辆，可以预期，未来主销车型的续驶里程基本会达 300 km 左右，电池装载电量将会超过 45 kWh，吨百公里电耗也将下降到 10 kWh/(100 km·t) 以下。

三、行业平均燃料消耗量下降有所放缓

2017 年传统能源乘用车的平均燃料消耗量已经下降到 6.77 L/100km，相比于 2016 年下降 1.46%，而 2016 年相比 2015 年的下降幅度为 2.41%，油耗水平降幅有所减缓。得益于新能源车的核算优惠，如果将新能源乘用车计算在内，平均燃料消耗量约为 6.05 L/100km，其中自主企业的平均燃料消耗量已经下降到 5.20 L/100km。

四、节能技术应用范围进一步扩大

目前来看，企业主要通过涡轮增压、缸内直喷、先进变速器等技术实现传统车降耗目的。2017 年，涡轮增压和缸内直喷技术的应用比例分别达 45.11% 和 39.39%，手动变速器的搭载率也已经下降到 30% 左右的水平。

五、技术发展须与积分市场并重

按照双积分办法的实施要求，2018 年将会开展 2016—2017 核算年度燃料消耗量负积分的抵偿工作，为负积分企业政策合规提供了灵活性。但可以预见的是，2021 年新能源汽车推广应用财政补贴退出后，如果节能技术应用效果不能明显提升，新能源汽车关键零部件成本不能大幅降低，企业将面临更大的政策合规压力。虽然通过油耗和新能源积分交易可以实现发展成本的转移，进而使得一部分企业满足政策要求，但在发展节能与新能源汽车的长途跑道上，持续提高技术水平是唯一可以使得企业稳定发展的手段。

本书将通过对节能与新能源汽车市场、技术、政策的持续跟踪，为行业分析提供科学的参考依据。不足之处，请各位读者提出宝贵意见。

目 录

Contents

Ⅰ 产业环境篇

Ⅳ 技术应用篇

VI 国外发展篇

附录

I

产业环境篇

摘要

2017 年我国汽车保有量已超过 2 亿辆，这使我国面临严峻的能源压力。测算表明，2017 年我国车用汽柴油消耗量达 2.31 亿吨，占社会汽柴油表观消费量的 80%。同时，我国原油对外依存度攀升至 68.4%。面对日益严峻的能源与环境形势，加快培育和发展节能与新能源汽车已成为我国重要的战略选择。

2017 年 9 月，工业和信息化部、财政部、商务部、海关总署、国家市场监督管理总局联合发布《乘用车企业平均燃料消耗量与新能源汽车积分并行管理办法》，对我国节能与新能源汽车管理体系进一步完善。双积分办法通过建立以积分管理为核心的市场化激励机制，形成促进新能源汽车产业持续发展的长效机制。目前我国汽车产业管理政策已经涵盖了供、研、产、销等各个环节，有效推动了节能与新能源汽车的发展，也带动了充电设施等配套环境的建设。

专题 1

能源形势与车用能源测算

全球石油消费量在 2008 年金融危机期间出现下滑，2010 年后逐年增长，2017 年增长至 46.22 亿吨油当量；其中中国、欧盟、美国、日本分别达 6.08 亿吨、6.45 亿吨、9.13 亿吨和 1.88 亿吨油当量。为降低对进口原油的依赖度，上述 4 个国家和地区不断探索能源消费改革方向，并针对汽车产业提出了符合各自产业发展的能源发展战略。

2017 年我国车用总燃油消耗测算值达 2.31 亿吨，占社会汽柴油表观消费总量的 80.0%，其中乘用车汽柴油消费与商用车汽柴油消费的比例为 48.9:51.1。得益于新能源汽车保有量的快速增长，2017 年我国车用汽油的消费量增速有所放缓，车用柴油消费量接近峰值。

1.1 全球汽车能源发展战略

1.1.1 中国能源形势与汽车能源战略

我国能源形势严峻，推动节能与新能源汽车产业快速发展。

2017 年，我国能源消费量高达 31.32 亿吨油当量，位居全球第一，占全球能源消费总量的 23.18%。同时，我国的石油消费量也达 6.08 亿吨油当量，全球范围内仅次于美国的 9.13 亿吨油当量，如图 1-1 所示。BP 数据显示，2017 年全球石油消费量增长 170 万桶 / 日，我国新增需求量达 50 万桶 / 日，成为石油需求量增长最快的国家。

2006—2017 年，我国原油需求日益扩大，但产量基本稳定，导致原油进口量和对外依存度持续走高。原油进口量由 2006 年的 1.45 亿吨增长至 2017 年的 4.20 亿吨，原油对外依存度由 42.9% 增长至 68.4%，如图 1-2 所示。国际原油价格长期剧烈波动，给我国的原油储备战略带来机遇，也带来了挑战。尤其是原油海上运输时受制于马六甲海峡的使用权，更加剧了我国的能源压力。从经济性和安全性考虑，我国应采取多重措施降低原油对外依存度，确保国家能源安全。

除国家原油的战略储备、炼厂产能扩张等因素之外，汽车保有量的逐年攀升也是造成我国对进口原油需求量增长的主要原因之一。2017 年我国汽车产销量分别达 2 901.5 万辆和 2 887.9 万辆，同比增速降至近 5 年来新低，如图 1-3 所示。截至 2017 年，我国汽车保有量达 2.00 亿辆，其中传统能源汽车保有量为 1.98 亿辆。

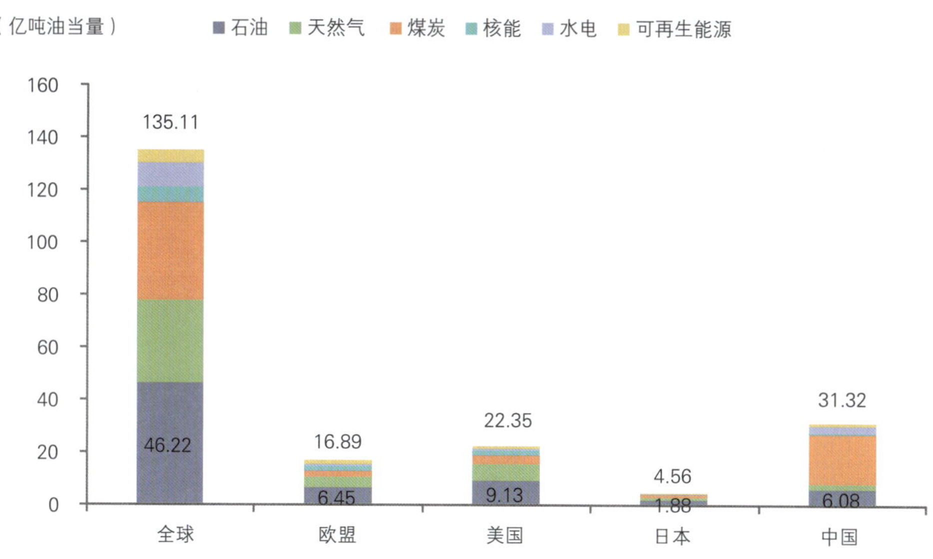

（来源：BP 2018 年世界能源统计年鉴）

图 1-1　2017 年全球、欧盟（EU-28）、美国、日本、中国能源消费结构

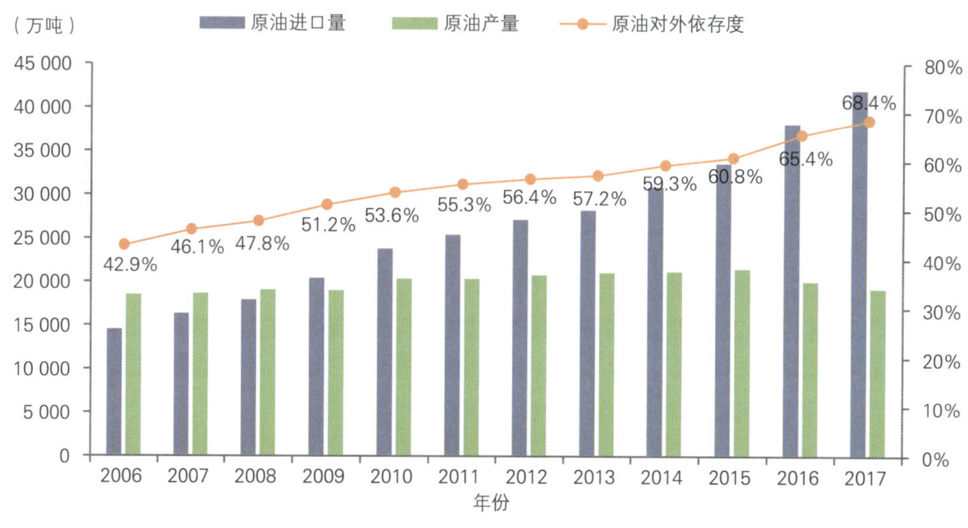

（来源：国家统计局、海关总署）

图 1-2　中国原油进口量、产量及对外依存度

为降低对进口原油的依赖，大力发展节能与新能源汽车已成为我国重要的战略选择。2017 年 4 月，工业和信息化部（以下简称“工信部”）、国家发展改革委员会（以下简称“发改委”）、科技部联合印发《汽车产业中长期发展规划》，提出以新能源汽车和智能网联汽车为突破口，加速跨界融合，构

建新型产业生态，带动产业转型升级；2017 年 9 月，工信部副部长辛国斌在中国汽车产业发展（泰达）国际论坛上表示，我国已启动禁售燃油汽车的研究。在政策、技术驱动下，截至 2017 年，我国新能源汽车保有量达 170 多万辆，稳居世界首位。

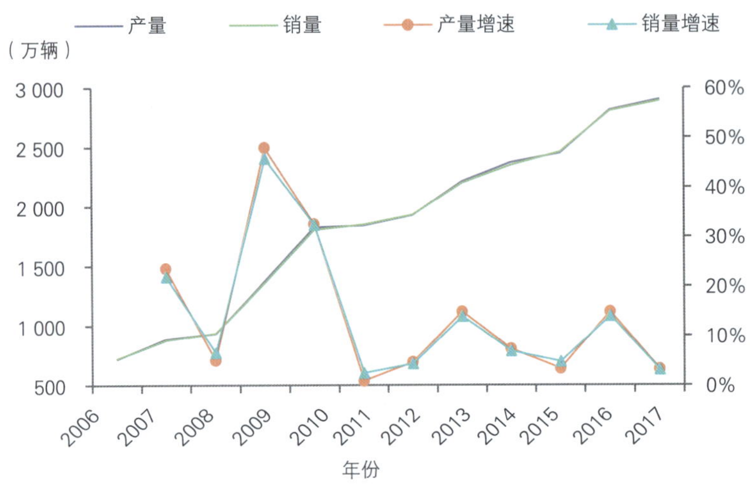

（来源：中国汽车工业协会）

图 1-3　2006—2017 年我国汽车产量、销量及增幅情况

1.1.2　欧、美、日能源形势与汽车能源战略

为降低对进口能源的依赖程度，欧盟、日本持续推动汽车能源战略转型；受能源独立和政府政策影响，美国新能源汽车产业发展或将出现转折。

1. 欧盟能源形势与汽车能源战略

2017 年，欧盟（EU-28）能源消费量为 16.89 亿吨油当量，其中，石油消费量为 6.45 亿吨油当量，天然气消费量为 4.01 亿吨油当量，两种资源占能源消费量的 61.93%。为摆脱油气进口依赖，达成温室气体排放目标，自 2016 年起，欧盟各国相继提出禁售燃油汽车计划。

目前，欧盟替代燃料乘用车[1]已初具规模，新注册量占比由 2006 年的 0.30% 增至 2016 年的 3.20%。同时，替代燃料乘用车的构成也发生了巨大变化，混合动力（含插电式）乘用车取代天然气乘用车，成为第二大替代燃料车；液化气乘用车仍占据替代燃料车主导地位，2016 年同比增长 17%。2016 年欧盟新注册的 E85 型乙醇乘用车、纯电动乘用车、液化气乘用车、天然气乘用车、混合动力（含插电式）乘用车占比分别达 0.40%、13.68%、53.81%、12.18%、19.93%，如图 1-4 所示。

1　替代燃料乘用车（Alternative Fuel Vehicle，AFV）包括纯电动乘用车（Battery Electric Vehicle，BEV）、液化气（Liquefed Petroleum Gas，LPG）乘用车、天然气（Natural Gas，NG）乘用车、乙醇乘用车（E85 /Ethanol Vehicle）、混合动力乘用车（Hybrid Electric Vehicle，HEV）、插电式混合动力乘用车（Plug-in Hybrid Electric Vehicle，PHEV）、生物质乘用车（Biodiesel Vehicle）。

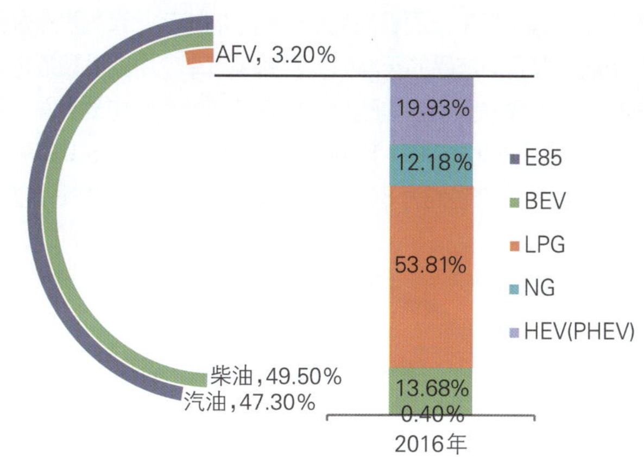

（来源：*EEA Monitoring CO_2 emissions from new passenger cars and vans in 2016*）

图 1-4　2016 年欧盟（EU-28）新注册乘用车按燃料类型分布情况

2. 美国能源形势与汽车能源战略

2017 年美国能源消费量为 22.35 亿吨油当量，其中石油消费量为 9.13 亿吨油当量。交通运输是美国石油消费的最大领域，约占其消费量的$\frac{3}{4}$。

在次贷危机期间，美国汽车产销量大幅下滑，2009 年降幅分别高达 34.16%、21.43%。经过多轮量化宽松政策，美国市场经济大幅改善，伴随着消费者信心的提升、燃油价格的稳定，美国汽车产业实现了恢复性增长。2017 年美联储 3 次加息，贷款利率上升增加了消费者的购车成本，导致美国结束了汽车产销量连续 7 年上升的态势，小幅下滑至 1 119.00 万辆和 1 758.38 万辆。具体如图 1-5 所示。

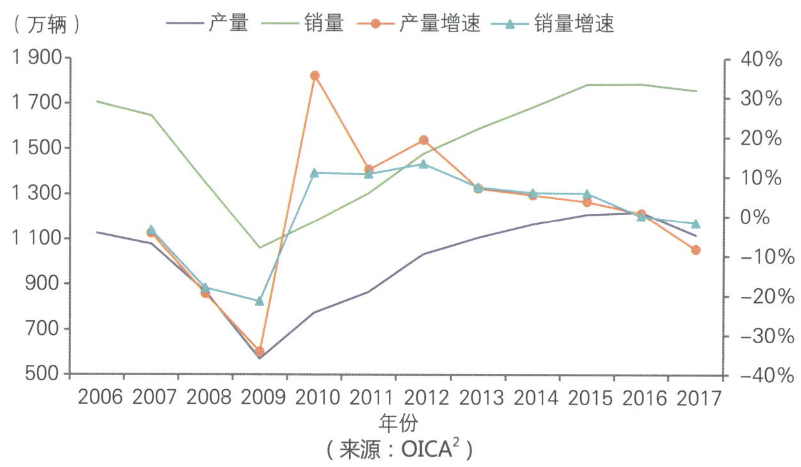

（来源：OICA[2]）

图 1-5　2006—2017 年美国汽车产量、销量及增幅情况

2　OICA 数据统计口径为小客车（Car）和商用车（Commercial Vehicle），商用车包括轻型商用车（Light Commercial Vehicle）、大型客车（Heavy Bus）和重型卡车（Heavy Truck）。

第一次石油危机爆发后，美国不得不直面石油危机问题，制定了一系列汽车能源战略和政策。美国前总统奥巴马提出前期推广柴油及非石油产品的天然气、乙醇等汽车，中期发展油电混合和纯电动汽车，后期发展氢动力燃料电池汽车。EPA 数据显示，美国替代燃料汽车包括纯电动汽车、插电式混合动力汽车、燃料电池汽车、压缩天然气汽车产量占比由 2011 年的 0.1% 上升至 2016 年的 0.8%，其中以纯电动和插电式混合动力车型为主。2016 年纯电动汽车产量约为 8 万辆，插电式混合动力汽车产量约为 5 万辆，如图 1-6 所示。

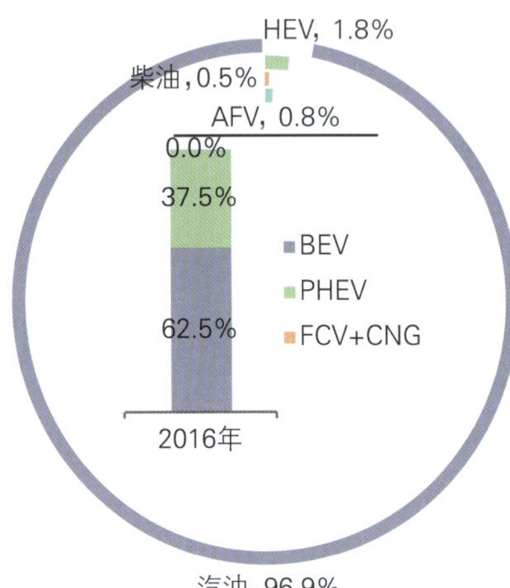

（来源：*EPA Light-Duty Automotive Technology, Carbon Dioxide Emissions, and Fuel Economy Trends: 1975 Through 2017*[3]）

图 1-6　2016 年美国汽车产量按燃料分布情况

近年来，美国通过页岩气革命，实现了本国能源独立，也颠覆了原有的世界能源格局。2017 年特朗普政府宣布退出巴黎气候协定，表达出对传统化石能源的青睐。随着美国政府对新能源产业态度的转变，将形成抑制新能源、提振传统能源的产业格局，未来美国新能源汽车产业发展或将出现转折。

3. 日本能源形势与汽车能源战略

日本国内资源匮乏，油气资源全部依赖于进口。2017 年日本能源消耗量为 4.56 亿吨油当量，其中石油消费量为 1.88 亿吨油当量，天然气消耗量为 1.01 亿吨油当量。陆路运输油品消耗量占日本石油产品总消耗量的 45.89%（IEA，2015 年数据）。

日本是全球汽车生产强国，但产销量受日本国内消费市场规模限制。2006—2017 年，汽车年度销量均维持在 500 万辆左右，如图 1-7（a）所示。为降低能源进口依赖，促进汽车产业发展，日本一直致力于汽车能源的战略转型，主要包括 3 方面：一是保持传统能源汽车先进性的同时开发新一代汽车；二是保持纯电动和插电式混合动力汽车的领先地位；三是政府制定新一代汽车整体的发展战略。

日本新一代汽车包括清洁柴油汽车、天然气汽车、混合动力汽车、纯电动汽车、插电式混合动力汽车、

3　EPA 数据统计口径为小客车（Car）和货车（Truck）。

燃料电池汽车和其他新能源汽车。按照日本的汽车能源战略思路，到 2020 年，新一代汽车销量占汽车总销量的 20%~50%，其中混合动力汽车占 20%~30%，纯电动和插电式混合动力汽车占 15%~20%，燃料电池汽车占 1%，清洁柴油汽车占 5%；到 2030 年新一代汽车销量占新车总销量的 50%~70%，其中混合动力汽车占 30%~40%，纯电动和插电式混合动力汽车占 20%~30%，燃料电池汽车占 3%，清洁柴油汽车占 5%~10%。2016 年日本新一代乘用车注册量为 144.49 万辆，占乘用车注册量的 35%；其中混合动力、插电式混合动力、纯电动、燃料电池和清洁柴油乘用车注册量分别达 127.56 万辆、0.94 万辆、1.53 万辆、0.11 万辆和 14.35 万辆。

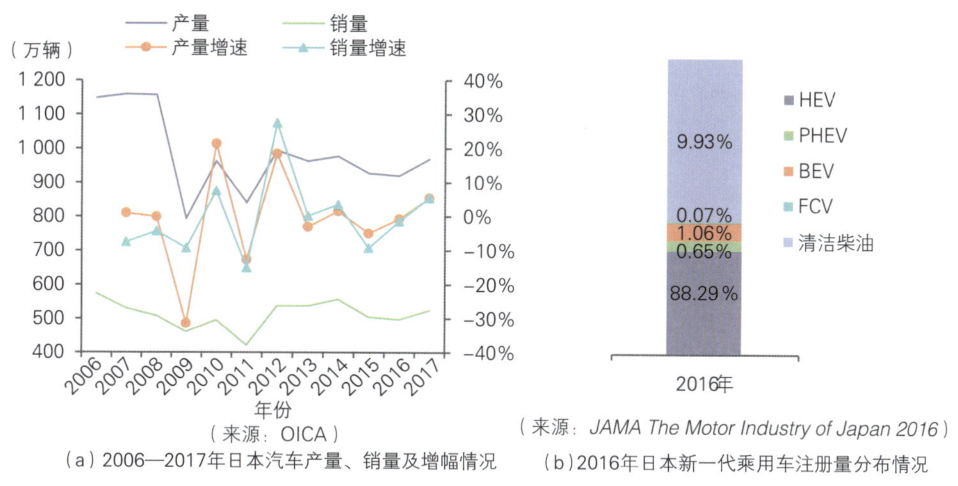

（来源：OICA）
（a）2006—2017年日本汽车产量、销量及增幅情况

（来源：*JAMA The Motor Industry of Japan 2016*）
（b）2016年日本新一代乘用车注册量分布情况

图 1-7　日本汽车发展情况

1.2 中国车用能源测算

1.2.1 车用总能耗测算模型

车用总油耗的测算方法大致分为两类：第一类采用“车辆保有量 × 燃料经济性指标 × 年行驶里程”的方法；第二类从汽车交通运输量出发，采用吨公里油耗和人公里油耗进行计算。本章采取国内外广泛采用的第一类方法进行计算。

第一步是根据汽车历史保有量、年销量及残存率数据将汽车保有结构按照不同车辆种类和车龄进行细分；第二步是将各类汽车保有量乘以各自的燃油经济性数据（百公里油耗），再乘以其年行驶里程数据，求和得到总油耗数据。计算公式如下。

$$Oil_i = \sum_{j=1}^{n}\left(VP_{i,j} \times AFE_{i,j} \times VMT_{i,j} \times Den_{i,j}\right) \tag{1-1}$$

$$AFE_{i,j} = \frac{\sum_{k=0}^{\sigma}\left(Sales_{i-k,j} \times SR_{k,j} \times FE_{i,k,j}\right)}{VP_{i,j}} \tag{1-2}$$

其中，i 表示年份，j 表示车辆种类，n 表示车种数量，k 表示车龄，σ 表示车辆可能到达的最长使用寿命；Oil_i 表示 i 年份的车用燃油消费数量（kg），$VP_{i,j}$ 表示 i 年份 j 类车的保有量（辆），$AFE_{i,j}$ 表示 i 年份 j 类车的平均燃油经济性（L/100 km），$VMT_{i,j}$ 表示 i 年份 j 类车的年行驶里程（100 km），$Den_{i,j}$ 表示 i 年份 j 类车的燃油密度（kg/L）（汽油取 0.732，柴油取 0.835），$Sales_{i-k,j}$ 表示 $i-k$ 年时 j 类车的销量（辆），$SR_{k,j}$ 表示 j 类车在 k 年份的残存率，$FE_{i,k,j}$ 表示 i 年份 j 类车在 $i-k$ 年的燃油经济性。

本报告采用的车辆分类情况如图 1-8 所示，将汽车总体分为乘用车和商用车两大类，再在商用车中分出客车与货车两类，并根据车辆的长度与总质量进行进一步的划分。

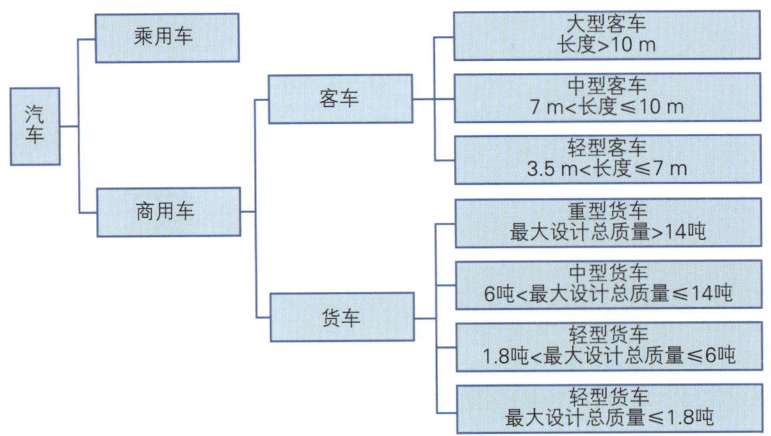

图 1-8 总油耗测算车型分类

1.2.2 汽车保有结构

2017 年我国汽车各类车型分车龄保有结构如图 1-9 所示。

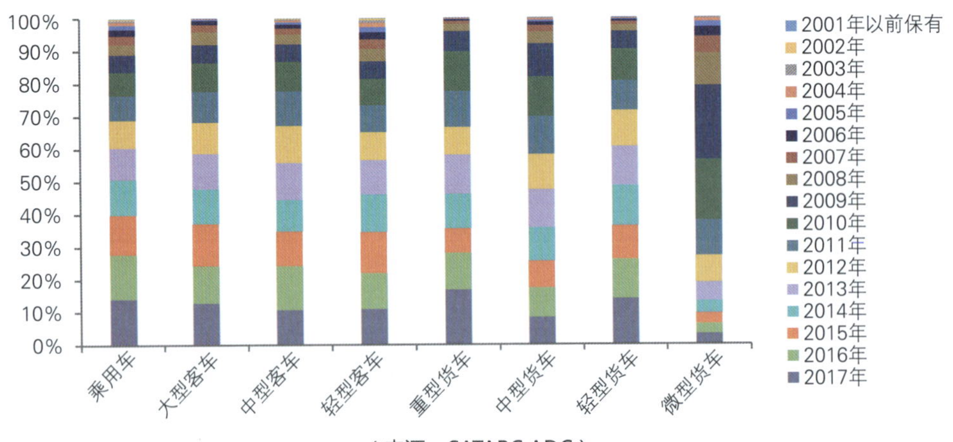

（来源：CATARC ADC）

图 1-9 2017 年各类车型分车龄保有量占比

1.2.3 汽车年行驶里程

2014 年中国汽车技术研究中心数据资源中心对 2013 年汽车年行驶里程进行了一次比较系统全面的调查。调查分别针对乘用车和商用车进行，其中，乘用车调查充分考虑了车辆的种类和所在的地域。

乘用车行驶里程调查采取以重点企业 4S 店销售和维修记录中有关行驶里程及对应的日期数据为主，以少量的主动调查的方式为辅。

商用车行驶里程调查采用以商用车制造企业专家问卷为主，以个别用户调查的方式为辅。

由于本次调研的样本集中在车龄在 4 年以内的新车，因此乘用车和商用车的年行驶里程调研结果均为新车的年均行驶里程。

1. 乘用车行驶里程

乘用车分区域（分省）行驶里程情况如图 1-10 所示。总体上，经过分区域和分用途两次加权，再经专家修正而最终确定 2013 年全国乘用车年均行驶里程为 19 000 km。考虑到汽车年行驶里程每年的变化较小，2017 年全国乘用车年均行驶里程仍沿用 19 000 km 这一数值。

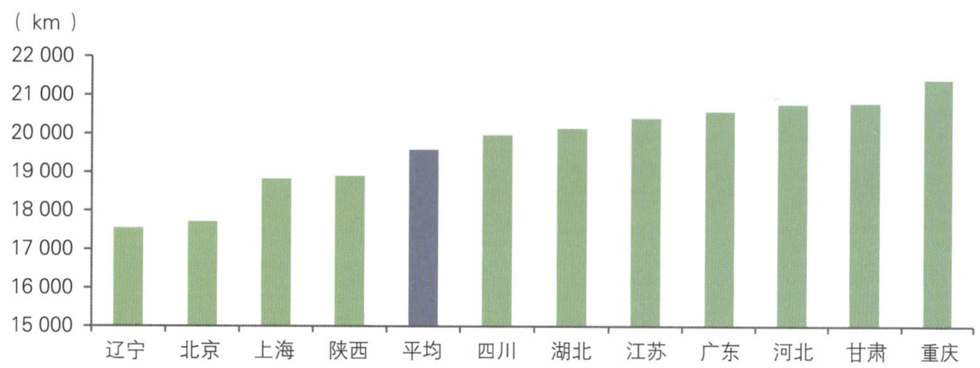

注：北京市的限行政策对年行驶里程产生一定程度的影响。

（来源：CATARC ADC）

图 1-10　2013 年私人乘用车分地域（分省）年平均行驶里程情况

2. 商用车行驶里程

在 2013 年商用车年行驶里程调查的基础上，最终确定 2017 年商用车年行驶里程见表 1-1 所列。

大型客车的行驶里程为 54 000 km，中型客车的行驶里程为 52 000 km，轻型客车的行驶里程为 37 000 km，重型货车的行驶里程为 55 000 km，中型货车的行驶里程为 35 000 km，轻型货车的行驶里程为 28 000 km，微型货车的行驶里程为 19 500 km。

表 1-1 商用车年行驶里程

车辆种类	细分类别	年行驶里程（km）
客车	大型客车	54 000
	中型客车	52 000
	轻型客车	37 000
货车	重型货车	55 000
	中型货车	35 000
	轻型货车	28 000
	微型货车	19 500

1.2.4 中国分车龄行驶里程

2013 年度汽车行驶里程调查数据显示，车龄超过 4 年的车辆占比很低，利用调查数据进行行驶里程的车龄分析意义不大。借鉴美国经验，并结合国内具体情况，分车龄行驶里程设定为阶梯式结构，具体数据见表 1-2 所列。

表 1-2 中国分车龄行驶里程变化情况

	低行驶里程衰减系数	中行驶里程衰减系数	高行驶里程衰减系数
适用车种	乘用车	轻型商用车	重型商用车
2017 年产车辆	50.0%	50.0%	50.0%
2016 年产车辆	100.0%	100.0%	100.0%
2015 年产车辆	100.0%	100.0%	100.0%
2014 年产车辆	100.0%	100.0%	100.0%
2013 年产车辆	80.0%	80.0%	80.0%
2012 年产车辆	75.0%	70.0%	50.0%
2011 年产车辆	75.0%	70.0%	50.0%
2010 年产车辆	75.0%	70.0%	40.0%
2009 年产车辆	70.0%	70.0%	40.0%
2008 年产车辆	50.0%	45.0%	30.0%
2007 年产及以前车辆	45.0%	35.0%	10.0%

1.2.5 分车种平均油耗

各车种油耗数据均为车型油耗经产量加权后的平均油耗（乘用车平均油耗计算时不考虑新能源汽车核算倍数优惠）。

除 2013 年、2014 年、2015 年、2016 年和 2017 年乘用车数据包含进口车外，其他车种和年份数据均为国产车数据。经过将各年份车型油耗和产量数据加权处理，得到分车种、分车龄油耗汇总，见表 1-3 所列。

表 1-3 分车种、分车龄油耗（单位：L/100km）

注册年份	乘用车	大型客车	中型客车	轻型客车	重型货车	中型货车	轻型货车	微型货车
2017 年	6.61	23.20	17.92	10.57	40.41	20.38	9.87	7.21
2016 年	6.79	22.22	18.18	11.04	40.20	20.73	9.65	7.06
2015 年	6.99	22.90	18.73	11.08	39.03	21.32	9.61	7.17
2014 年	7.22	24.19	19.18	11.18	38.14	22.20	9.75	7.00
2013 年	7.33	25.38	20.53	12.28	40.08	24.44	10.76	7.07
2012 年	7.38	26.00	21.10	11.89	41.00	25.30	10.66	7.16
2011 年	7.54	27.00	22.00	12.18	42.50	26.30	10.83	7.45
2010 年	7.71	27.25	22.20	12.80	42.85	26.55	11.25	7.75
2009 年	7.77	27.75	22.65	13.00	43.40	27.05	11.30	7.90
2008 年	7.89	28.25	23.10	13.75	44.00	27.55	11.80	8.10
2007 年	8.00	28.75	23.55	14.50	44.60	28.05	12.40	8.80
2006 年	8.06	29.00	23.75	14.50	44.95	28.30	12.40	8.90
2005 年	8.65	29.25	23.95	14.50	45.30	28.55	12.40	9.00
2004 年及以前	9.15	30.25	24.90	15.50	47.50	30.00	13.00	9.50

1.2.6 车辆残存率分析

我国乘用车车龄具有低车龄高占比、残存率随车龄增长下降较快的特点。

车辆残存率是预测未来汽车保有结构的重要参数，本小节基于历史注册量数据，对我国乘用车车龄结构及残存率进行分析。

我国乘用车的车龄结构呈现出“低车龄高占比”的现象。2017 年统计结果显示，5 年及以下车龄的车型占比约为 70%，10 年以上车龄的车型占比仅为 7.9%，具体如图 1-11 所示。

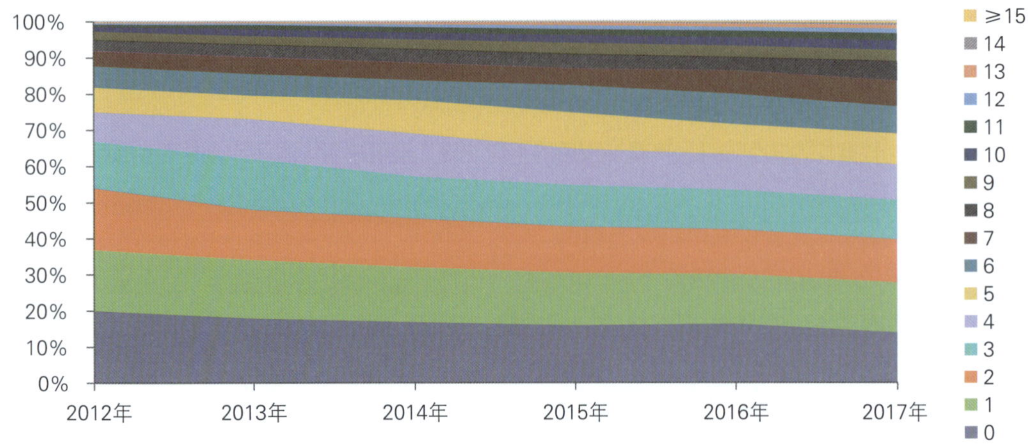

图 1-11 2012—2017 年中国乘用车分车龄结构

本小节基于中国汽车技术研究中心的 2012—2016 年汽车保有量数据，采用 Logistic 模型对中国乘用车残存率曲线进行回归分析，拟合得出了 2016 年保有结构的残存率曲线。可以发现，中国乘用车残存率下降较快，第 10 年下降至 82.5%，第 20 年下降至 1.7%，具体如图 1-12 所示。

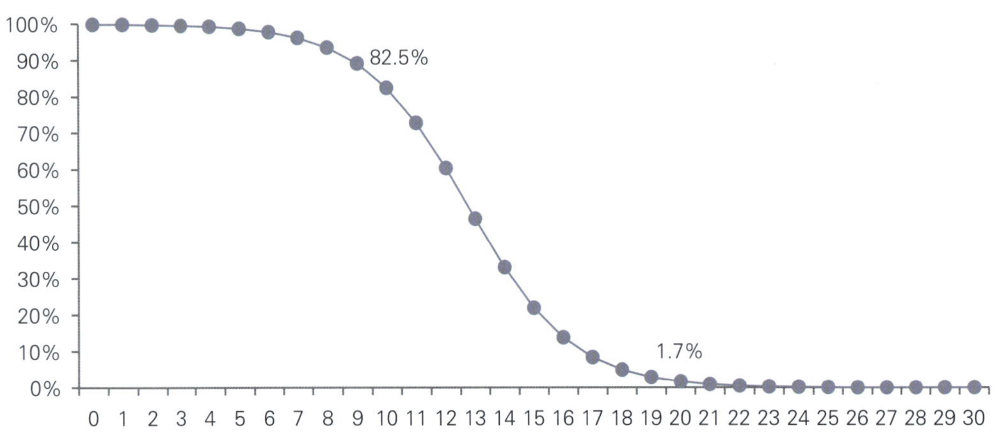

注：乘用车残存率曲线每年变化较小，2017 年沿用 2016 年测算结果。

图 1-12 中国乘用车残存率曲线

1.2.7 2017 年车用能源测算结果分析

乘用车成品油消耗量占车用成品油总消耗量的比重升至 48.9%。

基于 1.2.1 小节 ~1.2.6 小节中的车用汽油、柴油测算模型及相关数据，计算得出 2017 年中国车用汽油、柴油总油耗达 2.31 亿吨，占社会汽油、柴油表观消费总量的 80.0%，见表 1-4 和表 1-5 所列。

2013—2017 年中国车用汽油、柴油消费情况如图 1-13 所示。

表 1-4　2017 年中国汽车分车种汽油、柴油消费情况（单位：万吨）

燃油	乘用车	客车			货车			
		大型	中型	轻型	重型	中型	轻型	微型
汽油	11 155.7	10.7	23.7	233.6	0.0	9.9	649.8	37.3
柴油	137.4	484.5	345.7	397.5	7 340.2	507.8	1 794.4	2.7
合计	11 293.1	495.2	369.4	631.1	7 340.2	517.6	2 444.2	39.9
		11 837.7						
比例	48.9%	51.1%						

表 1-5　2017 年中国汽车整体汽油、柴油消费情况

年份	车用能源消耗（100 万吨）		
	汽油	柴油	汽油、柴油合计
2017	121.2	110.1	231.3

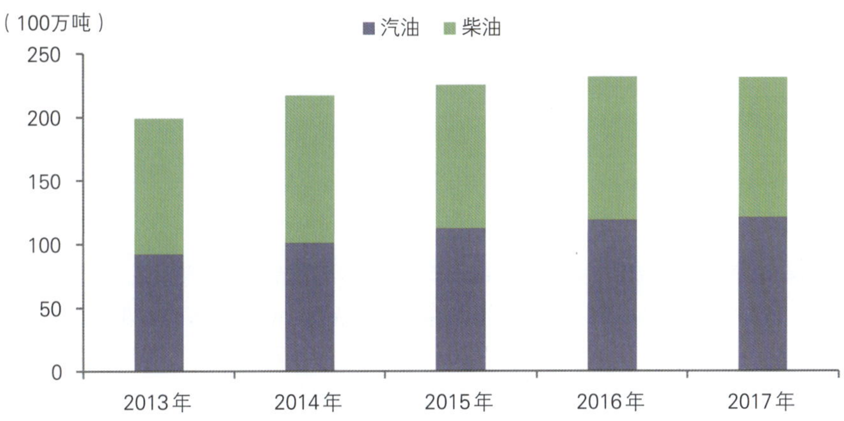

图 1-13　2013—2017 年中国车用汽油、柴油消费情况

2017 年，乘用车汽油、柴油消费与商用车汽油、柴油消费比例为 48.9:51.1，随着新能源汽车销量和保有量的快速增长，我国车用汽油消费量增长势头放缓，车用柴油消费量逐步接近峰值。

专题 2

节能与新能源汽车产业发展概况

面对严峻的能源与环境形势，我国先后从产业规划、产品准入、财政补贴等方面出台了一系列政策，旨在促进节能与新能源汽车产业的发展。2017 年，在节能汽车方面，受车辆购置税税率增长的影响，1.6 L 及以下排量乘用车增长趋势小幅回落，从“车船税减免”和“发展规划”角度来看，节能汽车发展情况较好，燃料消耗量 4.5 L/100km 以下的乘用车车型增多；在新能源汽车方面，2017 年继续保持高速的增长态势，年产量突破 80 万辆，同比增长 58%，基础设施配套环境不断完善，全国车桩比降至约 2.85，重点城市发展建设迅速。当前，汽车产业生态深刻变革，竞争格局全面重塑，加快汽车节能技术进步，积极发展新能源汽车，已成为实现我国汽车产业可持续发展的重要战略选择。

2.1 节能汽车产业发展概况

2.1.1 政策环境

从产业规划层面推动节能汽车发展。

为加快培育和发展节能汽车产业，从 2005 年开始，我国发布了《关于鼓励发展节能环保型小排量汽车的意见》（国办发〔2005〕61 号），提出发展节能环保型小排量汽车的重要性。2012 年 6 月，国务院印发《节能与新能源汽车产业发展规划（2012—2020 年）》（国发〔2012〕22 号），提出我国节能汽车产业发展目标“到 2020 年，当年生产的乘用车平均燃料消耗量降至 5.0 升 / 百公里，节能型乘用车燃料消耗量降至 4.5 升 / 百公里以下”。2015 年 5 月，国务院印发《中国制造 2025》（国发〔2015〕28 号），将节能汽车产业列入十大重点领域之一。

2017 年 4 月，工信部、国家发改委、科技部联合发布《汽车产业中长期发展规划》，提出“到 2020 年，新车平均燃料消耗量乘用车达到 5.0 升 / 百公里、怠速启停等节能技术应用率超过 50%；到 2025 年，乘用车新车平均燃料消耗量比 2020 年降低 20%、怠速启停等节能技术实现普遍应用”的产业发展目标。在汽车产业变革的重要时期，中长期规划为节能汽车指明了未来发展方向，将推动国内节能技术的应用增长，逐步缩小与国际先进节能技术水平的差距。

从生产规范层面监督节能汽车发展。

2018 年 4 月 18 日，工信部发布《道路机动车辆生产企业及产品准入许可管理办法（征求意见稿）》，对车辆生产企业及产品准入许可管理制度进行改革，落实了大幅减少企业准入的类型、减少产品准入的类型、优化准入许可管理流程、减少审批时间和要提交的材料、精简许可管理文件等一系列“放管服”改革举措。企业及产品准入许可管理是燃料消耗量管理的基础，约束汽车企业生产行为的同时，也能促进汽车产业健康持续高质量发展。

燃料消耗量标准与管理是实现汽车节能降耗与技术升级最有效的手段。自 2011 年开始，工信部会同有关部门相继发布了《乘用车燃料消耗量评价方法及指标》《乘用车企业平均燃料消耗量核算办法》等，对年度企业平均燃料消耗量达标水平做了明确要求，且已配套了相应的管理措施（包括公开通报、暂停公告等手段），目前已连续 4 年对外公布 100 多家生产 / 进口乘用车企业的燃料消耗量核算情况。

基于现有的燃料消耗量标准体系，2017 年 9 月，工信部、财政部、商务部、海关总署和国家质量监督检验检疫总局联合发布了《乘用车企业平均燃料消耗量与新能源汽车积分并行管理办法》（以下简称“双积分办法”），建立了平均燃料消耗量积分和新能源汽车积分并行管理机制，兼顾了传统能源汽车节能水平提升与新能源汽车创新发展，有效促进了我国汽车产业节能减排和转型升级。尤其在财税补贴优惠逐步退出、油耗管理后续政策有待接续的情况下，双积分办法的出台将进一步促进 2020 年乘用车油耗、新能源汽车发展目标的达成。

从财政补贴层面拉动节能汽车市场。

从 2010 年开始，国家就先后发布了《“节能产品惠民工程”节能汽车（1.6 升及以下乘用车）推广实施细则》《关于开展 1.6 升及以下节能环保汽车推广工作的通知》《关于减征 1.6 升及以下排量乘用车车辆购置税的通知》等补贴优惠政策，取得了良好的技术推动和市场拉动效果。2016 年 12 月，财政部、国家税务总局发布《关于减征 1.6 升及以下排量乘用车车辆购置税的通知》（财税〔2016〕136 号），决定自 2017 年 1 月 1 日起至 12 月 31 日，对购置 1.6 L 及以下排量的乘用车减按 7.5% 的税率征收车辆购置税，自 2018 年 1 月 1 日起，恢复按 10% 的法定税率征收车辆购置税。2015—2017 年，1.6 L 及以下排量乘用车车辆购置税减征政策的推行有效拉动了小排量节能汽车市场规模，对我国节能减排意义重大。

2.1.2 国内节能汽车发展现状

受政策影响，节能型乘用车行业规模出现波动。

节能汽车是指以内燃机为主要动力系统、综合工况燃料消耗量显著优于现阶段油耗法规或提前达到下一阶段法规目标值的车辆。目前行业对于节能汽车的划分没有统一的标准，因此我们从国家各类节能汽车的鼓励政策出发，分析节能汽车市场的发展情况。

1.“车辆购置税减征”角度

为促进汽车产业健康发展，鼓励节能型汽车，2015 年 10 月，财政部、国家税务总局发布了《关于减征 1.6 升及以下排量乘用车车辆购置税的通知》，对购置 1.6 L 及以下排量乘用车暂减按 5% 的税率征收车辆购置税；2016 年 12 月，财政部、国家税务总局发布《关于减征 1.6 升及以下排量乘用车车辆购置税的通知》（财税〔2016〕136 号），决定自 2017 年 1 月 1 日起至 12 月 31 日，对购置 1.6 L 及以下排量的乘用车减按 7.5% 的税率征收车辆购置税。我们从减征车辆购置税的角度来看，以排量不超过 1.6 L 的乘用车作为判断节能汽车的依据。

2013—2015 年，行业 1.6 L 及以下排量乘用车产量（含进口量）不断增长，2015 年已达 1 349.54 万辆，占行业总量的 64.15%。2015 年 10 月“车辆购置税减征”的优惠政策正式发布以后，2016 年 1.6 L 及以下排量乘用车迎来了大踏步的增长，同比增长速度达 27.48%，产量（含进口量）达 1 720.42 万辆，占总量的 71.26%。2016 年 12 月，新的“车辆购置税减征”优惠政策发布，原有按 5% 的征收税率增长至 7.5%，随后 2017 年 1.6 L 及以下排量乘用车产量（含进口量）同比下降 4.28%，产量（含进口量）共计 1 646.74 万辆，占行业总量的 66.91%。具体如图 2-1 所示。

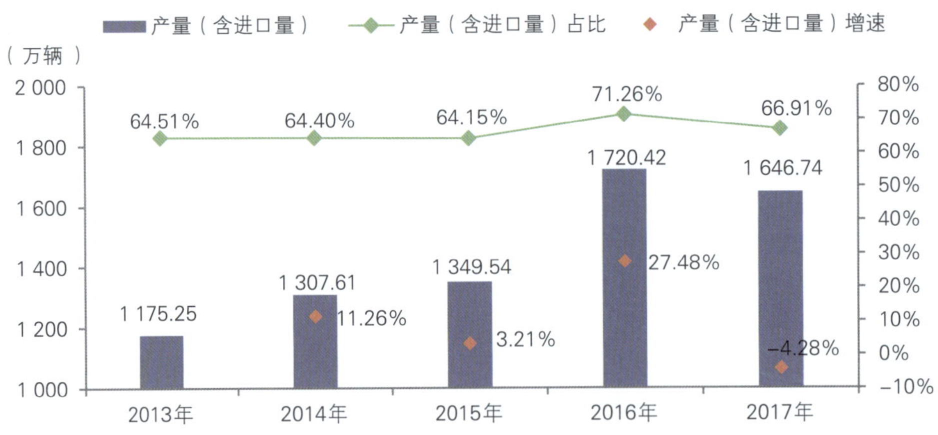

（来源：根据“乘用车燃料消耗量数据管理系统”统计）

图 2-1　排量不超过 1.6 L 的行业乘用车产量（含进口量）变化

受车辆购置税税率增长的影响，2017 年自主和合资企业 1.6 L 及以下排量乘用车产量较 2016 年均有所下降，自主企业下降 10.46%，达 546.54 万辆，合资企业下降 0.99%，达 1 086.54 万辆。从分车辆类型的角度来看，2017 年自主企业轿车 1.6 L 及以下排量产量占比为 86.97%，合资企业轿车 1.6 L 及以下排量产量占比为 77.80%，自主企业节能轿车比例高于合资企业；由于自主企业主要推行中小型 SUV，合资企业中大型 SUV 产品较为丰富，产品结构不同，造成自主企业 SUV 车型 1.6 L 及以下排量产量占比高达 72.60%，合资企业仅为 45.69%，差异较为明显；自主企业与合资企业 MPV 车型中 1.6 L 及以下排量产量占比分别为 83.21% 和 72.37%；交叉型乘用车车型的排量均低于 1.6 L。具体如图 2-2 所示。

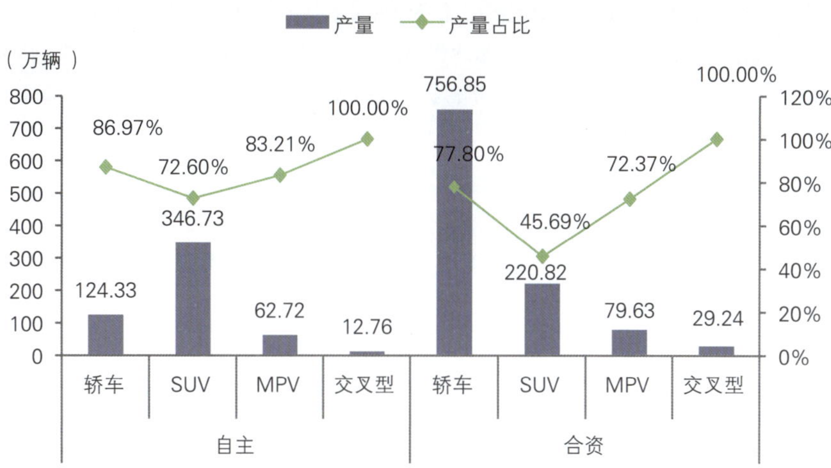

（来源：根据“乘用车燃料消耗量数据管理系统”统计）

图 2-2　排量不超过 1.6 L 的国产乘用车分车辆类型产量情况

从国产车系别角度来看，日系 1.6 L 及以下排量车型产量占比相对较低，呈现稳步增长的态势，2017 年占比达 53.55%；韩系 1.6 L 及以下排量车型也不断增长，2016 年同比增长了 11%，占比达 79.04%，2017 年小幅增长，占比达 80.52%；2017 年美系 1.6 L 及以下排量车型较 2016 年出现小幅下降，占比降至 74.52%；欧系 1.6 L 及以下排量车型产量波动较为明显，2016 年较 2015 年增长 6%，达 68.14%，2017 年又回落至 62.20%；自主 1.6 L 及以下排量车型产量最高，自 2013 年开始产量占比均保持在 80% 以上，但和其他系别不同，自主品牌 1.6 L 及以下排量车型占比不断下降，2017 年降至 81.77%。具体如图 2-3 所示。

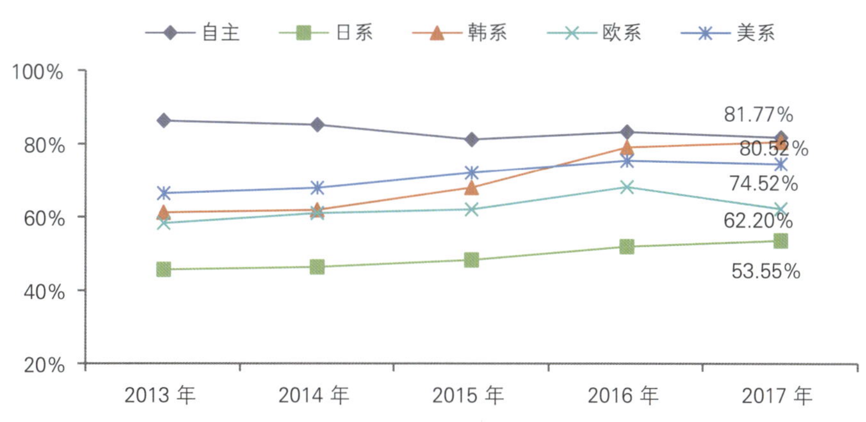

（来源：根据“乘用车燃料消耗量数据管理系统”统计）

图 2-3　排量不超过 1.6 L 的国产乘用车分系别产量占比变化

2. "车船税减免"角度

《关于节约能源、使用新能源车船车船税优惠政策的通知》于 2012 年已经开始实施。2015 年，财政部、国家税务总局、工信部发布了新的优惠政策通知，要求排量在 1.6 L 及以下的乘用车同时符合节约能源乘用车综合工况燃料消耗量限值标准，才能享受政策优惠，我们以该标准作为判断节能汽车的依据，来分析我国节能乘用车的发展情况。

2013—2017 年，行业节能型乘用车产量（含进口量）呈直线增长趋势，从 2013 年的 36.52 万辆增长至 2017 年的 437.54 万辆，年均增幅达 86.05%，产量（含进口量）占比由 2.00% 增长至 17.78%，如图 2-4 所示。

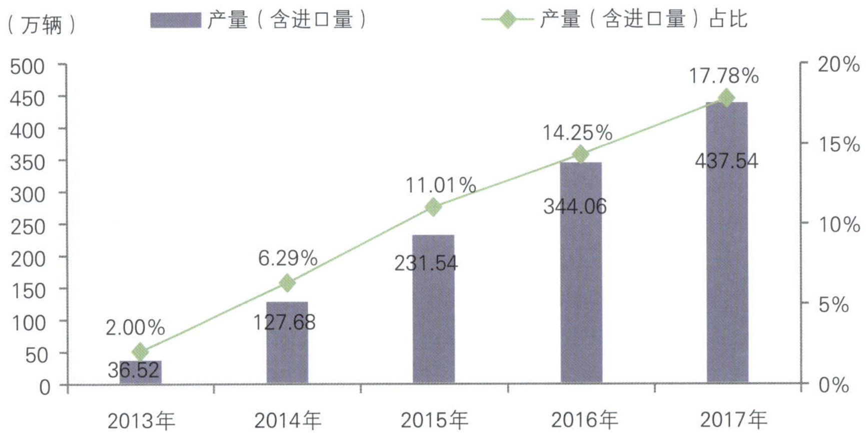

（来源：根据"乘用车燃料消耗量数据管理系统"统计）

图 2-4 行业节能乘用车产量（含进口量）变化

从系别角度来看，日系节能车发展情况最好，2017 年较 2016 年增长 30.52%，达 165.84 万辆，占日系乘用车总产量的 38.98%；自主企业 2017 年生产节能车共计 89.57 万辆，继 2016 年出现下滑趋势后，2017 年迎来了 5.69% 的增长；美系节能车 2017 年共计生产 73.83 万辆，较 2016 年增长 27.01%，占美系乘用车总产量的 24.88%；欧系节能车增长较快，2017 年较 2016 年增长 47.63%，共生产 96.72 万辆；韩系节能车发展情况较为落后，2017 年仅为 4.42 万辆，但增速较快，较 2016 年增长 247.89%，如图 2-5 所示。

从排量段角度来看，2017 年节能型乘用车整体向小排量段转移，1.4 L ＜排量≤ 1.6 L 车型产量占比最高，达 61.67%，较 2016 年下降了 8.15%，产量增长 12.90%，达 265.43 万辆；1.2 L ＜排量≤ 1.4 L 车型占比和 2016 年持平，2017 年共计生产 106.80 万辆；1.0 L ＜排量≤ 1.2 L 车型产量增长较快，2017 年较 2016 年增长了 227.12%，产量占比增加了 6.34%；排量≤ 1.0 L 车型产量占比也有所提升，2017 年共计生产 13.36 万辆，如图 2-6 所示。

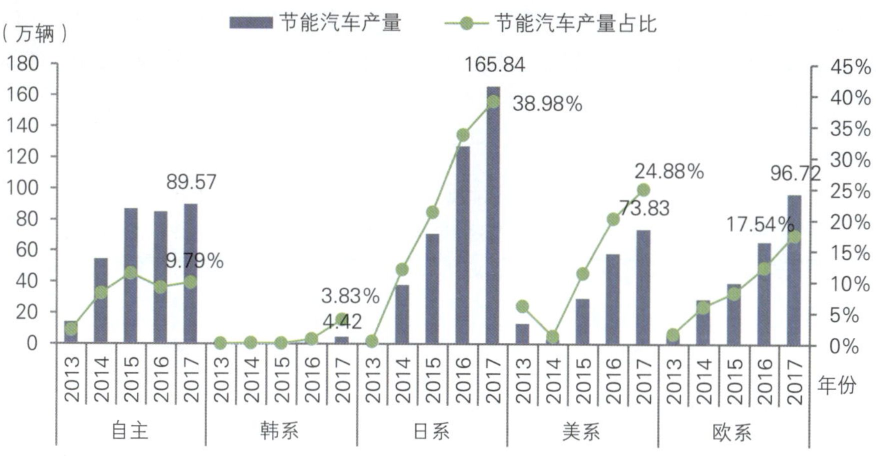

（来源：根据"乘用车燃料消耗量数据管理系统"统计）

图 2-5　国产节能乘用车分系别规模发展趋势

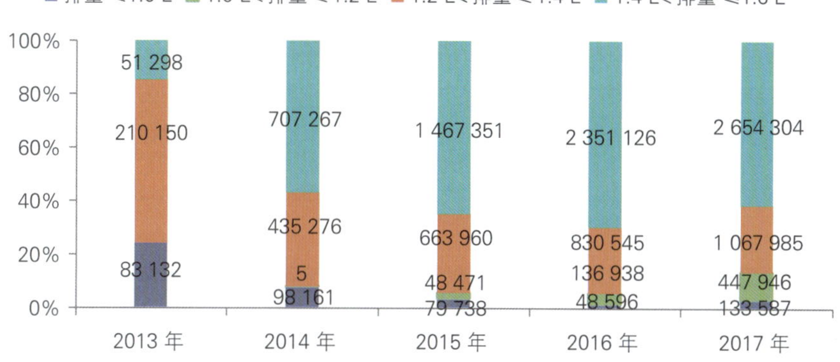

（来源：根据"乘用车燃料消耗量数据管理系统"统计）

图 2-6　国产节能汽车分排量产量变化

3."发展规划"角度

国务院印发的《节能与新能源汽车产业发展规划（2012—2020 年）》主要目标中提到，到 2020 年，节能型乘用车燃料消耗量降至 4.5 L/100km 以下。2017 年 4 月，工信部、国家发改委、科技部三部委印发的《汽车产业中长期发展规划》中也提到，2020 年节能型汽车燃料消耗量降到 4.5 L/100km 以下。根据《节能与新能源汽车产业发展规划（2012—2020 年）》《汽车产业中长期发展规划》，2020 年节能型汽车燃料消耗量降到 4.5 L/100km 以下。

若以发展规划为标准，2017 年符合要求的节能型乘用车共计 13.64 万辆，较 2013 年至 2016 年累计总产量（含进口量）增长 64.34%，其中汽油乘用车 1.31 万辆，占比为 9.62%；非插电式混合动力乘用车 12.33 万辆，占比为 90.38%。符合要求的汽油车型为奔驰 Smart fortwo，由于车型排量较小且应用了先进变速器、怠速启停等先进节能技术，油耗水平较低；符合要求的非插电式混合动力车型中，国产车型主要有迈锐宝XL混动、君威混动、雷凌混动、卡罗拉双擎、思铂睿混动、雅阁混动、新蒙迪欧混动、凯美瑞混动，进口车型包括极睿混动、林肯MKZ混动。燃料消耗量低于4.5 L/100km的车型情况见表2-1所列。

表2-1 燃料消耗量低于4.5 L/100km的车型情况

（来源：根据“乘用车燃料消耗量数据管理系统”统计）

产量（含进口量）排名	企业名称	车型名称	整备质量（kg）	变速器型式	排量（mL）	功率（kW）	油耗实际值（L/100km）
1	天津一汽丰田	卡罗拉双擎	1 375/1 395/1 405/1 410	CVT	1 798	73	4.2
2	广汽丰田	雷凌混动	1 380/1 390/1 405/1 410	CVT	1 798	73	4.2
3	广汽本田	雅阁混动	1 640/1 667/1 677	CVT	1 993	107	4.2/4.4
4	奔驰中国	Smart fortwo	920/947/952/956/965/970	DCT	898/999	52/66	4.4/4.5
5	东风本田	思铂睿混动	1 647/1 649	CVT	1 993	107	4.2
6	上汽通用	君威混动	1 535	CVT	1 796	94	4.3
7	现代中国	极睿混动	1 443	DCT	1 580	77	4.2
8	福特中国	林肯MKZ混动	1 755/1 800/1 830	CVT	1 999	101	4.1/4.5
9	长安福特	新蒙迪欧混动	1 688	CVT	1 999	107	4.2
10	广汽丰田	凯美瑞混动	1690	CVT	2 487	131	4.1
11	上汽通用	迈锐宝XL混动	1 515	CVT	1 796	94	4.3

目前行业对于节能汽车没有统一的定义，从“车辆购置税减征”角度来分析，受车辆购置税税率增长的影响，2017年1.6 L及以下排量乘用车增长趋势小幅回落；从“车船税减免”角度来分析，行业节能型乘用车产量（含进口量）呈直线增长趋势，尤其日系节能车发展情况最好；从“发展规划”角度分析，乘用车燃料消耗量在4.5 L/100km以下的车型增多，产量（含进口量）增长较快。随着“双积分办法”的实施，企业还需在发展新能源产品的同时，大力发展节能型乘用车，最终促进我国汽车产业节能减排和转型升级。

2.2 新能源汽车产业发展概况

2.2.1 新能源汽车政策环境

从准入端提高门槛，全面提升企业生产技术水平。

2017年1月6日，工信部出台《新能源汽车生产企业及产品准入管理规定》。对新能源汽车的定义、资质考核要求、监管要求、不合格惩罚措施等进行了详细规定。新规定的出台，表明政府意图进一步加强对企业研发、生产、管理、销售等方面的考核力度，加快淘汰落后产能、培育出优质企业，从而推动企业不断提升和完善产品技术水平，彻底消除和避免“劣币驱逐良币”现象产生。

从财税政策层面拉动市场需求，有效保障政策延续性。

新能源汽车的迅速发展离不开国家财税政策的大力支持，随着产业规模的不断扩大，财税政策调整不断加快，并且技术要求日趋严格。2016 年年底发布《关于调整新能源汽车推广应用财政补贴政策的通知》（财建〔2016〕958 号），对 2017 年新能源汽车财政补贴做出明确要求与指示。此外，政府也对 2017 年年底即将到期的车购税优惠政策及时做出有效的保障措施，2017 年 12 月，财政部等四部委联合发布《关于免征新能源汽车车辆购置税的公告》（2017 年第 172 号），明确未来 3 年新能源汽车继续免购置税，在原有政策基础上简化了申报流程，提高了产品技术指标要求及检测要求。政策的稳定延续实施加速了新能源汽车产业的布局的进程，也稳定了汽车企业的发展预期。

从核心零部件层面推动电池产业健康发展，提升产业核心竞争力。

动力电池是电动汽车的心脏，是新能源汽车产业发展的关键。为加快提升我国汽车动力电池产业的发展能力和水平，推动新能源汽车产业健康可持续发展，工信部组织汽车行业组织、重点高校、整车和动力电池主要生产企业开展专题研究，会同国家发改委、科技部、财政部等有关部门于 2017 年 2 月 20 日联合印发了《促进汽车动力电池产业发展行动方案》。结合国际上对动力电池产业发展趋势的判断，提出 2018 年、2020 年和 2025 年 3 个时间节点，完成成本、比能量、安全性等 5 个方面的发展目标，并且为分解实现目标提出 9 项重点任务和 5 个方面的保障措施。

2.2.2 新能源汽车市场环境

2017 年新能源汽车继续保持高速增长态势，推广区域扩张。

根据中国汽车技术研究中心有限公司数据资源中心数据，2009—2017 年，中国累计生产新能源汽车 181.7 万辆，其中纯电动车型产量为 147.8 万辆，插电式混合动力车型产量为 33.7 万辆，燃料电池车型产量为 1 800 辆。2017 年继续保持高速的增长态势，年产量突破 80 万辆，达 80.8 万辆，同比增幅 58%。具体如图 2-7 所示。

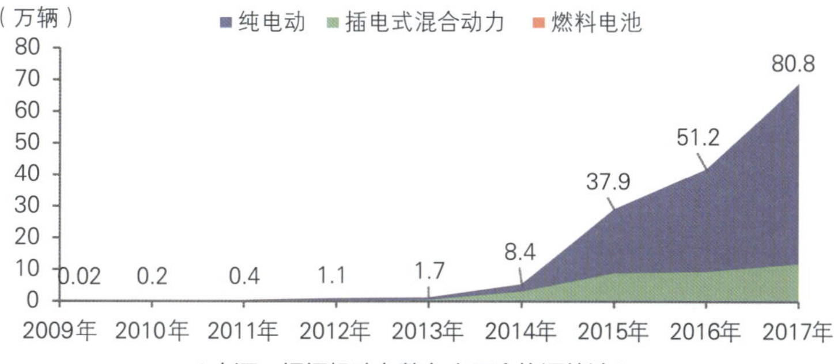

（来源：根据机动车整车出厂合格证统计）

图 2-7　中国历年新能源汽车产量

从细分各技术领域来看，纯电动产品依然是市场主要的增长动力，与 2016 年相比，市场份额进一步增长至 85% 以上，在市场表现方面，一方面，小型车逐渐扩张；另一方面，比亚迪、上汽等以插电式为主打产品的企业纷纷推出纯电版车型，得到消费者认可。插电式混合动力车型产品虽然市场份额有所降低，但产量规模依然以 26% 的增速在不断增长，并且不断涌现新产品；燃料电池车型产品年产量首次突破千辆，主要用途是物流专用车。

从细分车型来看，新能源乘用车市场主导地位持续加强，市场份额从 2016 年的 63% 增至 2017 年的 68%，共计 60 家企业的 258 款产品投放市场，量产产品数量的减少、年产量总体的提高也体现了市场优胜劣汰的竞争格局；在市场集中度方面，排名前 10 的企业总产量占比为 84%，较 2016 年有所降低，企业竞争激烈，豪情、长安、通用五菱等“黑马”企业进入产量前 15 名，累计产量过 10 万辆的企业新增湖南江南和北汽两家企业（截至 2016 年，仅有比亚迪和吉利两家）；新能源商用车产品主要包括客车和专用车，出现新的市场格局，专用车产品首次超越客车，市场份额表现为专用车：客车为 3:2，主要受到新能源汽车国家补贴清算制度和运行 3 万 km 里程要求的影响，多数客车企业垫付资金压力较大，客车产品主要集中在 8~12 m 车型，以城市公交为主，专用车产品依靠技术门槛低、一线城市新能源物流车路权优势、物流业需求旺盛等有利因素发展迅速，2017 年年产量突破 10 万辆，同比增长 1.57 倍。

从使用领域来看，个人购买和物流运输领域购买数量比例大幅增长。根据中国汽车技术研究中心有限公司数据资源中心数据，截至 2017 年年底，个人购买新能源汽车 57.3 万辆（截至 2016 年年底为 25.4 万辆），市场占比 33.9%，单位购买新能源汽车 45.5 万辆（截至 2016 年年底为 30.0 万辆），市场占比为 26.9%；公共领域累计推广 66.3 万辆（截至 2016 年年底为 34.9 万辆），公交车、出租租赁用车和物流运输成为主要推广领域，分别完成 27.2 万辆、16.1 万辆和 19.8 万辆，市场占比分别为 16.1%、9.5% 和 11.7%，其他领域包括环卫车、警用车、邮政车、货运、旅游客车等共完成推广 3.1 万辆。

消费者对新能源汽车认可度逐渐提高，在国家各项优惠政策扶持的背景下，纯电动私人购买销量进一步提升至 28%，较 2016 年年底提升 4%，相对应单位购买销量市场占比降低至 30.2%（截至 2016 年年底为 38.9%），此外纯电动产品新增物流运输领域，且规模逐渐扩大，市场份额为 14%；随着插电式混合动力产品的不断丰富，消费者可选择空间越来越大，个人购买的市场份额持续增长，截至 2017 年年底，占比达 58.5%（截至 2016 年年底为 51.4%），乘用车市场表现尤其突出，合资进口企业产品纷纷进入国内市场。

从推广数量来看，新能源汽车推广已经遍布全国 31 个省、直辖市和自治区，截至 2017 年年底，累计推广应用新能源汽车 169.1 万辆。其中，推广数量超 10 万辆的省市由 3 个增至 5 个，依次是广东、北京、上海、山东和浙江，占比推广总量的 52.7%；推广数量为 1 万 ~10 万辆的省市由 16 个增至 19 个，包括江苏、湖南、天津、河南和安徽等省市，占比推广总量的 45.7%，推广数量不足 1 000 辆的省市仅 1 个。目前，新能源汽车推广依然以东南沿海地区为主，逐渐向内陆中西部地区发展，福建、海南等旅游省份将重点发展。

2.2.3 新能源汽车基础设施配套环境

全国车桩比降至约 2.85，重点城市发展建设迅速。

截至 2017 年 12 月，我国共建设有分散式充电桩 630 500 个，比 2011 年增长了 67.50 倍；共建设有集中式充换电站 3 800 个，比 2011 年增长了 21.22 倍，二者均有很大幅度地提升。其中，2017 年建设的分散式充电桩为历年最多，达 315 500 个。具体见表 2-2 所列。

表 2-2 2011—2017 年 12 月全国充电桩和集中式充换电站保有量

（来源：CATARC 调研数据）

分类	2011 年	2012 年	2013 年	2014 年	2015 年	2016 年	2017 年
分散式充电桩	9 205	17 932	22 528	28 000	136 000	315 000	630 500
集中式充换电站	171	375	425	723	3 800	—	—

按照充电技术类型来划分，充电桩可以分为直流充电桩和交流充电桩。截至 2017 年 12 月，我国共建设有直流充电桩 145 500 个，占比为 23.1%；共建设有交流充电桩 485 000 个，占比为 76.9%。

按照充电桩建设标准划分，充电桩可以分为国标充电桩和非国标充电桩。其中非国标充电桩仅包括特斯拉充电桩。截至 2017 年 12 月，中国共建设有国标充电桩 627 300 个，占比为 99.5%；共建设有非国标充电桩 3 200 个，占比为 0.5%。

按照使用主体来划分，充电桩可以分为公共充电桩、私人充电桩和专用充电桩。截至 2017 年 12 月，中国共建设有公共充电桩 230 000 个，占比为 36.5%；共建设有私人充电桩 245 000 个，占比为 38.9%；共建设有专用充电桩 155 500 个，占比为 24.7%。

按照建设地点来划分，充电桩可以分为城市充电桩和高速公路充电桩。截至 2017 年 12 月，中国共建设有城市充电桩 624 000 个，占比 99.0%；共建设有高速公路充电桩 6 500 个，占比为 1.0%。具体见表 2-3 所列。

表 2-3 截至 2017 年 12 月全国不同类型充电桩数量统计

（来源：CATARC 调研数据）

类型		数量（个）	占比
技术类型	直流	145 500	23.1%
	交流	485 000	76.9%

（续表）

类型		数量（个）	占比
使用主体	公共充电桩	230 000	36.5%
	私人充电桩	245 000	38.9%
	专用充电桩（公交、出租、环卫、物流等）	155 500	24.7%
建设地点	城市	624 000	99.0%
	高速公路	6 500	1.0%
建设标准	国标	627 300	99.5%
	非国标（特斯拉）	3 200	0.5%
全国合计		630 500	100%

在国家充电桩建设补贴政策下，中国各地方省市也大力发展新能源汽车充电设施建设。其中，北京、上海、深圳、合肥、青岛等 11 个城市作为重点推广城市，在充电设施建设方面取得了较好的成绩。截至 2017 年 12 月，11 座城市累计建设约 41.9 万个充电桩，占比全国充电桩保有量的 66%。具体见表 2-4 所列。

表 2-4　截至 2017 年 12 月中旬我国主要城市充电桩保有量统计
（来源：CATARC 调研数据）

主要城市	充电桩保有量（个）
北京	115 600
上海	126 800
深圳	51 800
杭州	15 380
广州	18 500
合肥	18 000
武汉	10 000
西安	11 340
南京	13 250
天津	21 000
青岛	17 000
11 个主要城市合计	418 670
全国合计	630 500

燃料消耗篇

摘要

为缓解能源和环境压力，我国先后出台了一系列标准和管理政策，来提升车辆燃油经济性，加快新能源汽车的发展。本篇通过对乘用车和商用车燃料消耗量发展现状与趋势进行分析，可以发现以下趋势。

一、乘用车燃料消耗量呈现逐年下降趋势。2017 年计入新能源乘用车核算前后，行业乘用车平均燃料消耗量实际值分别为 6.77 L/100km 和 6.05 L/100km；得益于新能源乘用车发展优势，自主企业油耗实际值低于合资企业的 19.88%。2017 年平均燃料消耗量达标企业数量占比为 56.92%，产量（含进口量）占比为 75.01%，较 2016 年有所下降。

二、不同类型商用车均能够达到燃料消耗量限值要求，但燃料消耗量同比出现增长趋势。2017 年轻型商用车和重型商用车的平均燃料消耗量分别为 8.15 L/100km 和 26.68 L/100km，较 2016 年分别增长 1.49% 和 6.89%。由于商用车单车燃料消耗量和年行驶里程较高，因此加强对商用车的节能管理至关重要。

专题 3

乘用车平均燃料消耗量发展趋势

2017 年 9 月《乘用车企业平均燃料消耗量与新能源汽车积分并行管理办法》正式发布，标志着我国建立起新能源汽车市场化发展的长效机制。2013—2017 年，我国行业平均燃料消耗量实际值持续下降，达标质量进一步提升。不计入新能源乘用车核算，行业乘用车平均燃料消耗量实际值为 6.77 L/100km，同比下降 1.46%；计入新能源乘用车核算，行业乘用车平均燃料消耗量实际值降至 6.05 L/100km。新能源乘用车核算优惠使油耗实际值下降 10.64%，有效推动了新能源乘用车的市场发展。

乘用车企业总体达标情况良好，达标企业产量（含进口量）占比为 75% 以上。面对单车燃料消耗量限值和企业平均燃料消耗量目标值要求的不断加严，企业合规路线出现分化。新能源乘用车成为自主企业提升达标质量、降低企业油耗的有效手段；合资企业则更倾向于提升传统能源乘用车节能技术，促使油耗稳步下降。从中长期来看，随着新能源乘用车核算优惠的降低和消失，自主企业将面临更大的油耗达标压力。因此，节能与新能源技术的综合应用才是未来企业油耗合规的有效途径。

3.1 行业平均燃料消耗量情况

3.1.1 行业平均燃料消耗量变化趋势

2013—2017 年，行业传统能源乘用车平均油耗呈现下降趋势，年均下降 1.97%。2017 年计入新能源乘用车核算后，行业油耗实际值下降到 6.05 L/100km。

2013—2017 年，行业传统能源乘用车平均燃料消耗量实际值逐年走低，同比降幅分别为 1.50%、2.49%、2.41% 和 1.46%，油耗下降速度有所放缓。2017 年计入新能源乘用车后，行业油耗实际值降至 6.05 L/100km，同比降幅 5.91%。

2013—2017 年，国产传统能源乘用车的油耗实际值下降了 0.52 L/100km；由于进口乘用车多为豪华车型，因此进口传统能源乘用车油耗水平普遍偏高，其实际值下降了 1.03 L/100km。2017 年计入新能源乘用车后，国产乘用车、进口乘用车的燃油经济性大幅提高，油耗实际值分别为 6.00 L/100km 和 7.13 L/100km。具体如图 3-1 所示。

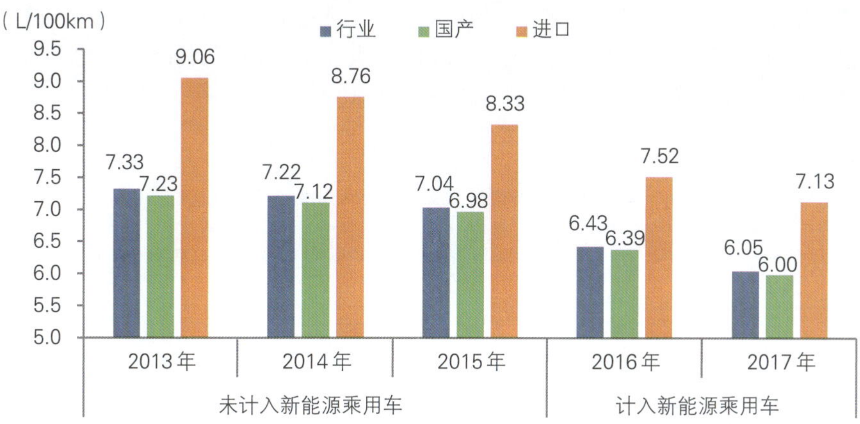

（来源：根据机动车整车出厂合格证统计）

图 3-1　行业乘用车、国产乘用车和进口乘用车的平均燃料消耗量年度变化情况

2013—2015 年，自主企业平均燃料消耗量实际值小幅增加，年均增幅 0.63%；合资企业平均燃料消耗量则呈现不断下降的趋势，年均降幅 2.64%。相比于 2016 年，2017 年自主企业、合资企业的实际值均持续走低，分别达 5.20 L/100km 和 6.49 L/100km，同比下降 11.41% 和 2.84%。得益于对新能源乘用车的大力发展，自主企业 2017 年油耗实际值低于合资企业的 19.88%。具体如图 3-2 所示。

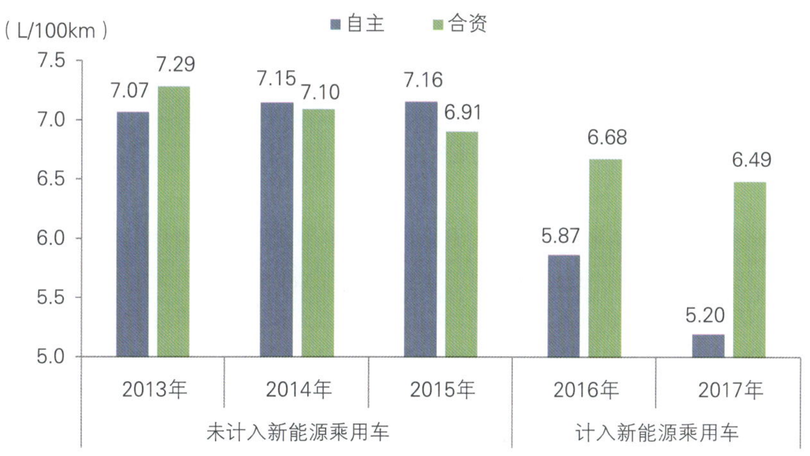

（来源：根据机动车整车出厂合格证统计）

图 3-2　自主乘用车和合资乘用车的平均燃料消耗量年度变化情况

3.1.2　2020 年行业达标压力分析

行业油耗实际值距离 2020 年节能目标为 1.05 L/100km。

2017 年，行业乘用车、国产乘用车、进口乘用车的平均燃料消耗量实际值 / 达标值分别为

89.90%、89.82%、92.12%。行业乘用车、国产乘用车、进口乘用车的平均燃料消耗量实际值距离 2020 年的 5.0 L/100km 的节能目标分别相差 1.05 L/100km、1.00 L/100km 和 2.13 L/100km，其中国产乘用车平均油耗优于行业平均水平。具体如图 3-3 所示。

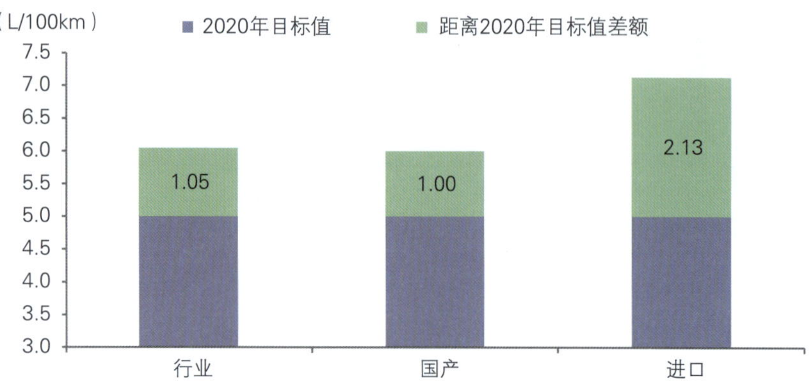

（来源：根据机动车整车出厂合格证统计）

图 3-3　2017 年行业油耗实际值与 2020 年目标值差距

3.2　不同类别车型燃料消耗量情况

3.2.1　分车辆类型燃料消耗量变化

在传统能源乘用车中，轿车和 SUV 的油耗实际值逐年下降，SUV 车型降幅最快。

未计入新能源乘用车，将更直观地反映出传统能源乘用车节能技术升级所带来的油耗下降幅度。2017 年，轿车、SUV、MPV、交叉型乘用车车型的平均燃料消耗量实际值分别为 6.17 L/100km、7.35 L/100km、7.39 L/100km、6.48 L/100km。相较于 2013 年，2017 年各车型油耗实际值均有所下降，轿车、SUV、MPV、交叉型乘用车的实际值分别下降了 0.73 L/100km、1.26 L/100km、0.71 L/100km、0.67 L/100km，年均降幅 2.76%、3.88%、2.27%、2.43%。SUV 部分车型油耗下降较快，其中哈弗 H6、长安 CS75 和荣威 RX5 这 3 款车型 2017 年产量分别为 36.92 万辆、22.82 万辆和 21.62 万辆，分列 SUV 车型产量排名的第二、第五和第七，其油耗实际值同比分别下降 4.40%、10.97% 和 3.39%，对 SUV 车型提高燃油经济性贡献明显。具体如图 3-4 所示。

如图 3-5 所示，2017 年轿车、SUV、MPV、交叉型乘用车的不同整备质量段的平均燃料消耗量实际值较 2013 年整体下降趋势明显。其中，轿车、SUV、MPV 车型在整备质量段 2 000 ~ 2 110 kg 实际值下降速度最快。2017 年，交叉型乘用车车型产量集中于整备质量段 1 205 ~ 1 320 kg，产量占比高达 50% 以上。

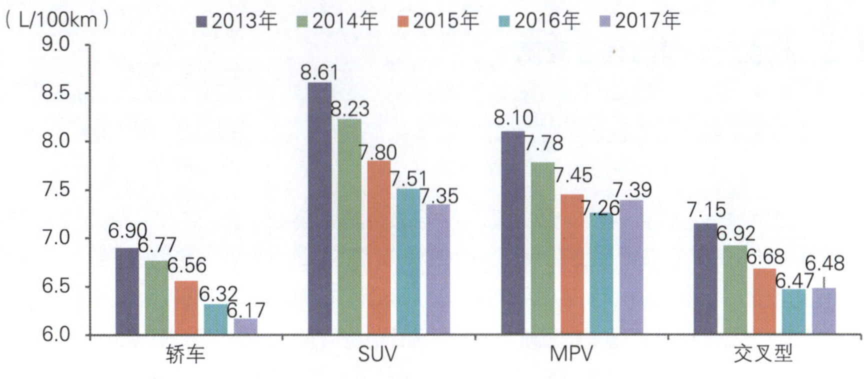

（来源：根据机动车整车出厂合格证统计）

图 3-4 传统能源乘用车分车辆类型平均燃料消耗量变化情况

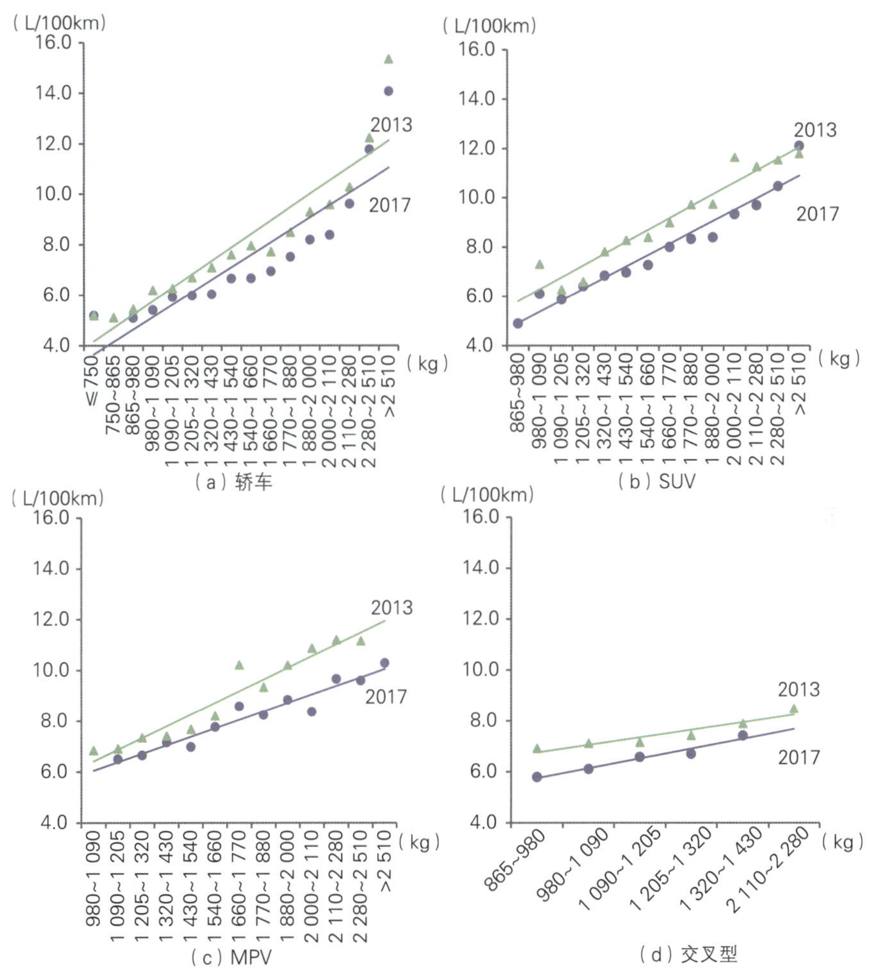

（来源：根据机动车整车出厂合格证统计）

图 3-5 传统能源轿车、SUV、MPV、交叉型乘用车的各整备质量段下平均燃料消耗量变化情况

3.2.2 分系别燃料消耗量变化

传统能源乘用车各系别车型油耗实际值持续下降，其中日系车型表现最为优异。

2017 年，自主、韩系、日系、美系、欧系车型平均燃料消耗量实际值（未计入新能源乘用车）分别为 7.00 L/100km、6.46 L/100km、6.45 L/100km、6.94 L/100km、6.63 L/100km。自主车型油耗实际值降幅有限，2014 年实际值上涨至 7.11 L/100km 后，2015—2017 年实际值逐年下降，年均降幅仅为 0.25%。韩系、日系、美系、欧系企业凭借技术优势，油耗实际值大幅下降，2013—2017 年分别下降了 0.78 L/100km、1.02 L/100km、0.62 L/100km、0.90 L/100km，年均降幅 2.81%、3.60%、2.12%、3.13%。具体如图 3-6 所示。

各系别车型燃油经济性大幅提高，其中，日系车型表现最为突出。日系企业注重非插电式混合动力乘用车的发展，2017 年产量（含进口量）占日系传统能源乘用车总量的 3.86%，远高于其他系别；卡罗拉双擎、雷凌混动、雷克萨斯 ES 混动为主力车型，3 款车型产量（含进口量）占日系非插电式混合动力乘用车的 70.46%。

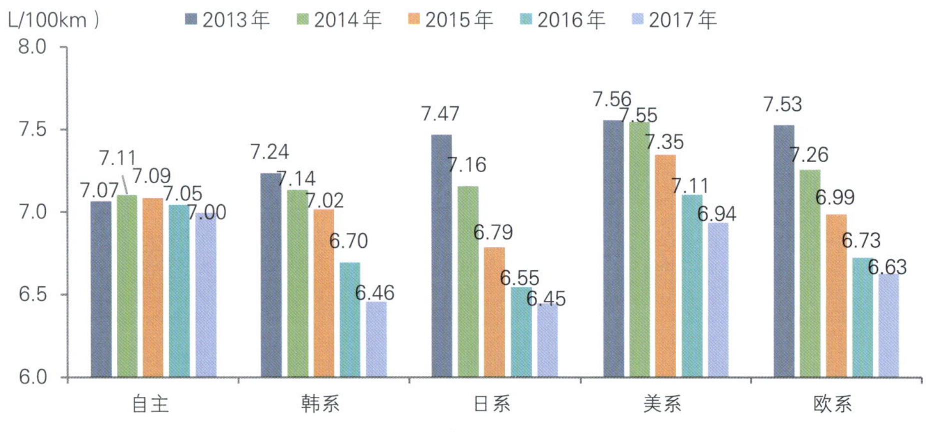

（来源：根据机动车整车出厂合格证统计）

图 3-6 传统能源乘用车分系别平均燃料消耗量变化情况

3.3 企业平均燃料消耗量及达标情况

3.3.1 达标企业数量和产量（含进口量）分析

2017 年达标企业的企业数量占比为 56.92%，其产量（含进口量）占比为 75.01%，行业整体达标情况良好。

如图 3-7（a）所示，2017 年 130 家企业参与核算，共有 74 家企业达标，其中自主企业 41 家，合资企业21家，进口企业12家；56家企业不达标，其中自主、合资和进口分别有25家、14家和17家。自主、合资、进口企业达标率分别为62.12%、60.00%、41.38%。

如图3-7（b）所示，41家达标自主企业产量占自主企业总产量的73.24%，21家达标合资企业产量占合资企业总产量的76.62%，12家达标进口企业进口量占进口企业总进口量的63.28%。总体来看，行业达标企业产量（含进口量）占比为75.01%，行业整体达标情况良好。

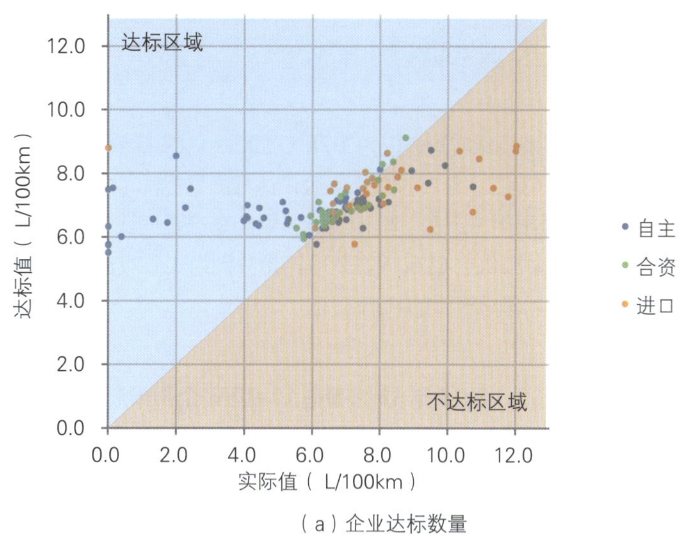

（a）企业达标数量

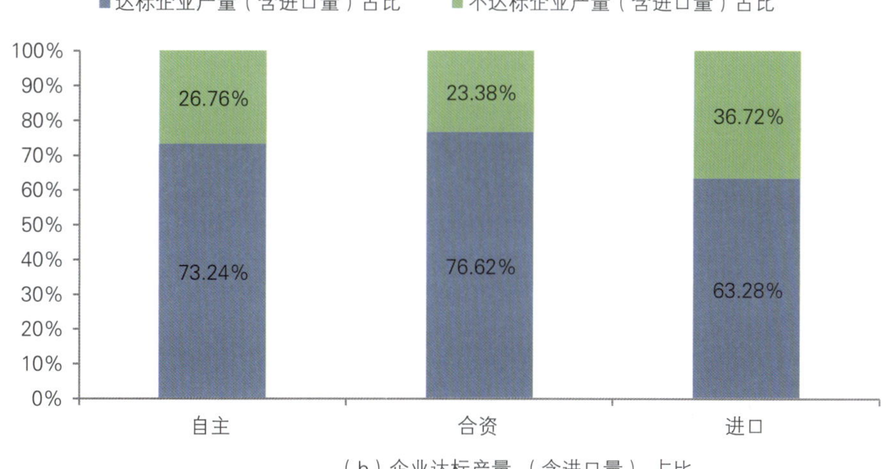

（b）企业达标产量（含进口量）占比

（来源：根据机动车整车出厂合格证统计）

图3-7 2017年企业达标数量及企业达标产量（含进口量）占比情况

3.3.2 达标质量[4]优良企业分析

发展新能源乘用车成为自主企业提升达标质量的有效手段。

2017 年国产企业达标质量排名前 10 的企业均为自主企业，其传统能源乘用车产量为 153.83 万辆，占传统能源乘用车总产量的 6.65%；新能源乘用车产量为 30.15 万辆，占新能源乘用车总产量的 54.22%。企业达标质量随新能源乘用车产量占比的下降而逐渐走低，可见，发展新能源乘用车已成为企业燃料消耗量达标的有效手段之一。具体见表 3-1 所列。

江铃控股有限公司平均燃料消耗量实际值仅为 1.74 L/100km，实际值 / 达标值为 27.02%，达标质量在统计的 73 家国产企业中排名第二。江铃控股有限公司达标质量优异，主要原因在于该企业扩产新能源乘用车的同时，缩减传统能源乘用车产量；其传统能源乘用车产量同比下降 49.70%，而新能源乘用车产量增长 79.35%，纯电动江铃 E100、E160 和 E200 产量分别为 1.72 万辆、0.26 万辆和 1.12 万辆，新能源乘用车产量占江铃控股乘用车总产量的 43.53%。

表 3-1　2017 年达标质量前 10 名国产企业情况

（来源：根据机动车整车出厂合格证统计）

注：仅统计产量 10 000 辆以上且具有传统能源乘用车生产能力的企业。

序号	企业	类型	乘用车产量（辆）			平均燃料消耗量（L/100km）	实际值 / 达标值
			传统	新能源	新能源占比		
1	荣成华泰汽车有限公司	自主	6 249	5 784	48.07%	1.32	20.15%
2	江铃控股有限公司	自主	40 360	31 116	43.53%	1.74	27.02%
3	比亚迪汽车工业有限公司	自主	55 697	22 536	28.81%	2.42	32.22%
4	比亚迪汽车有限公司	自主	171 786	70 097	28.98%	2.26	32.71%
5	安徽江淮汽车集团股份有限公司	自主	146 484	28 246	16.17%	4.08	58.37%
6	北京汽车股份有限公司	自主	144 887	19 524	11.88%	3.97	61.08%
7	东风汽车集团有限公司	自主	88 259	13 315	13.11%	4.05	61.09%
8	浙江吉利汽车有限公司	自主	376 359	46 144	10.92%	4.08	61.91%
9	湖南江南汽车制造有限公司	自主	216 245	36 173	14.33%	4.43	64.20%
10	奇瑞汽车股份有限公司	自主	291 971	28 564	8.91%	4.33	67.66%
	总计		1 538 297	301 499			
	占比		6.65%	54.22%			

4　达标质量 = 实际值 / 达标值

2017 年达标质量前 10 名进口企业中，传统能源乘用车进口量为 41.62 万辆，占传统能源乘用车总进口量的 41.94%；新能源乘用车进口量为 2.45 万辆，占新能源乘用车总进口量的 94.71%。具体见表 3-2 所列。

达标质量第一名为专注于纯电动乘用车生产的拓速乐汽车销售（北京）有限公司，2017 年该公司向中国进口 1.70 万辆纯电动乘用车，其中 Model S 和 Model X 两款车型进口量分别为 6 606 辆和 10 405 辆。捷豹路虎（中国）投资有限公司实际值 / 达标值为 95.13%，相比于 2016 年其达标质量提升明显；公司 2017 年插电式混合动力乘用车揽胜运动进口量为 2 587 辆；除揽胜运动外，其他传统能源乘用车油耗水平均有不同程度下降，其中捷豹 F-PACE、揽胜和发现油耗实际值同比降幅分别为 3.44%、0.64% 和 4.46%。

表 3-2　2017 年达标质量前 10 名进口企业情况
（来源：根据机动车整车出厂合格证统计）

序号	企业	乘用车进口量（辆）			平均燃料消耗量（L/100km）	实际值 / 达标值
		传统车	新能源车	新能源占比		
1	拓速乐汽车销售（北京）有限公司	0	17 011	100.00%	0.00	0.00%
2	沃尔沃汽车销售（上海）有限公司	23 521	341	1.43%	6.64	86.57%
3	现代汽车（中国）投资有限公司	2 895	0	0.00%	6.52	87.63%
4	宝马（中国）汽车贸易有限公司	204 343	2 357	1.14%	7.02	92.98%
5	神龙汽车有限公司	184	0	0.00%	6.60	93.75%
6	保时捷（中国）汽车销售有限公司	67 958	2 166	3.09%	7.56	94.15%
7	捷豹路虎（中国）投资有限公司	65 904	2 587	3.78%	8.21	95.13%
8	长安马自达汽车有限公司	2 797	0	0.00%	6.08	96.97%
9	雷诺（北京）汽车有限公司	2 599	0	0.00%	6.62	98.07%
10	一汽进出口有限公司	46 022	58	0.13%	7.61	98.45%
总计		416 223	24 520			
占比		41.94%	94.71%			

3.3.3　产量 / 进口量前 10 名企业达标情况分析

产量前 10 名国产企业中有 7 家企业达标，进口量前 10 名企业中有 7 家企业达标，企业间达标质量分化。

2017 年，产量前 10 名国产企业的乘用车产量占国产总产量的 54.14%。其中，7 家企业达标，东风日产、长城汽车和长安福特 3 家企业不达标。具体如图 3-8 所示。

平均燃料消耗量实际值最低的企业为浙江豪情，实际值为 5.66 L/100km，达标质量在 101 家国产企业中排名第 27。浙江豪情以紧凑型轿车和 SUV 车型为主，车型燃油经济性普遍较高。2017 年，浙江豪情推出全新新能源车型帝豪 EV、全球鹰 K11D、远景 EV 和知豆 D3 这 4 款车型，其中帝豪 EV 产量达 1.11 万辆，占其新能源乘用车总量的 35.70%。

东风日产、长城汽车和长安福特的平均燃料消耗量实际值分别为 6.58 L/100km、7.34 L/100km、7.15 L/100km。实际值最高的企业为长城汽车，主打高油耗 SUV 车型，其中哈弗 H6、M6 和 H6 Coupe 这 3 款车型产量占比为 55.77%，整体拉高了企业的平均油耗，达标质量降至 102.51%。长安福特旗下 8 款车型中仅新蒙迪欧混动车型油耗达标，严重影响了企业整体达标质量的提升。东风日产实际值较达标值仅高出 1.86%，企业未来可以通过调整产品结构和单车油耗来控制企业油耗实际值和达标质量。

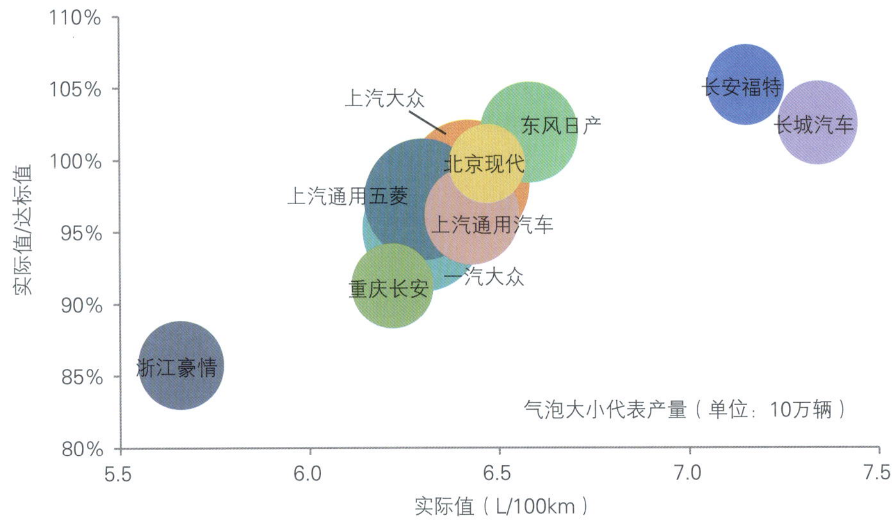

（来源：根据机动车整车出厂合格证统计）

图 3-8　2017 年产量前 10 名国产企业达标情况

进口量前 10 名企业的进口量占行业乘用车进口总量的 89.51%。其中，7 家企业达标，奔驰中国、福特中国、斯巴鲁 3 家企业不达标。具体如图 3-9 所示。

2017 年进口量最大的企业为宝马中国，其进口乘用车 20.67 万辆，平均燃料消耗量实际值为 7.02 L/100km，达标质量为 92.98%，在 29 家进口企业中排名第 4。宝马中国产品类型丰富，且各项节能技术搭载率较高；主力车型宝马 X3、7 系和 MINI COOPER 车型达标情况良好，3 款车型进口量占比为 38.39%。

奔驰中国、福特中国和斯巴鲁的企业平均燃料消耗量实际值较高，分别为 7.83 L/100km、8.52 L/100km、7.10 L/100km。奔驰中国 2017 年进口量为 17.85 万辆，进口车型以紧凑型轿车和中大型 SUV 为主；奔驰中国车型达标情况有待提高，32 款传统能源车型中 21 款未达标，其中进口量排名第一的奔驰 GLE 级汽油版车型实际值高出达标值 11.54%。福特中国进口量同比增长 72.89%，除林肯 MKZ 混动车型油耗达标外，其他 8 款传统能源车型油耗均不达标。斯巴鲁进口量为 2.79 万辆，其紧凑型 SUV 进口量占比为 80% 以上，主力车型森林人油耗实际值与达标值相当，均为 7.04 L/100km，其他车型油耗均未达标，企业未来达标压力较大。

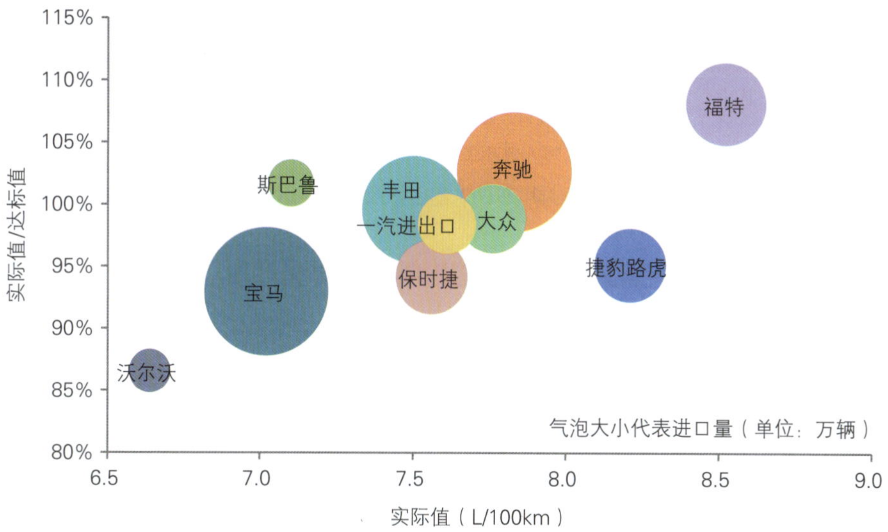

（来源：根据机动车整车出厂合格证统计）

图 3-9　2017 年进口量前 10 名企业达标情况

3.4　新能源乘用车对平均燃料消耗量的核算影响

3.4.1　行业新能源乘用车核算前后平均燃料消耗量

2017 年新能源乘用车计入核算使行业平均油耗下降了 10.64%，其中自主企业降幅高达 26.66%，合资企业降幅仅为 0.92%。

2017 年新能源乘用车计入核算前后，行业平均燃料消耗量实际值由 6.77 L/100km 下降至 6.05 L/100km，降幅为 10.64%；国产企业实际值由 6.71 L/100km 下降至 6.00 L/100km，降幅为 10.58%；进口企业实际值由 8.03 L/100km 下降至 7.13 L/100km，降幅为 11.21%。自主企业在新能源乘用车方面投入较大，传统能源乘用车油耗实际值为 7.09 L/100km，计入新能源乘用车后实际值降为 5.20 L/100km，降幅高达 26.66%；合资企业在传统能源乘用车油耗方面表现较好，但新能源乘用车投入较少，因此新能源乘用车计入前后油耗实际值变化并不明显，降幅仅为 0.92%。具体如图 3-10 所示。

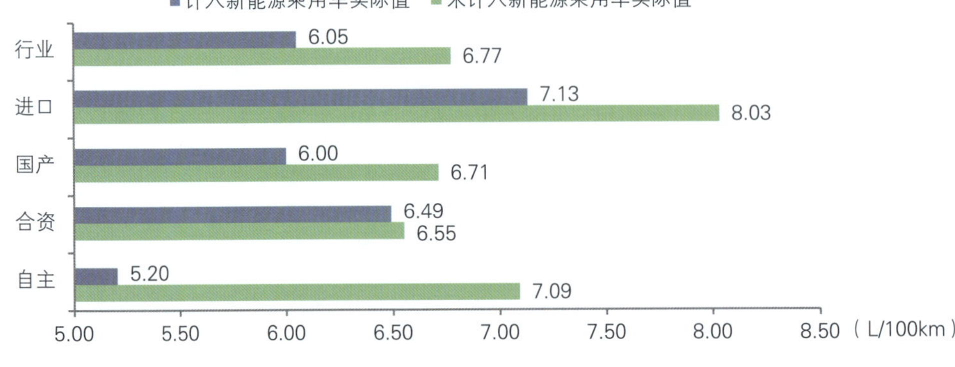

(来源:根据机动车整车出厂合格证统计)

图 3-10 2017 年新能源乘用车计入前后行业平均燃料消耗量实际值比较

3.4.2 典型企业新能源乘用车核算前后平均燃料消耗量

计入新能源乘用车核算后,部分企业的油耗达标难度有所降低。

2017 年计入新能源乘用车后达标质量排名前 10 且传统能源乘用车产量超过 1 000 辆的企业中,计入新能源乘用车前后平均燃料消耗量实际值降幅最大的企业为荣成华泰,达 82.21%。企业计入新能源乘用车后实际值 / 达标值相对于未计入新能源乘用车都有明显降低,其中下降最快的为江铃控股,下降了 91.63%。新能源乘用车的核算优惠在较大程度上降低了企业油耗达标难度,同时也增加了企业达标的灵活性。具体如图 3-11 所示。

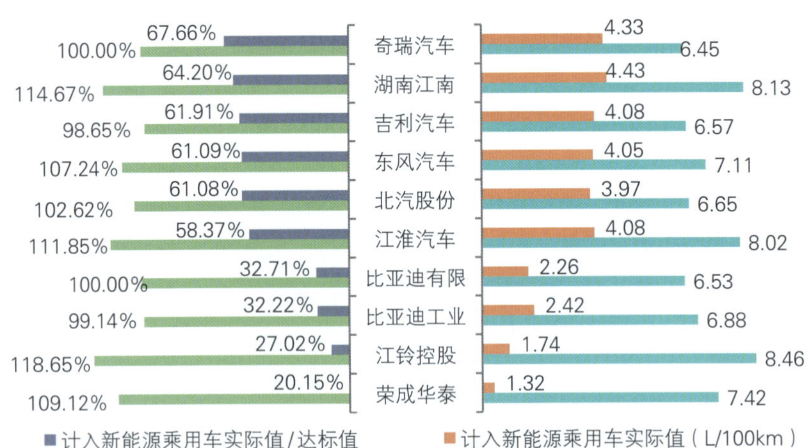

注:仅统计达标质量排名前 10 且传统能源乘用车产量(含进口量)超过 1 000 辆的企业。

(来源:根据机动车整车出厂合格证统计)

图 3-11 2017 年新能源乘用车计入前后企业平均燃料消耗量实际值和达标质量比较

2017 年产量（含进口量）达 10 万辆以上的企业共 43 家，其中生产 / 进口新能源乘用车企业有 29 家。现将这 29 家企业按产量（含进口量）排名，分析计入新能源乘用车前后产量前 10 名企业的油耗水平和达标质量情况，见表 3-3 所列。

2017 年，除浙江豪情、广汽乘用车和北京奔驰外，其他 7 家企业传统能源乘用车平均燃料消耗量实际值均有不同程度的下降，其中广汽乘用车油耗水平由 2016 年的 6.72 L/100km 上升至 7.38 L/100km，增幅为 9.82%；计入新能源乘用车后，广汽乘用车和北京奔驰实际值同比上升，其余企业油耗水平下降显著。2017 年计入新能源乘用车前后，浙江豪情、重庆长安和上汽乘用车 3 家企业的油耗实际值降幅均在 10% 以上，其中上汽乘用车降幅高达 29.63%；上汽通用五菱、重庆长安和广汽乘用车 3 家企业达标质量转为合规，重庆长安达标质量提高至 91.20%。发展新能源乘用车已然成为部分企业油耗达标的有效手段，且多集中于自主企业。但随着新能源乘用车核算优惠的降低和消失，从中长期来看，自主企业将面临更大的油耗达标压力，因此，节能与新能源技术的多重应用才是未来企业油耗合规的有效途径。

表 3-3　2017 年典型企业新能源乘用车计入前后平均燃料消耗量实际值和达标质量变化情况

（来源：根据机动车整车出厂合格证统计）

序号	企业	企业类型	未计入新能源乘用车			计入新能源乘用车		
			2016 年实际值（L/100km）	2017 年实际值（L/100km）	2017 年实际值 / 达标值	2016 年实际值（L/100km）	2017 年实际值（L/100km）	2017 年实际值 / 达标值
1	一汽大众汽车有限公司	合资	6.50	6.31	95.32%	6.50	6.30	95.17%
2	上汽通用五菱汽车股份有限公司	合资	6.72	6.57	101.23%	6.70	6.30	97.22%
3	上汽通用汽车有限公司	合资	6.70	6.56	98.06%	6.69	6.43	96.11%
4	浙江豪情汽车制造有限公司	自主	6.48	6.60	99.55%	6.03	5.66	85.76%
5	重庆长安汽车股份有限公司	自主	7.41	7.24	105.69%	7.20	6.22	91.20%
6	长城汽车股份有限公司	自主	7.61	7.47	104.33%	7.60	7.34	102.51%
7	北京现代汽车有限公司	合资	6.70	6.49	100.00%	6.70	6.47	99.69%
8	上海汽车集团股份有限公司	自主	6.63	6.48	99.23%	4.93	4.56	69.30%
9	广州汽车集团乘用车有限公司	自主	6.72	7.38	105.43%	6.46	6.99	99.71%
10	北京奔驰汽车有限公司	合资	6.80	6.83	93.95%	6.80	6.83	93.95%

专题 4

商用车燃料消耗量情况

我国商用车的市场规模远小于乘用车，但商用车单车燃料消耗量及平均年行驶里程较高，因此商用车的节能管理至关重要。我国对商用车燃料消耗量采用单车限值管理，根据相关标准，对轻型和重型商用车各细分车型的燃料消耗量水平及优于限值的幅度进行分析显示，2017 年轻型商用车和重型商用车的平均燃料消耗量分别为 8.15 L/100km 和 26.68 L/100km，较 2016 年分别增长 1.49% 和 6.89%。

对于轻型商用车的平均燃料消耗量，N1 类汽油车和柴油车分别优于限值 11.7% 和 13.2%，M2 类汽油车和柴油车分别优于限值 2.3% 和 17.0%；对于重型商用车的平均燃料消耗量，汽油和柴油货车分别优于限值 3.1% 和 6.4%，柴油半挂牵引车优于限值 4.1%，柴油自卸车优于限值 5.2%，汽油和柴油客车分别优于限值 10.0% 和 8.8%，柴油城市客车优于限值 6.0%。目前不同类型商用车均能够达到燃料消耗量限值要求，但整体平均燃料消耗量呈现增长的趋势，加强商用车的节能管理势在必行。

4.1 商用车分类

依据 GB/T 15089《机动车辆及挂车分类》、GB 20997《轻型商用车燃料消耗量限值》、GB 30510《重型商用车燃料消耗量限值》等标准对本章研究的轻型和重型商用车做如下说明。

① 轻型商用车是指以点燃式发动机或压燃式发动机为动力，最大设计车速大于或等于 50 km/h 的 N1 类车辆和最大设计总质量不超过 3 500 kg 的 M2 类车辆。不包括不能燃用汽油或柴油的车辆，以及带有专用作业装置的车辆（如扫路车、洒水车、防弹运钞车等）和消防车、警车、工程抢险车、救护车等特种车辆。

其中，按照相关国家标准规定，N1 类车辆是指最大设计总质量不超过 3 500 kg 的载货车辆；M2 类车辆是指包括驾驶员座位在内座位数超过 9 个且最大设计总质量不超过 5 000 kg 载客车辆。

② 重型商用车是指最大设计总质量大于 3 500 kg 的燃用汽油和柴油的商用车辆，包括货车、半挂牵引车、客车、自卸汽车和城市客车。燃料消耗量分析中包含专用运输车，不包括专用作业汽车（带有作业功能，部分或大部分能耗不用于行驶，而用于作业），如厢式专用作业汽车、罐式专用作业汽车、专用自卸作业汽车、仓栅式专用作业汽车、起重举升专用作业汽车及特种结构专用作业汽车等。

本章对产量进行分析时，仅统计适用上述标准的汽油和柴油车；对燃料消耗量进行分析时，仅统计在《道路机动车辆生产企业及产品公告》中已上报燃料消耗量的车型。

4.2 轻型商用车燃料消耗量情况

4.2.1 不同车型燃料消耗量情况

2017 年轻型商用车平均燃料消耗量为 8.15 L/100km，较 2016 年增长 1.49%。

2017 年，轻型商用车产量为 124.69 万辆，其中 N1 类车辆产量为 122.53 万辆，M2 类车辆产量为 2.16 万辆。轻型商用车平均最大设计总质量为 2 545 kg，平均排量为 1 757 mL，平均油耗为 8.15 L/100km。其中，N1 类车辆平均最大设计总质量为 2 537 kg，平均排量为 1 750 mL，平均油耗为 8.10 L/100km；M2 类车辆平均最大设计总质量为 3 005 kg，平均排量为 2 159 mL，平均油耗为 10.87 L/100km。

（1）轻型商用车汽油车型、柴油车型产量占比

轻型商用车以汽油车为主。2017 年 N1 类和 M2 类车辆中汽油车产量占比均超过 70%。其中 N1 类车辆中汽油车占 71.6%，与 2016 年基本保持一致；M2 类车辆中汽油车占 96.7%，较 2016 年增加 3.8%，如图 4-1 所示。

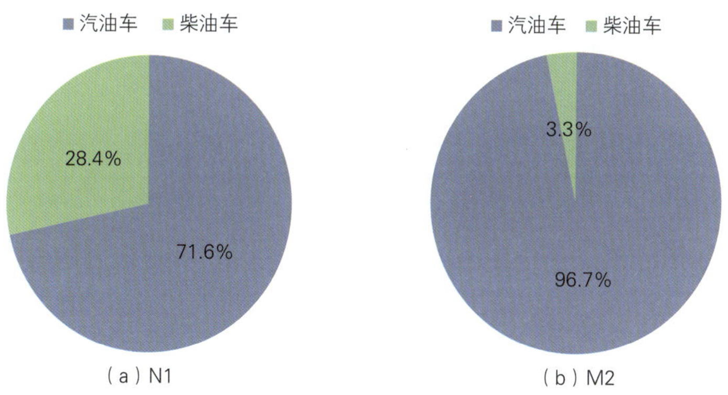

（来源：根据机动车整车出厂合格证统计）

图 4-1 2017 年 N1 类与 M2 类汽油、柴油车型产量占比

（2）轻型商用车各总质量段产量占比

按照限值标准分类，N1 类车辆共分 2 000 kg 及以下、2 000 ~ 2 500 kg、2 500 ~ 3 000 kg 和 3 000 kg 以上 4 个总质量段。2017 年，N1 类车辆产量在 2 000 kg 及以下、2 000 ~ 2 500 kg 两个

整备质量段的产量占比之和较 2016 年下降 8.2%，2 500 ～ 3 000 kg 和 3 000 kg 以上整备质量段产量占比有所增长。具体如图 4-2 所示。

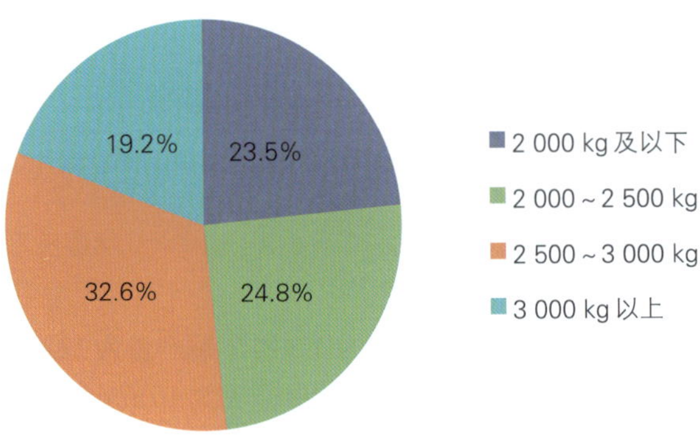

（来源：根据机动车整车出厂合格证统计）

图 4-2　2017 年 N1 类车辆各总质量段产量占比

按照限值标准分类，M2 类车辆分为 3 000 kg 及以下和 3 000 kg 以上两个总质量段，两个质量段的产量占比分别为 51.7% 和 48.3%，如图 4-3 所示。

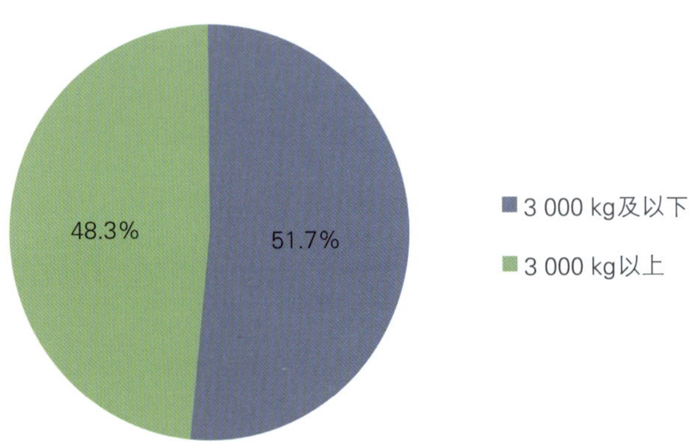

（来源：根据机动车整车出厂合格证统计）

图 4-3　2017 年 M2 类车辆各总质量段产量占比

（3）轻型商用车平均油耗

2017 年，N1 类车辆中汽油车的平均油耗为 8.10 L/100km，柴油车的平均油耗为 8.12 L/100km；M2 类车辆中汽油车的平均油耗为 10.95 L/100km，柴油车的平均油耗为 8.46 L/100km。与 2016 年相比，N1 类和 M2 类的汽油车平均油耗有不同程度的升高，分别增长 2.92% 和 0.09%；而 N1 类和 M2 类柴油车的平均油耗分别下降 1.10% 和 4.51%。具体如图 4-4 所示。

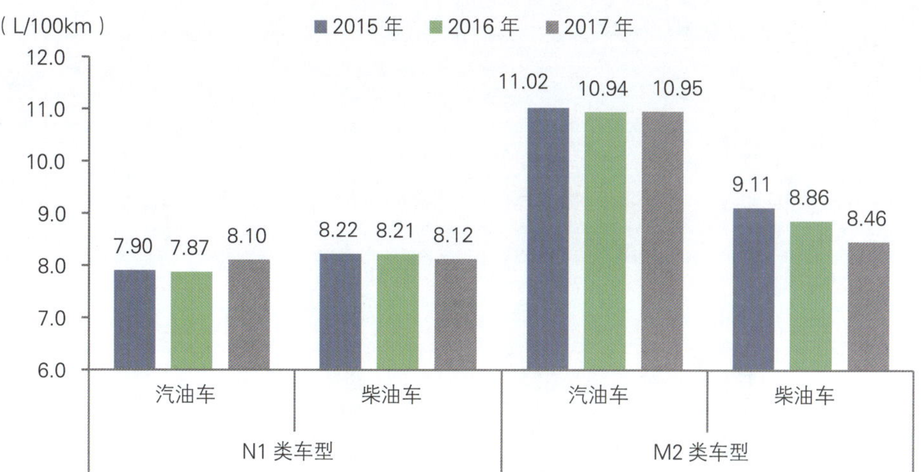

（来源：根据机动车整车出厂合格证、《道路机动车辆生产企业及产品公告》统计）

图 4-4　2015—2017 年 N1 类与 M2 类商用车平均油耗

2017 年 N1 类汽油车中 2 000 kg 及以下和 2 000 ~ 2 500 kg 总质量段的平均油耗低于平均水平，分别为 7.04 L/100km 和 7.8 L/100km；2 500 ~ 3 000 kg 和 3 000 kg 以上总质量段车型平均油耗分别为 9.05 L/100km 和 9.38 L/100km，较 2016 年有所增长。具体如图 4-5 所示。

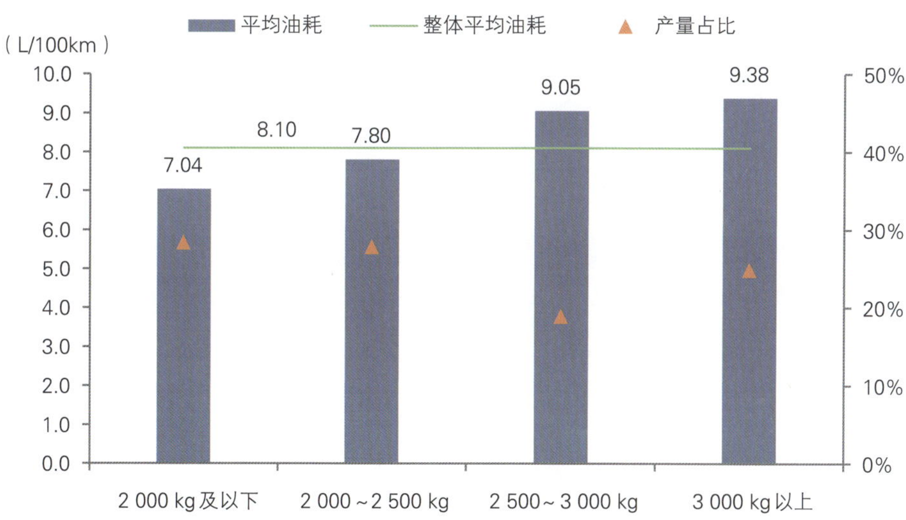

（来源：根据机动车整车出厂合格证、《道路机动车辆生产企业及产品公告》统计）

图 4-5　2017 年 N1 类汽油车各总质量段平均油耗及产量占比

2017 年 N1 类柴油车中 2 500~3 000 kg 总质量段产量占比达 71.2%，3 000 kg 以上总质量段车型平均油耗明显高于其他总质量段平均油耗，且产量占比增长至 14.4%，在一定程度上拉高了整体平均油耗。具体如图 4-6 所示。

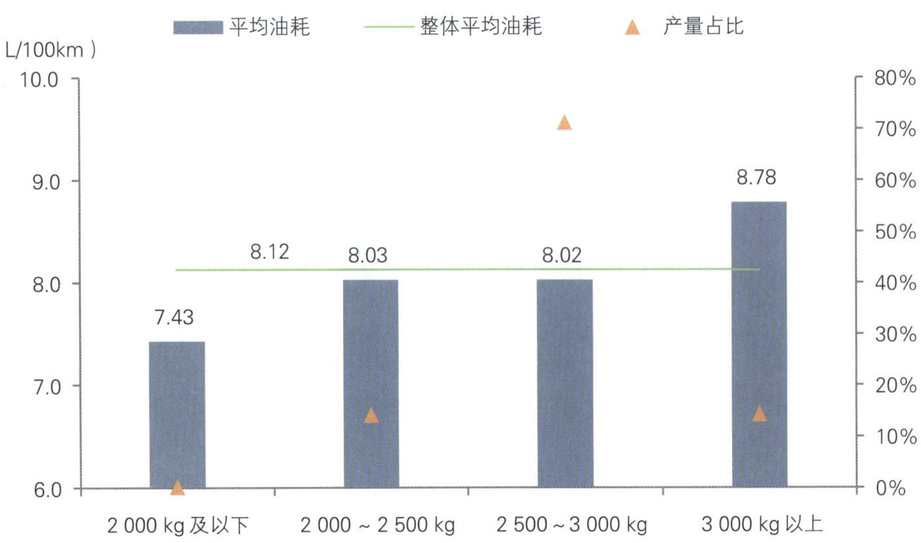

（来源：根据机动车整车出厂合格证、《道路机动车辆生产企业及产品公告》统计）

图 4-6　2017 年 N1 类柴油车各总质量段平均油耗及产量占比

2017 年 M2 类汽油车 3 000 kg 及以下总质量段和 3 000 kg 以上总质量段的平均油耗分别为 10.91 L/100km 和 11.00 L/100km，均超过 10.00 L/100km，3 000 kg 及以下总质量段的产量占比为 52.3%。具体如图 4-7 所示。

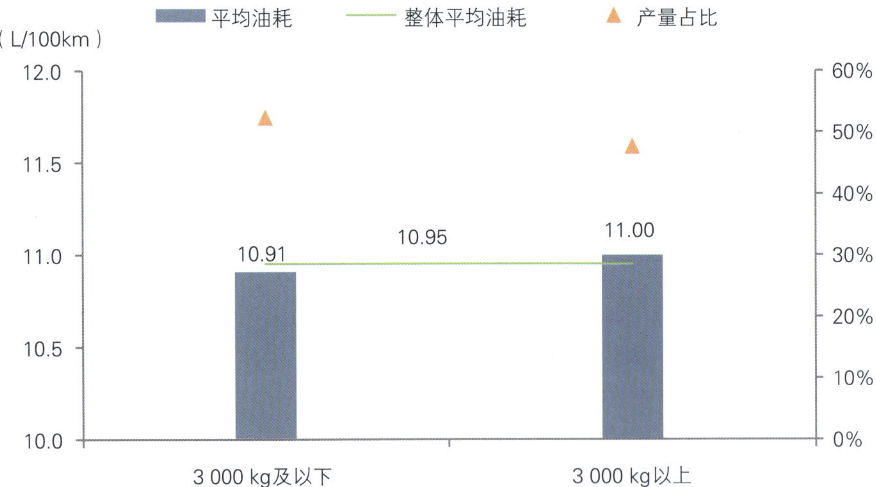

（来源：根据机动车整车出厂合格证、《道路机动车辆生产企业及产品公告》统计）

图 4-7　2017 年 M2 类汽油车各总质量段平均油耗及产量占比

2017 年 M2 类柴油车整体平均油耗为 8.46 L/100km，较 2016 年增长 4.51%，3 000 kg 以上总质量段车型平均油耗为 8.49 L/100km，产量占比达 73.9%。具体如图 4-8 所示。

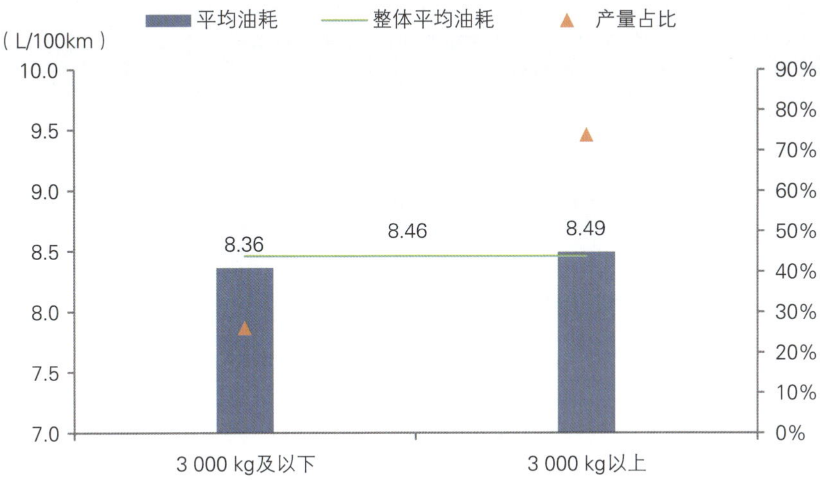

（来源：根据机动车整车出厂合格证、《道路机动车辆生产企业及产品公告》统计）

图 4-8　2017 年 M2 类柴油车各总质量段平均油耗及产量占比

4.2.2　燃料消耗量与限值比较情况

2017 年各类轻型商用车平均燃料消耗量均能够达到燃料消耗量限值要求，其中 N1 类汽油车、N1 类柴油车、M2 类柴油车优于限值幅度较高。

2017 年 M2 类汽油车油耗水平较高，平均油耗 / 限值的加权平均值为 97.68%，N1 类汽油车、N1 类柴油车、M2 类柴油车平均油耗与限值的比值较低，分别为 88.33%、 86.84%、83.02%。

（1）N1 类汽油车平均油耗 / 限值情况

2017 年 N1 类汽油车平均油耗 / 限值的加权平均值为 88.33%。平均油耗 / 限值较高的有 2 000 ~ 2 500 kg 总质量段、2 ~ 2.5 L 排量段车型以及 2 500 ~ 3 000 kg 总质量段、2 ~ 2.5 L 排量段车型。具体见表 4-1 所列。

表 4-1　2017 年 N1 类汽油车平均油耗与限值比较

（来源：根据机动车整车出厂合格证、《道路机动车辆生产企业及产品公告》统计）

最大设计总质量（kg）	发动机排量（L）	平均油耗（L/100km）	限值（L/100km）	平均油耗 / 限值
$M \leqslant 2\,000$	全部	7.04	7.8	90.14%
$2\,000<M \leqslant 2\,500$	$V \leqslant 1.5$	7.44	8.2	90.62%
	$1.5<V \leqslant 2$	8.33	9.1	91.54%
	$2<V \leqslant 2.5$	10.12	10.4	96.93%
	$V>2.5$	10.32	12.7	81.45%

（续表）

最大设计总质量（kg）	发动机排量（L）	平均油耗（L/100km）	限值（L/100km）	平均油耗 / 限值
2 500<M ≤ 3 000	V ≤ 2	8.08	9.1	88.68%
	2<V ≤ 2.5	10.36	11.2	92.83%
	V>2.5	10.2	13.1	77.74%
M>3 000	V ≤ 2.5	9.38	11.4	81.99%

（2）N1 类柴油车平均油耗 / 限值情况

N1 类柴油车平均油耗 / 限值的加权平均值为 86.84%。2 000 kg 及以下总质量段和 2 000 ~ 2 500 kg 总质量段、2.5 L 及以下排量段车型平均油耗 / 限值较高。具体见表 4-2 所列。

表 4-2　2017 年 N1 类柴油车平均油耗与限值比较

（来源：根据机动车整车出厂合格证、《道路机动车辆生产企业及产品公告》统计）

最大设计总质量（kg）	发动机排量（L）	平均油耗（L/100km）	限值（L/100km）	平均油耗 / 限值
M ≤ 2 000	全部	7.43	7.1	104.94%
2 000<M ≤ 2 500	V ≤ 2.5	7.85	8.0	97.88%
	2.5<V ≤ 3	8.09	8.6	94.62%
2 500<M ≤ 3 000	V ≤ 2.5	7.85	9.2	85.23%
	2.5<V ≤ 3	8.29	9.7	85.91%
	V>3	9.23	10.5	87.57%
M>3 000	V ≤ 2.5	8.47	10.1	83.78%
	2.5<V ≤ 3	9.52	10.6	89.73%
	3<V ≤ 4	10.43	11.1	93.63%

（3）M2 类汽油车平均油耗 / 限值情况

M2 类汽油车平均油耗 / 限值的加权平均值为 97.68%。3 000 kg 及以下总质量段、2 L 及以下排量段车型的平均油耗高于限值，其余车型的平均油耗 / 限值也都高于 90%。具体见表 4-3 所列。

表 4-3　2017 年 M2 类汽油车平均油耗与限值比较

（来源：根据机动车整车出厂合格证、《道路机动车辆生产企业及产品公告》统计）

最大设计总质量（kg）	发动机排量（L）	平均油耗（L/100km）	限值（L/100km）	平均油耗 / 限值
M ≤ 3 000	V ≤ 2	9.79	9.7	100.93%
	2<V ≤ 2.5	10.92	11.0	99.27%
M>3 000	V ≤ 2.5	10.84	11.3	95.94%
	2.5<V ≤ 3	12.47	12.9	96.74%

（4）M2 类柴油车平均油耗 / 限值情况

M2 类柴油车平均油耗 / 限值的加权平均值为 83.02%。3 000 kg 及以下总质量段、2.5 L 及以下排量段车型的平均油耗 / 限值达 98.82%，平均油耗水平较高。具体见表 4-4 所列。

表 4-4　2017 年 M2 类柴油车平均油耗与限值比较

（来源：根据机动车整车出厂合格证、《道路机动车辆生产企业及产品公告》统计）

最大设计总质量（kg）	发动机排量（L）	平均油耗（L/100km）	限值（L/100km）	平均油耗 / 限值
$M \leqslant 3\ 000$	$V \leqslant 2.5$	8.40	8.5	98.82%
	$V>2.5$	8.36	9.5	88.00%
$M>3\ 000$	$V \leqslant 3$	8.49	10.5	80.86%

4.3　重型商用车燃料消耗量情况

4.3.1　不同车型燃料消耗量情况

2017 年重型商用车的平均燃料消耗量为 26.68 L/100km，较 2016 年增长 6.89%，节能形势较为严峻。

2017 年重型商用车的平均燃料消耗量为 26.68 L/100km。从车辆类型统计来看，货车、半挂牵引车和自卸汽车等货运类车型产量占比超过 90%，其中货车占比超过 45%，半挂牵引车平均最大设计总质量达 48 191 kg, 相应平均油耗为 44.64 L/100km；客车和城市客车等客运类车型产量占比低于 10%，其中以客车为主 ,城市客车平均最大设计总质量比客车高出 60% ,平均油耗高出 63%。具体见表 4-5 所列。

表 4-5　2017 年重型商用车分车辆类型统计

（来源：根据机动车整车出厂合格证、《道路机动车辆生产企业及产品公告》统计）

车辆类型	平均最大设计总质量（kg）	平均油耗（L/100km）	产量占比
货车	8 804	17.36	46.2%
半挂牵引车	48 191	44.64	26.3%
自卸汽车	17 503	30.10	19.0%
客车	6 475	13.82	8.2%
城市客车	10 327	22.46	0.3%
平均	20 631	26.68	—

从 2017 年柴油类货车随总质量分布情况来看，车辆主要集中在 3 500 ~ 4 500 kg 和 12 500 ~ 16 000 kg 质量段，其中 3 500 ~ 4 500 kg 质量段产量占比超过 70%，平均油耗为 12.13 L/100km，12 500 ~ 16 000 kg 质量段产量占比超过 10%，平均油耗为 26.00 L/100km。具体如图 4-9 所示。

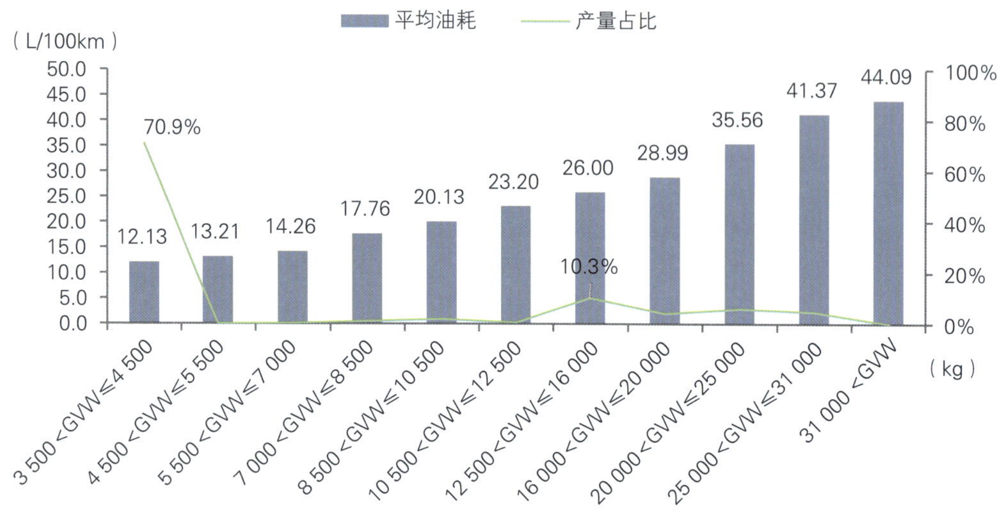

（来源：根据机动车整车出厂合格证、《道路机动车辆生产企业及产品公告》统计）

图 4-9　2017 年货车（柴油）各总质量段平均油耗及产量占比

从 2017 年汽油类货车随总质量分布情况来看，所有车辆都在 3 500 ~ 4 500 kg 质量段，平均油耗为 15.11 L/100km，低于柴油类货车平均油耗的 17.36 L/100km。具体如图 4-10 所示。

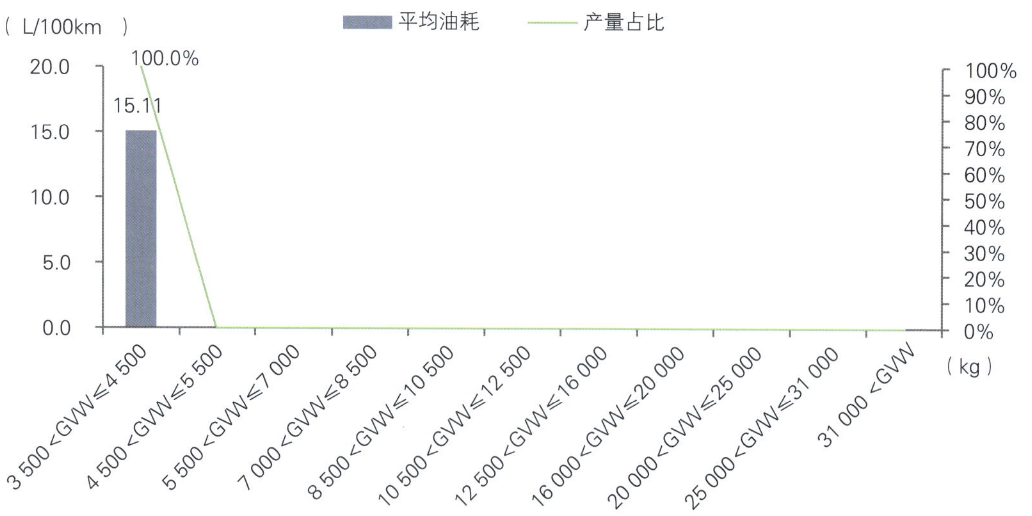

（来源：根据机动车整车出厂合格证、《道路机动车辆生产企业及产品公告》统计）

图 4-10　2017 年货车（汽油）各总质量段平均油耗及产量占比

从 2017 年半挂牵引车随总质量段分布情况来看，车辆主要集中在 46 000 ~ 49 000 kg 质量段，占比约为 90%，平均油耗为 45.09 L/100km。具体如图 4-11 所示。

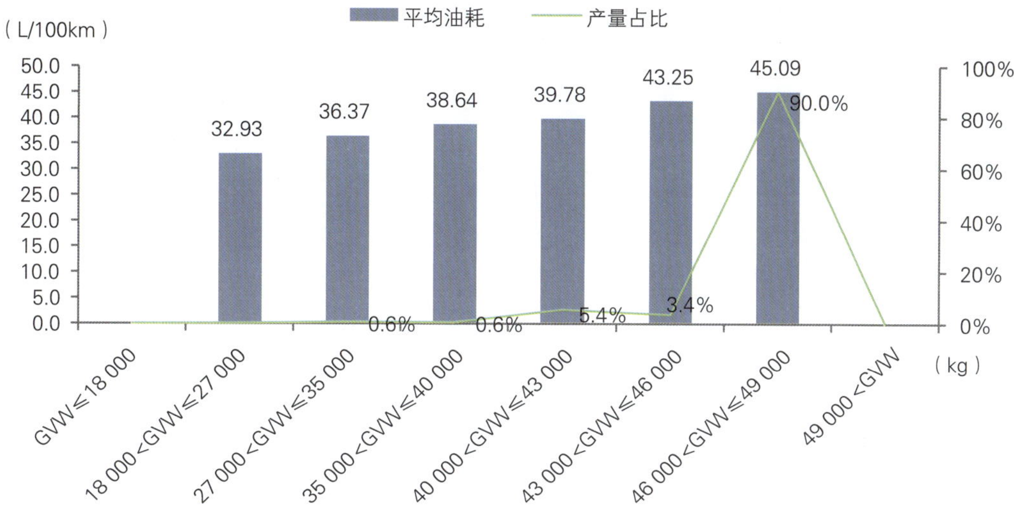

（来源：根据机动车整车出厂合格证、《道路机动车辆生产企业及产品公告》统计）

图 4-11 2017 年半挂牵引车各总质量段平均油耗及产量占比

从 2017 年自卸汽车随总质量分布情况来看，自卸汽车呈现两头分化的现象，3 500 ~ 4 500 kg、20 000 ~ 25 000 kg 和 25 000 ~ 31 000 kg 质量段产量占比较大，其中 3 500 ~ 4 500 kg 质量段产量占比最高达 40.1%，平均油耗为 14.01 L/100km。具体如图 4-12 所示。

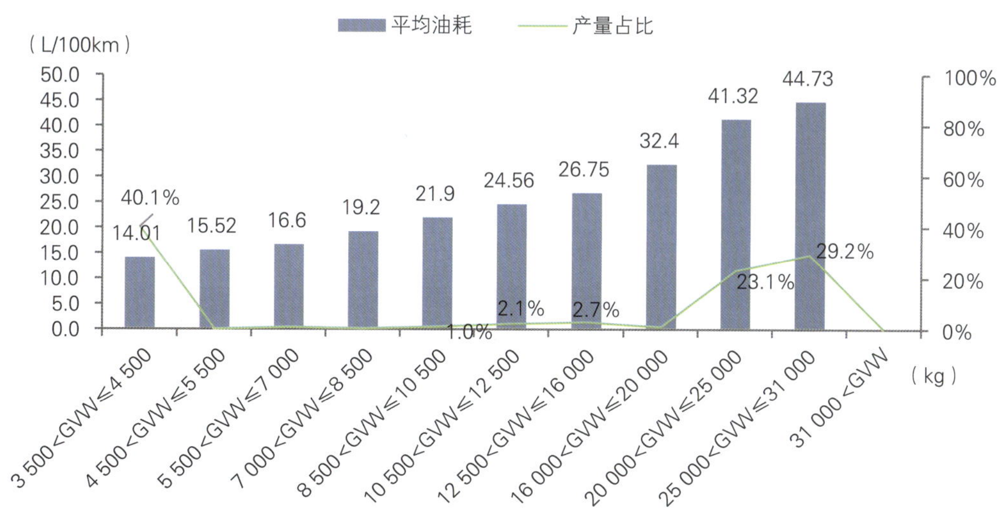

（来源：根据机动车整车出厂合格证、《道路机动车辆生产企业及产品公告》统计）

图 4-12 2017 年自卸汽车各总质量段平均油耗及产量占比

从 2017 年柴油类客车随总质量分布情况来看，车辆在 3 500 ~ 4 500 kg 质量段产量占比超过 50%，平均油耗为 10.65 L/100km，18 000 kg 以上质量段产量占比极低。具体如图 4-13 所示。

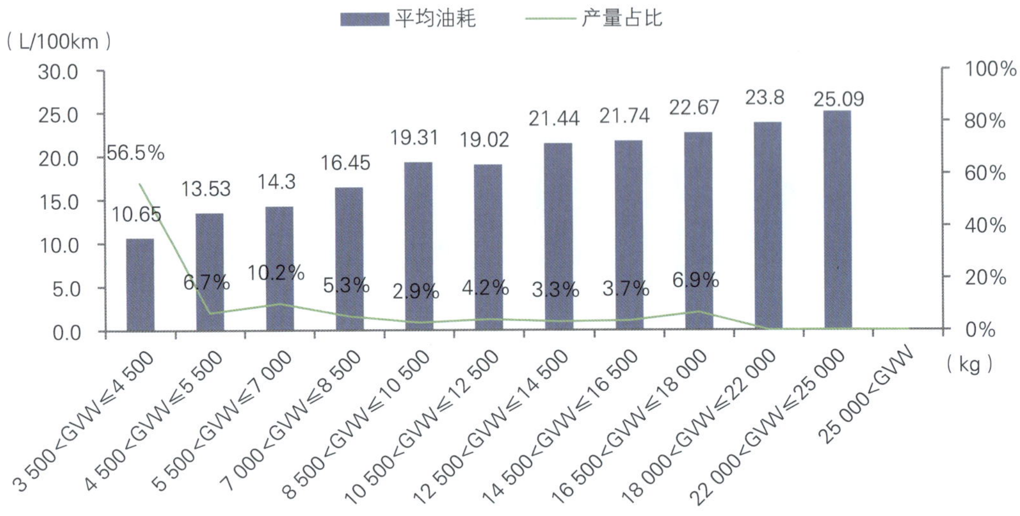

（来源：根据机动车整车出厂合格证、《道路机动车辆生产企业及产品公告》统计）

图 4-13　2017 年客车（柴油）各总质量段平均油耗及产量占比

从 2017 年汽油类客车随总质量分布情况来看，车辆全部在 7 000 kg 以下质量段，其中 5 500 ~ 7 000 kg 质量段产量占比达 69.4%，平均油耗为 16.14 L/100km。具体如图 4-14 所示。

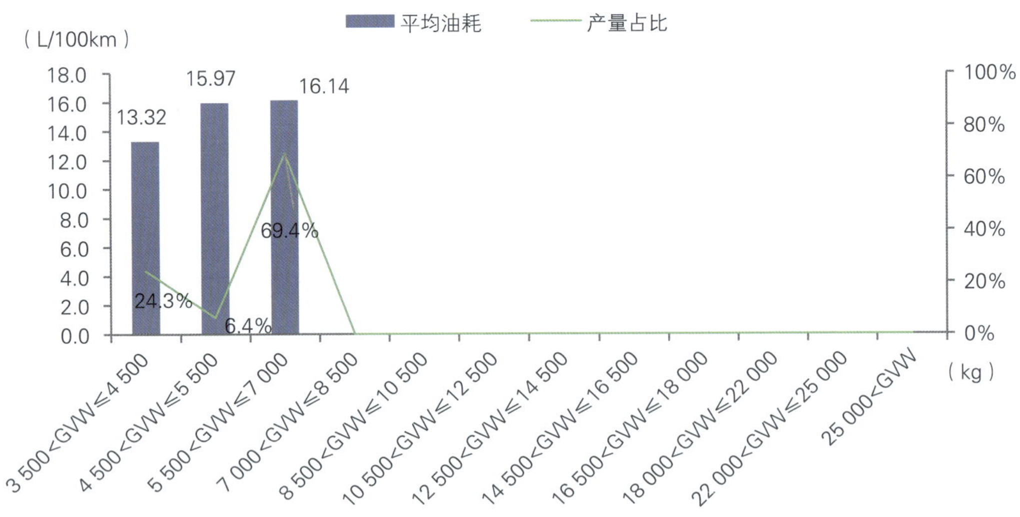

（来源：根据机动车整车出厂合格证、《道路机动车辆生产企业及产品公告》统计）

图 4-14　2017 年客车（汽油）各总质量段平均油耗及产量占比

从 2017 年城市客车随总质量段分布情况来看，车辆产量主要集中在中部区域，5 500 ~ 7 000 kg 质量段产量占比最大，为 31.8%，平均油耗为 16.35 L/100km。具体如图 4-15 所示。

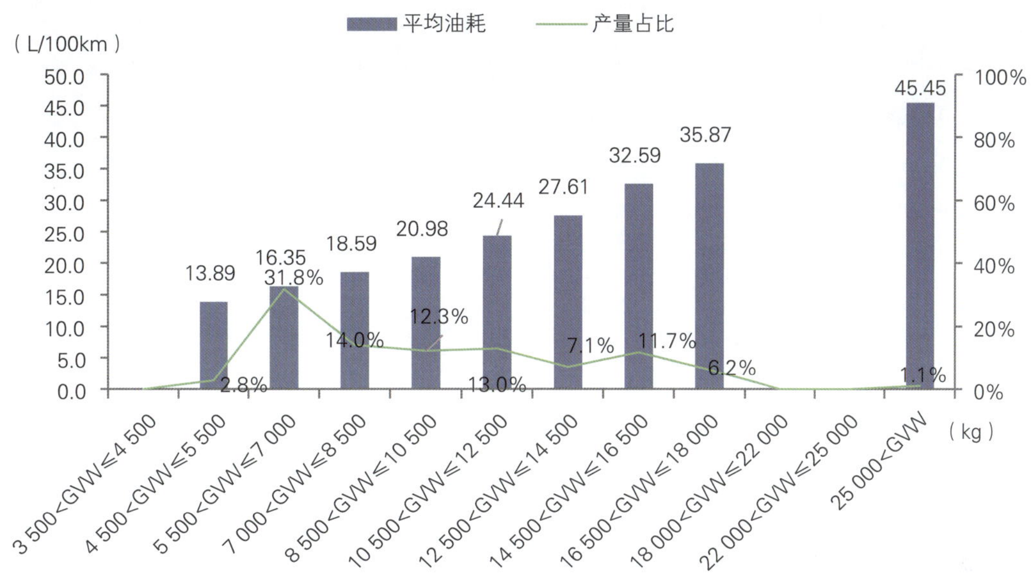

（来源：根据机动车整车出厂合格证、《道路机动车辆生产企业及产品公告》统计）

图 4-15　2017 年城市客车各总质量段平均油耗及产量占比

4.3.2　燃料消耗量与限值比较情况

2017 年各类重型商用车平均燃料消耗量均能够达到燃料消耗量限值要求，其中汽油类客车优于限值幅度最高。

2017 年，柴油类货车、汽油类货车、半挂牵引车、自卸汽车、柴油类客车、汽油类客车、城市客车平均油耗 / 限值分别为 93.64%、96.86%、95.88%、94.80%、91.24%、89.98%、93.97%，汽油类客车平均油耗 / 限值最低，汽油类货车则相对较高。

（1）柴油类货车平均油耗 / 限值情况

2017 年，柴油类货车各总质量段的平均油耗均低于对应限值，加权平均油耗低于限值的幅度为 6.4%，其中 5 500 ~ 7 000 kg 段的平均油耗与限值的比值最低，为 89.1%。具体见表 4-6 所列。

表 4-6　2017 年货车（柴油）平均油耗与限值比较

（来源：根据机动车整车出厂合格证、《道路机动车辆生产企业及产品公告》统计）

总质量（GVW）（kg）	平均油耗（L/100km）	限值（L/100km）	平均油耗 / 限值
3 500<GVW ≤ 4 500	12.13	13.0	93.3%
4 500<GVW ≤ 5 500	13.21	14.0	94.4%
5 500<GVW ≤ 7 000	14.26	16.0	89.1%
7 000<GVW ≤ 8 500	17.76	19.0	93.5%
8 500<GVW ≤ 10 500	20.13	21.5	93.6%
10 500<GVW ≤ 12 500	23.20	25.0	92.8%
12 500<GVW ≤ 16 000	26.00	28.0	92.9%
16 000<GVW ≤ 20 000	28.99	31.5	92.0%
20 000<GVW ≤ 25 000	35.56	37.5	94.8%
25 000<GVW ≤ 31 000	41.37	43.0	96.2%
31 000<GVW	44.09	45.5	96.9%

（2）汽油类货车平均油耗 / 限值情况

汽油类货车仅在 3 500 ~ 4 500 kg 段内有产量，平均油耗与限值之比为 96.9%。具体见表 4-7 所列。

表 4-7　2017 年货车（汽油）平均油耗与限值比较

（来源：根据机动车整车出厂合格证、《道路机动车辆生产企业及产品公告》统计）

总质量（GVW）（kg）	平均油耗（L/100km）	限值（L/100km）	平均油耗 / 限值
3 500<GVW ≤ 4 500	15.11	15.6	96.9%
4 500<GVW ≤ 5 500	—	16.8	—
5 500<GVW ≤ 7 000	—	16.0	—
7 000<GVW ≤ 8 500	—	22.8	—
8 500<GVW ≤ 10 500	—	25.8	—
10 500<GVW ≤ 12 500	—	30.0	—
12 500<GVW ≤ 16 000	—	28.0	—
16 000<GVW ≤ 20 000	—	31.5	—
20 000<GVW ≤ 25 000	—	37.5	—
25 000<GVW ≤ 31 000	—	43.0	—
31 000<GVW	—	45.5	—

（3）半挂牵引车平均油耗 / 限值情况

半挂牵引车各总质量段的平均油耗均低于对应限值，加权平均油耗低于限值的幅度为 4.1%，其中 18 000 ~ 27 000 kg 段的平均油耗 / 限值最低为 91.5%。具体见表 4-8 所列。

表 4-8　2017 年半挂牵引车（柴油）平均油耗与限值比较

（来源：根据机动车整车出厂合格证、《道路机动车辆生产企业及产品公告》统计）

总质量（GVW）（kg）	平均油耗（L/100km）	限值（L/100km）	平均油耗 / 限值
GVW ≤ 18 000	—	33.0	—
18 000<GVW ≤ 27 000	32.93	36.0	91.5%
27 000<GVW ≤ 35 000	36.37	38.0	95.7%
35 000<GVW ≤ 40 000	38.64	40.0	96.6%
40 000<GVW ≤ 43 000	39.78	42.0	94.7%
43 000<GVW ≤ 46 000	43.25	45.0	96.1%
46 000<GVW ≤ 49 000	45.09	47.0	95.9%
49 000<GVW	—	48.0	—

（4）自卸汽车平均油耗 / 限值情况

自卸汽车各总质量段的平均油耗均低于对应限值，加权平均油耗低于限值的幅度为 5.2%，其中 3 500 ~ 4 500kg 段的平均油耗 / 限值为 93.4%。具体见表 4-9 所列。

表 4-9　2017 年自卸汽车（柴油）平均油耗与限值比较

（来源：根据机动车整车出厂合格证、《道路机动车辆生产企业及产品公告》统计）

总质量（GVW）（kg）	平均油耗（L/100km）	限值（L/100km）	平均油耗 / 限值
3 500<GVW ≤ 4 500	14.01	15.0	93.4%
4 500<GVW ≤ 5 500	15.52	16.0	97.0%
5 500<GVW ≤ 7 000	16.60	17.5	94.9%
7 000<GVW ≤ 8 500	19.20	20.5	93.7%
8 500<GVW ≤ 10 500	21.90	23.0	95.2%
10 500<GVW ≤ 12 500	24.56	25.5	96.3%
12 500<GVW ≤ 16 000	26.75	28.0	95.5%
16 000<GVW ≤ 20 000	32.40	34.0	95.3%
20 000<GVW ≤ 25 000	41.32	43.5	95.0%
25 000<GVW ≤ 31 000	44.73	47.0	95.2%
31 000<GVW	—	49.0	—

（5）柴油类客车平均油耗 / 限值情况

柴油类客车在 4 500 ~ 5 500 kg 和 8 500 ~ 10 500 kg 段出现平均油耗高于限值的现象，加权平均油耗低于限值的幅度为 8.8%，其中 3 500 ~ 4 500 kg 段的平均油耗 / 限值为 85.2%。具体见表 4-10 所列。

表 4-10　2017 年客车（柴油）平均油耗与限值比较

（来源：根据机动车整车出厂合格证、《道路机动车辆生产企业及产品公告》统计）

总质量（GVW）（kg）	平均油耗（L/100km）	限值（L/100km）	平均油耗 / 限值
3 500<GVW ≤ 4 500	10.65	12.5	85.2%
4 500<GVW ≤ 5 500	13.53	13.5	100.2%
5 500<GVW ≤ 7 000	14.30	15.0	95.3%
7 000<GVW ≤ 8 500	16.45	16.5	99.7%
8 500<GVW ≤ 10 500	19.31	18.5	104.4%
10 500<GVW ≤ 12 500	19.02	20.0	95.1%
12 500<GVW ≤ 14 500	21.44	21.5	99.7%
14 500<GVW ≤ 16 500	21.74	22.5	96.6%
16 500<GVW ≤ 18 000	22.67	24.0	94.5%
18 000<GVW ≤ 22 000	23.80	25.0	95.2%
22 000<GVW ≤ 25 000	25.09	27.5	91.2%
25 000<GVW	—	29.5	—

（6）汽油类客车平均油耗 / 限值情况

汽油类客车各总质量段的平均油耗均低于对应限值，加权平均油耗低于限值的幅度为 10.0%，其中 5 500 ~ 7 000 kg 段的平均油耗 / 限值为 89.7%。具体见表 4-11 所列。

表 4-11　2017 年客车（汽油）平均油耗与限值比较

（来源：根据机动车整车出厂合格证、《道路机动车辆生产企业及产品公告》统计）

总质量（GVW）（kg）	平均油耗（L/100km）	限值（L/100km）	平均油耗 / 限值
3 500<GVW ≤ 4 500	13.32	15.0	88.8%
4 500<GVW ≤ 5 500	15.97	16.2	98.6%
5 500<GVW ≤ 7 000	16.14	18.0	89.7%
7 000<GVW ≤ 8 500	—	16.5	—
8 500<GVW ≤ 10 500	—	18.5	—

（续表）

总质量（GVW）（kg）	平均油耗（L/100km）	限值（L/100km）	平均油耗 / 限值
10 500<GVW ≤ 12 500	—	20.0	—
12 500<GVW ≤ 14 500	—	21.5	—
14 500<GVW ≤ 16 500	—	22.5	—
16 500<GVW ≤ 18 000	—	24.0	—
18 000<GVW ≤ 22 000	—	25.0	—
22 000<GVW ≤ 25 000	—	27.5	—
25 000<GVW	—	29.5	—

（7）城市客车平均油耗 / 限值情况

城市客车各总质量段的平均油耗均低于对应限值，加权平均油耗低于限值的幅度为 6.0%，其中 4 500 ~ 5 500 kg 段的平均油耗 / 限值最低为 89.6%。具体见表 4-12 所列。

表 4-12 2017 年城市客车（柴油）平均油耗与限值比较

（来源：根据机动车整车出厂合格证、《道路机动车辆生产企业及产品公告》统计）

总质量（GVW）（kg）	平均油耗（L/100km）	限值（L/100km）	平均油耗 / 限值
3 500<GVW ≤ 4 500	—	14.0	—
4 500<GVW ≤ 5 500	13.89	15.5	89.6%
5 500<GVW ≤ 7 000	16.35	17.5	93.4%
7 000<GVW ≤ 8 500	18.59	19.5	95.3%
8 500<GVW ≤ 10 500	20.98	22.5	93.2%
10 500<GVW ≤ 12 500	24.44	26.0	94.0%
12 500<GVW ≤ 14 500	27.61	30.5	90.5%
14 500<GVW ≤ 16 500	32.59	34.0	95.9%
16 500<GVW ≤ 18 000	35.87	37.5	95.7%
18 000<GVW ≤ 22 000	—	41.0	—
22 000<GVW ≤ 25 000	—	45.5	—
25 000<GVW	45.45	49.0	92.8%

产品趋势篇

摘要

近年来，乘用车产品结构大型化趋势明显，带动车身尺寸、整备质量、动力性等车辆属性参数持续上升，其变化对于行业节能水平发展具有重要影响。与此同时，新能源汽车在政策、市场和技术的共同驱动下，产品特点也在不断变化。因此，深入分析节能与新能源汽车产品属性及特点，洞悉其变化趋势对产业升级的影响具有十分重要的意义。

本篇通过两个专题展示了节能与新能源汽车产品发展的最新特点。专题 5 介绍了乘用车节能相关属性的发展趋势，包括平均整备质量、脚印面积、驱动型式、平均排量、平均功率、平均扭矩等；专题 6 从续驶里程、电池电量、电能消耗量等方面对新能源乘用车和商用车的产品属性变化趋势进行了分析。

专题 5

乘用车产品节能相关属性发展趋势[5]

2013—2017 年，乘用车产品多项节能相关性能参数呈逐年递增趋势，2017 年行业平均整备质量升高至 1 438 kg，脚印面积增大至 4.17 m^2，平均功率和平均扭矩分别增加至 109.45 kW、208.58 N·m，平均功率 / 整备质量和平均功率 / 排量分别提升至 74.94 kW/t、65.74 kW/L，而平均排量也出现小幅反弹，升高至 1 657 mL。自主企业乘用车各项参数继续保持快速增长态势，平均整备质量和平均功率 / 排量超过合资企业，而且在脚印面积、平均排量、平均功率、平均扭矩等方面与合资企业差距进一步缩小。与自主和合资企业相比，进口企业乘用车各项参数明显偏大。驱动型式方面，国产车主要采用前轮驱动，而进口车以全时全轮驱动为主。

5.1 整备质量

行业平均整备质量升至 1 438 kg，自主企业同比增长 3.12%。

从行业整体情况来看，2013—2017 年行业平均整备质量逐年升高，其中自主、合资和进口企业平均整备质量均有不同程度升高。2017 年自主企业乘用车平均整备质量为 1 456 kg，同比增长 3.12%，增幅超过其他类型企业，而且与合资企业差距进一步拉大；合资企业平均整备质量突破 1 400 kg，为 1 401 kg，在各类型企业中最小；进口企业平均整备质量小幅升至 1 875 kg，显著高出其他类型企业。自主企业乘用车平均整备质量自 2016 年起超过行业平均水平，如图 5-1 所示。

从整备质量段来看，随着车辆向大型化、SUV 化趋势发展，自主企业乘用车平均整备质量向中、高整备质量段发展。2017 年，1 090~1 205 kg、1 205~1 320 kg 和 1 320~1 430 kg 这 3 个整备质量段的产量占比较 2016 年分别下降 2.08%、7.03% 和 2.13%；1 430~1 540 kg 和 1 660~1 770 kg 两个整备质量段的产量占比增幅明显，随着荣威 RX5、东风风光 580、远景 SUV 等车型占比升高以及长安 CS55 等新车型上市，1 430~1 540 kg 整备质量段产量占比升至 21.45%，创近年最高水平；1 660~2 510 kg 内各整备质量段产量占比均有不同程度升高，如图 5-2 所示。

5　专题 5 中排量、功率、扭矩及其相关参数的计算结果仅考虑传统能源汽车。

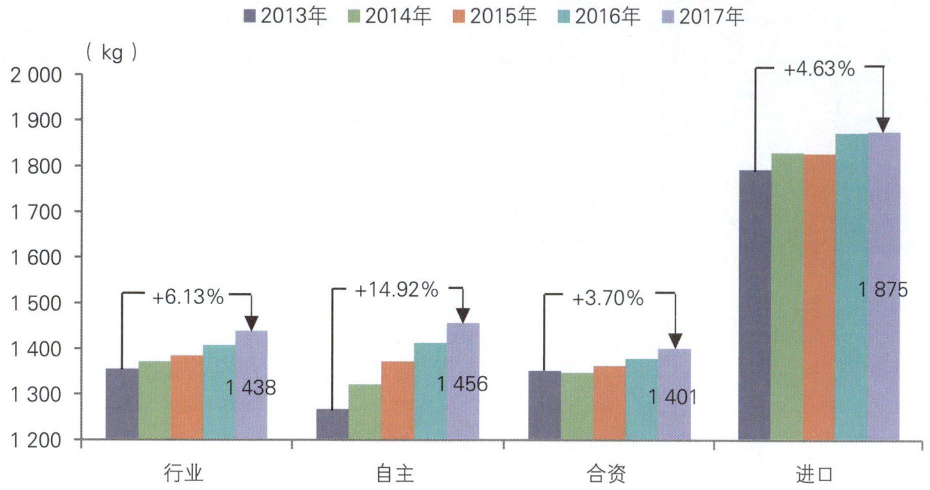

注：自主、合资、进口以企业性质进行划分。

（来源：根据“乘用车燃料消耗量数据管理系统”统计）

图 5-1 行业与分企业类型平均整备质量年度变化情况

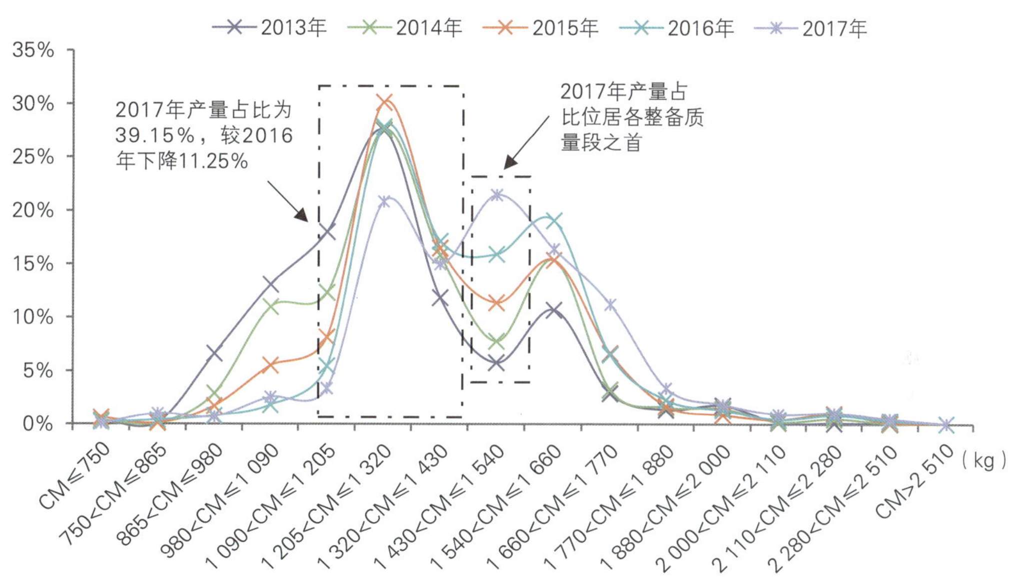

（来源：根据“乘用车燃料消耗量数据管理系统”统计）

图 5-2 自主企业分整备质量段产量占比变化情况

合资企业乘用车平均整备质量发展趋势与自主企业类似，中、高整备质量段车型产量占比提升，而且中型及以上级别轿车和 SUV 产量占比升高。2017 年，1 205~1 320 kg 整备质量段产量占比仍位居各质量段首位，与 2016 年相比占比升高 1.29%；1 320~1 430 kg 整备质量段产量占比较 2016 年降幅最大，下降 2.65%；1 430~2 510 kg 内各整备质量段产量占比均有不同程度升高，如图 5-3 所示。

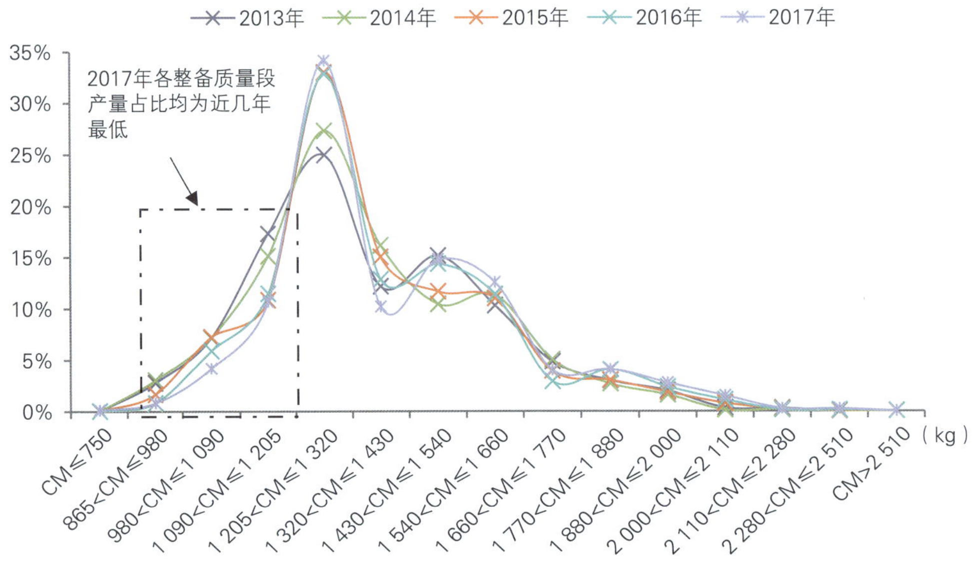

（来源：根据“乘用车燃料消耗量数据管理系统”统计）

图 5-3　合资企业分整备质量段产量占比变化情况

2017 年，进口企业 2 110~2 280 kg 整备质量段的进口量占比较 2016 年下降 0.47%，占比仍位居各整备质量段首位；由于雷克萨斯 ES 混动、林肯 MKC、宝马 3 系等车型进口量增加，1 660~1 770 kg 整备质量段进口量占比增长 1.87%，增幅位居各整备质量段首位；2017 年整备质量在 1 660 kg 及以下的进口乘用车进口量占比较 2016 年减少 2.39%，如图 5-4 所示。

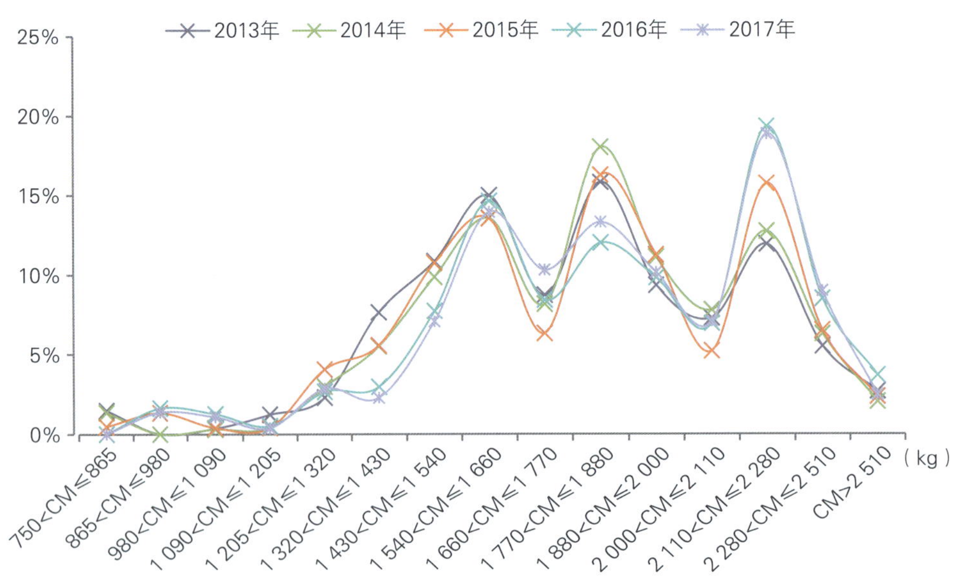

（来源：根据“乘用车燃料消耗量数据管理系统”统计）

图 5-4　进口企业分整备质量段进口量占比变化情况

从车型来看，2017 年自主企业轿车平均整备质量较 2016 年下降 9 kg；合资企业轿车平均整备质量出现反弹，较 2016 年升高 13 kg；进口企业轿车平均整备质量依旧保持增长态势，2017 年升至 1 648 kg。2017 年自主企业 SUV 平均整备质量增幅较大，较 2016 年升高 48 kg，与合资企业差距进一步缩小；合资企业 SUV 平均整备质量自 2016 年出现反弹后继续升高，2017 年升至 1 555 kg；进口企业 SUV 平均整备质量小幅下降 2 kg，其也是唯一出现下降的企业类型。2017 年自主企业 MPV 平均整备质量出现反弹，且大幅升高 82 kg，主要是因为欧诺、欧尚、风光 330、威旺 M20 等整备质量较小车型产量降低，菱智 M3L、瑞风 M4 等大整备质量车型产量提升以及欧尚 A800、凌轩、比亚迪宋 MAX 等整备质量较大的新车型上市；合资企业 MPV 平均整备质量从 2014 年开始持续增长，2017 年达 1 488 kg，为近几年最高水平；进口企业 MPV 平均整备质量近几年较为波动，2017 年较 2016 年下降 24 kg。自主企业交叉型乘用车平均整备质量在连续几年上升之后于 2017 年出现下降，而合资企业交叉型乘用车平均整备质量依旧保持增长态势，2017 年升至 1 159 kg，如图 5-5 所示。

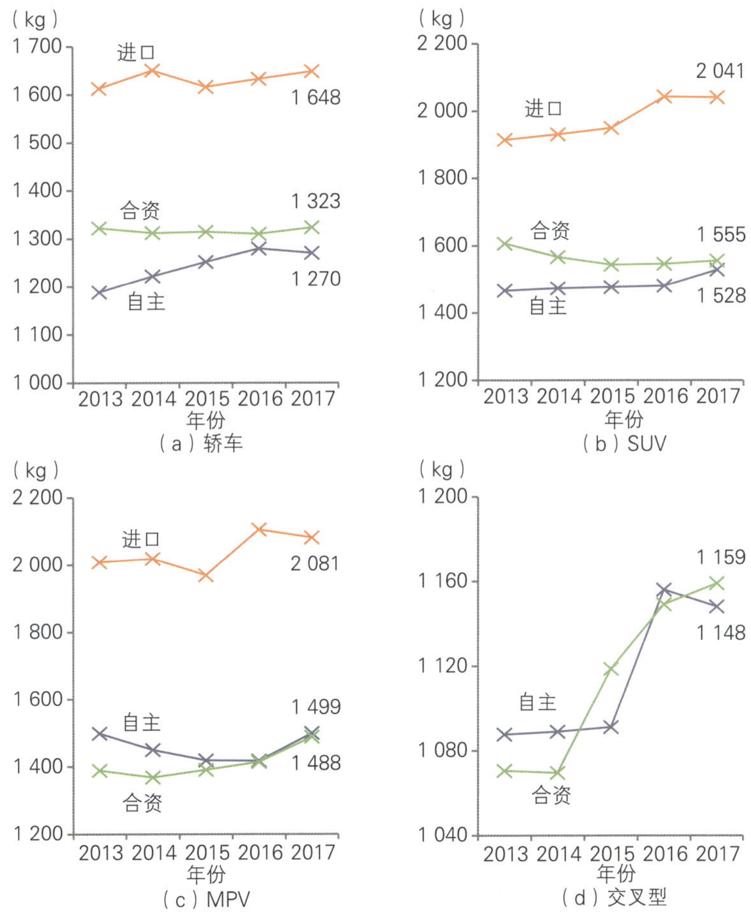

注：自主、合资、进口以企业性质进行划分。

（来源：根据“乘用车燃料消耗量数据管理系统”统计）

图 5-5　分车型平均整备质量变化情况

从国产车系别来看，自主品牌乘用车平均整备质量近几年增长势头强劲，2017 年增至 1 415 kg，较 2016 年增加 24 kg；韩系乘用车平均整备质量小幅下降，是各系别中唯一出现下降的车系；2017 年美系乘用车平均整备质量升至 1 472 kg，依旧位居各系别首位；欧系乘用车平均整备质量在 2017 年大幅升高，同比增幅为 2.78%，增幅位居各系别首位；日系乘用车平均整备质量升至 1 386 kg，与自主品牌差距缩小，如图 5-6 所示。

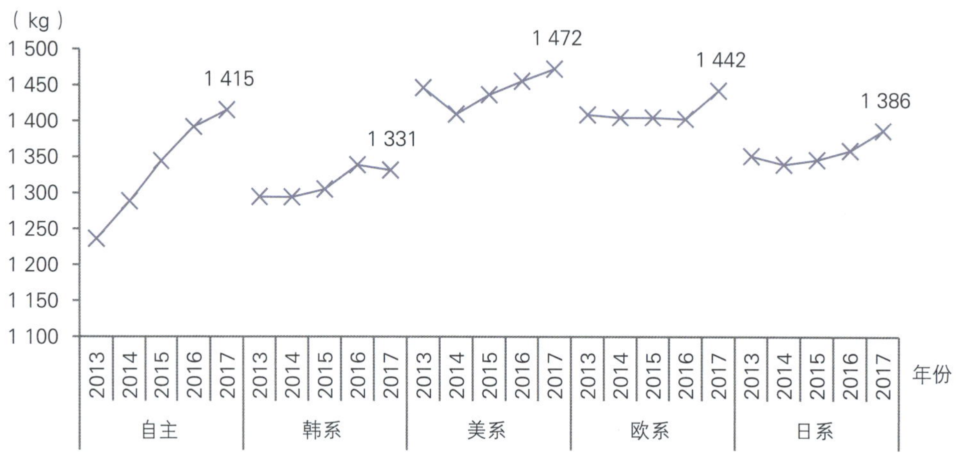

注：自主、韩系、美系、欧系、日系按车型品牌划分。

（来源：根据“乘用车燃料消耗量数据管理系统”统计）

图 5-6 国产车分系别平均整备质量变化情况

5.2 脚印面积

行业平均脚印面积持续攀升，自主企业与行业平均水平差距逐年缩小。

脚印面积为轴距和前后轴平均轮距的乘积，能间接反映车型尺寸的变化，也在一定程度上与车型的燃料消耗量存在关联。

从行业整体情况来看，近几年行业平均脚印面积逐年升高，2017 年升至 4.17 m^2，较 2016 年增加 0.04 m^2。自主企业乘用车平均脚印面积增幅较大，而且与行业平均水平差距逐年缩小，2017 年为 4.10 m^2；合资企业 2017 年平均脚印面积为 4.18 m^2，略高于行业平均水平；进口企业 2017 年平均脚印面积达 4.63 m^2，大幅领先其他类型企业，如图 5-7 所示。

从车型来看，2017 年自主企业轿车平均脚印面积小幅回落，较 2016 年减小 0.04 m^2；合资企业轿车平均脚印面积持续增加，2017 年为 4.15 m^2；进口企业轿车平均脚印面积升至 4.48 m^2，领先优势明显。自主企业 SUV 平均脚印面积增速较快，与合资企业的差距逐步缩小，2017 年升至 4.17 m^2；合资企业 SUV 平均脚印面积 2017 年小幅升至 4.25 m^2；2017 年进口企业 SUV 平均脚印面积为 4.73 m^2，首次突破 4.70 m^2。2017 年自主企业和合资企业 MPV 平均脚印面积较 2016 年分别增加 0.13 m^2 和 0.11 m^2，进口企业 MPV 平均脚印面积小幅回落 0.04 m^2。2017 年自主企业交叉型乘用车平均脚印面积降至 3.66 m^2，而合资企业交叉型乘用车平均脚印面积继续保持增长态势，2017 年反超自主企业，如图 5-8 所示。

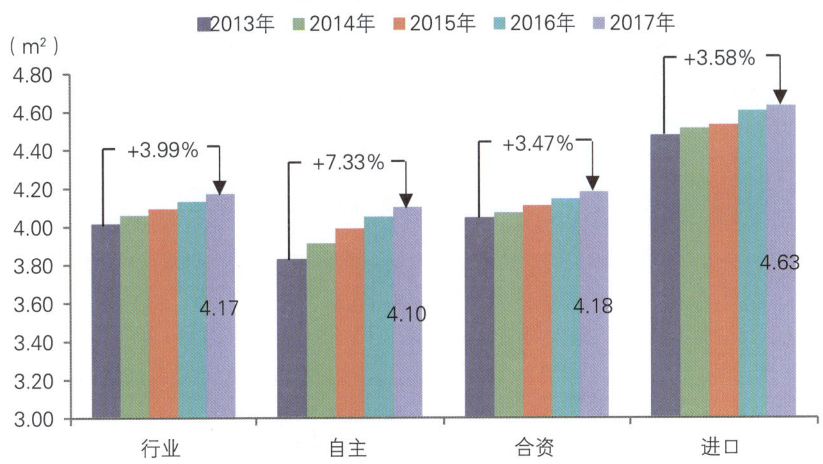

注：自主、合资、进口以企业性质进行划分。

（来源：根据“乘用车燃料消耗量数据管理系统”统计）

图 5-7　行业与分企业类型平均脚印面积年度变化情况

从国产车系别来看，各系别乘用车平均脚印面积近几年均有不同程度增长，其中自主品牌增幅最为明显，2017 年为 4.06 m^2，较 2013 年增长 7.45%；2017 年美系乘用车平均脚印面积排名居首位，达 4.28 m^2，欧系乘用车紧随其后，为 4.22 m^2；韩系乘用车平均脚印面积在各系别中处于中等水平，如图 5-9 所示。

5.3　驱动型式

行业前轮驱动车型市场份额增速放缓，自主品牌前轮驱动乘用车占比保持快速增长。

乘用车驱动型式中前轮驱动占绝对优势，2017 年前轮驱动车型产量（含进口量）为 2 032.00 万辆，产量（含进口量）占比高达 82.57%。分时全轮驱动车型产量（含进口量）自 2014 年起开始下降，2017 年产量（含进口量）占比降至 0.70%。后轮驱动车型产量（含进口量）及占比近几年均呈下降趋势，2017 年产量（含进口量）不足 250 万辆。全时全轮驱动车型产量（含进口量）占比从 2014 年开始出现下降，2017 年下降至 4.19%。智能（适时）全轮驱动车型发展较为迅速，2017 年产量（含进口量）同比增长 52.71%，占比也升至 2.44%，如图 5-10 所示。

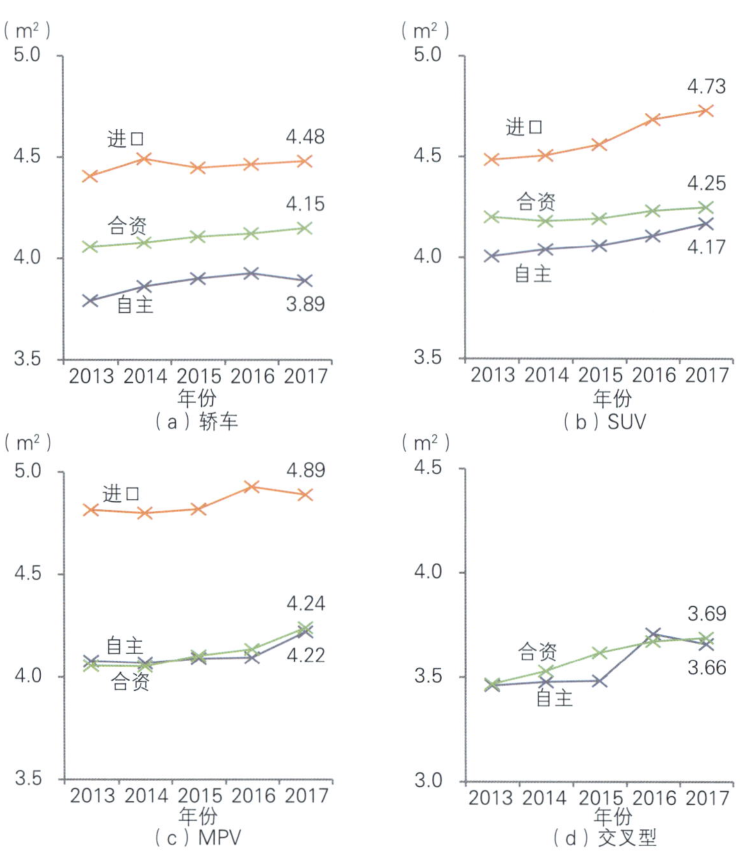

注：自主、合资、进口以企业性质进行划分。

（来源：根据“乘用车燃料消耗量数据管理系统”统计）

图 5-8　分车型平均脚印面积变化情况

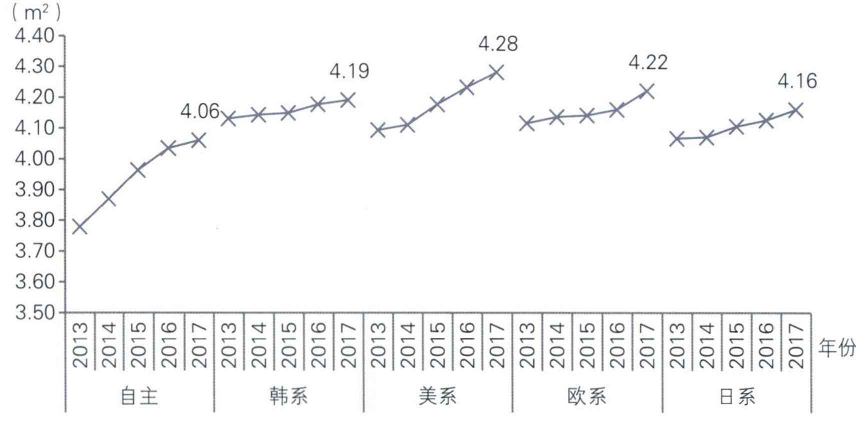

注：韩系、美系、欧系、日系、自主按车型品牌划分。

（来源：根据“乘用车燃料消耗量数据管理系统”统计）

图 5-9　国产车分系别平均脚印面积变化情况

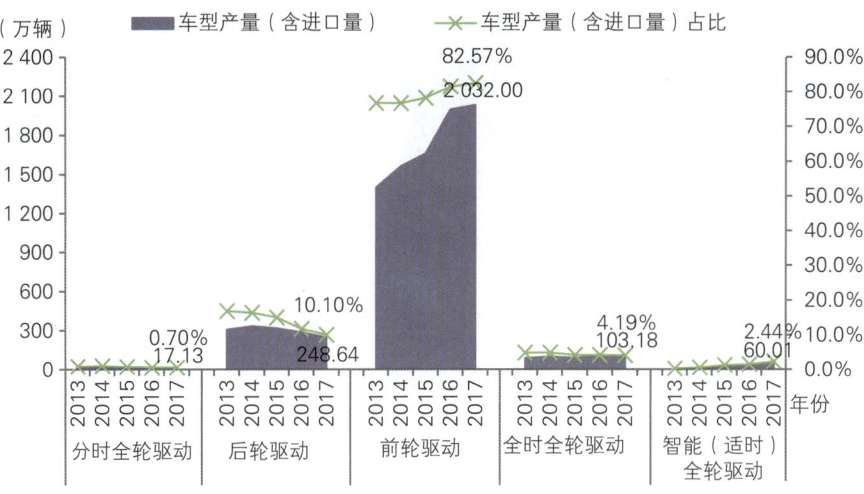

（来源：根据“乘用车燃料消耗量数据管理系统”统计）

图 5-10　驱动型式变化情况

从企业类型来看，自主企业乘用车以前轮驱动为主，后轮驱动车型占比位居次席，全轮驱动车型占比仅为 2.57%，主要应用企业包括吉利汽车、长城汽车、比亚迪、北汽集团、广汽乘用车、重庆长安等。合资企业乘用车同样以前轮驱动为主，全时全轮驱动、智能（适时）全轮驱动、分时全轮驱动车型占比分别为 3.08%、3.07%、0.68%，全轮驱动车型主要为奥迪 Q5、奔驰 GLC 级、汉兰达、昂科威、途昂、欧蓝德等 SUV 车型。在进口企业乘用车中，全时全轮驱动车型占据近一半份额，前轮驱动和后轮驱动车型进口量占比分列二、三位。具体如图 5-11 所示。

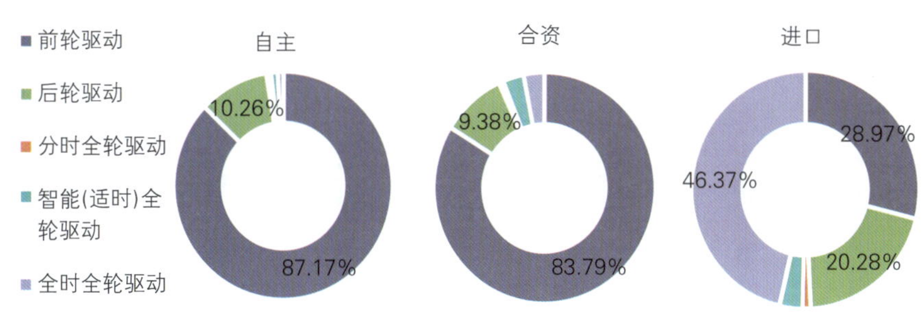

注：自主、合资、进口以企业性质进行划分。

（来源：根据“乘用车燃料消耗量数据管理系统”统计）

图 5-11　2017 年分企业类型驱动型式产量（含进口量）占比情况

在轿车车型中，自主企业几乎实现前轮驱动全覆盖，但近年占比小幅下降，2017 年后轮驱动轿车产量占比升至 1.71%，主要应用于众泰 E200、康迪 K12、红旗 H7 等车型，其中以微型及小型纯电动车型为主。合资企业同样以前轮驱动为主，后轮驱动轿车产量占比 2017 年升至 6.40%，主要应用于奔驰 C 级和 E 级、宝马 3 系和 5 系、凯迪拉克 ATS-L、皇冠等中型及以上轿车。2017 年进口企业前轮驱动和后轮驱动轿车进口量占比分别为 45.70% 和 39.10%，全时全轮驱动轿车进口量占比为 13.95%，主要应用于奔驰 CLA 级、奥迪 A8L、奔驰迈巴赫 S 级、MINI COOPER、奔驰 S 级、宝马 7 系等车型，如图 5-12 所示。

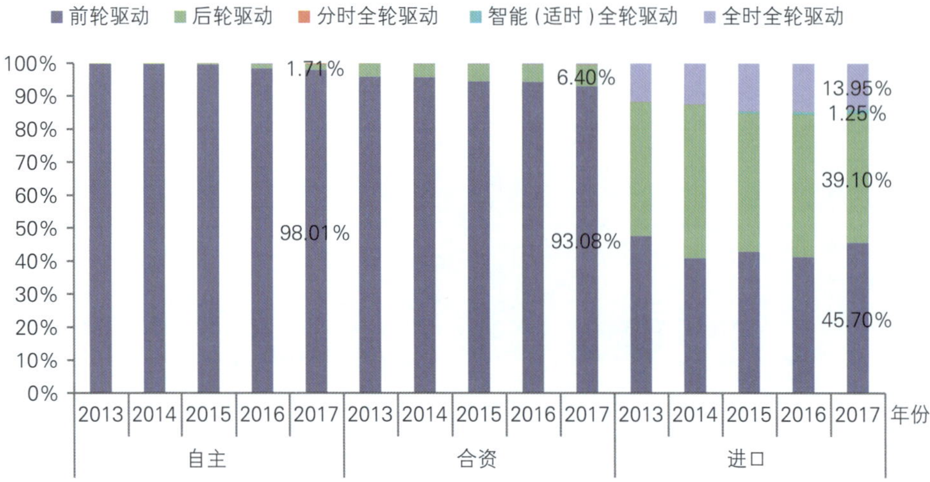

注：自主、合资、进口以企业性质进行划分。

（来源：根据"乘用车燃料消耗量数据管理系统"统计）

图 5-12　轿车驱动型式产量（含进口量）占比变化情况

在 SUV 车型中，自主企业前轮驱动车型优势明显，占比不断提升，2017 年升至 92.38%，后轮驱动 SUV 产量占比降低至 3.70%，应用后轮驱动的 SUV 主要有长安 CX70、幻速 S3、迈威、哈弗 H8 等。合资企业前轮驱动 SUV 产量占比整体呈上升趋势，而分时全轮驱动和全时全轮驱动车型占比逐渐下降，智能（适时）全轮驱动车型产量占比升至 10.03%，主要应用于昂科威、途昂、欧蓝德、奇骏、途观 L 等车型。在进口企业中，全时全轮驱动 SUV 占比较高，分时全轮驱动 SUV 占比萎缩，智能（适时）全轮驱动 SUV 占比 2017 年升至 5.19%，主要应用于阿尔法罗密欧 Stelvio、MODEL X、林肯 MKC 等车型，如图 5-13 所示。

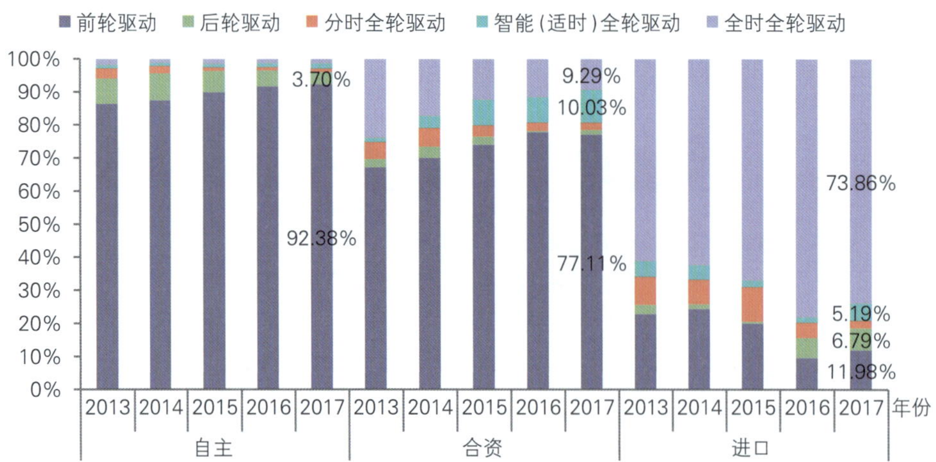

注：自主、合资、进口以企业性质进行划分。

（来源：根据"乘用车燃料消耗量数据管理系统"统计）

图 5-13　SUV 驱动型式产量（含进口量）占比变化情况

在 MPV 车型中，自主企业和合资企业仅有前轮驱动和后轮驱动两种车型，其中自主企业和合资企业 2017 年前轮驱动车型占比分别升至 42.67% 和 53.01%。进口企业 2017 年仅有前轮驱动和全时全轮驱动两种车型，占比分别为 64.08% 和 35.92%，其中全时全轮驱动型式主要应用于奔驰 R 级、迈特威和凯路威等车型，如图 5-14 所示。

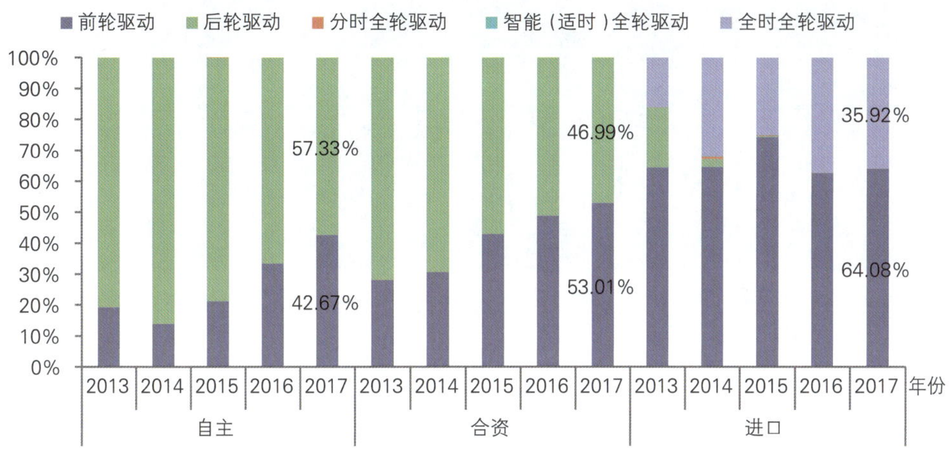

注：自主、合资、进口以企业性质进行划分。

（来源：根据“乘用车燃料消耗量数据管理系统”统计）

图 5-14　MPV 驱动型式产量（含进口量）占比变化情况

从国产车系别来看，自主品牌前轮驱动乘用车占比近几年增速较快，2017 年占比升至 81.29%，超越欧系乘用车，分时全轮驱动、智能（适时）全轮驱动和全时全轮驱动均有少量应用。韩系前轮驱动乘用车 2017 年占比高达 99.31%，在各系别中位居首位，目前尚未应用后轮驱动型式。美系乘用车 2017 年前轮驱动乘用车产量占比突破 90%，达 90.42%，后轮驱动和智能（适时）全轮驱动乘用车产量占比呈逐步增长态势，尚未应用分时全轮驱动型式。2017 年欧系前轮驱动乘用车产量占比降至 81.26%，后轮驱动、智能（适时）全轮驱动、全时全轮驱动车型占比较 2016 年均有不同程度升高，2017 年采用分时全轮驱动型式的车型仅为奔驰 E 级。2017 年日系智能（适时）全轮驱动乘用车产量占比较 2016 年增长 1.77%，其他驱动型式乘用车产量占比较 2016 年均有不同程度下降，如图 5-15 所示。

5.4　平均排量

行业平均排量小幅反弹至 1 657 mL，仅自主和欧系乘用车平均排量同比升高。

从行业整体情况来看，2017 年乘用车平均排量小幅升高 2 mL，至 1 657 mL。2017 年，自主企业乘用车平均排量出现反弹，较 2016 年增加 17 mL。合资企业和进口企业乘用车平均排量均逐年下降，2017 年合资企业乘用车平均排量已降至行业平均水平以下，进口企业乘用车平均排量降至 2 300 mL 以下，如图 5-16 所示。

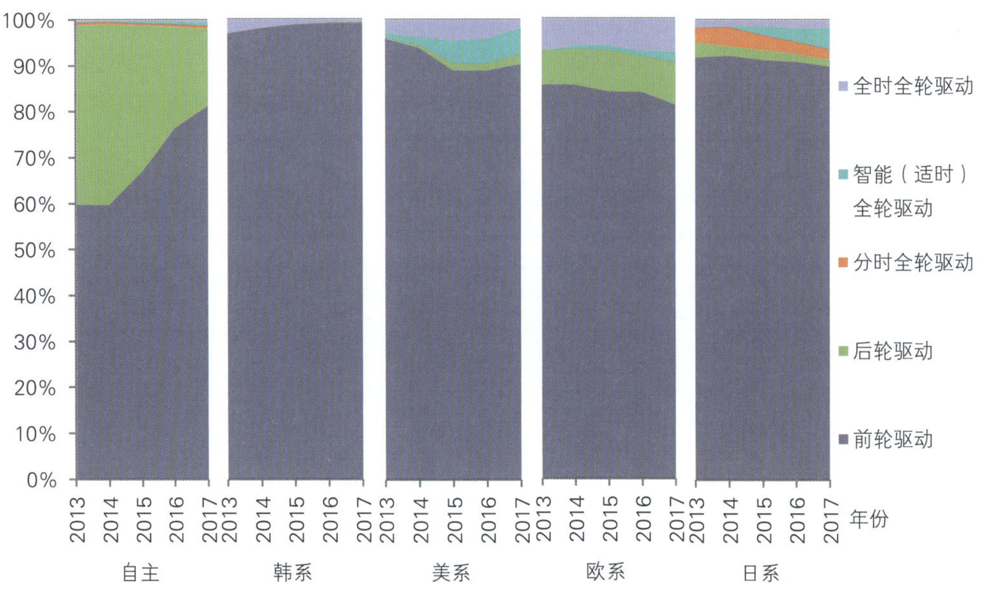

注：韩系、美系、欧系、日系、自主按车型品牌划分。

（来源：根据“乘用车燃料消耗量数据管理系统”统计）

图 5-15　国产车分系别驱动型式变化情况

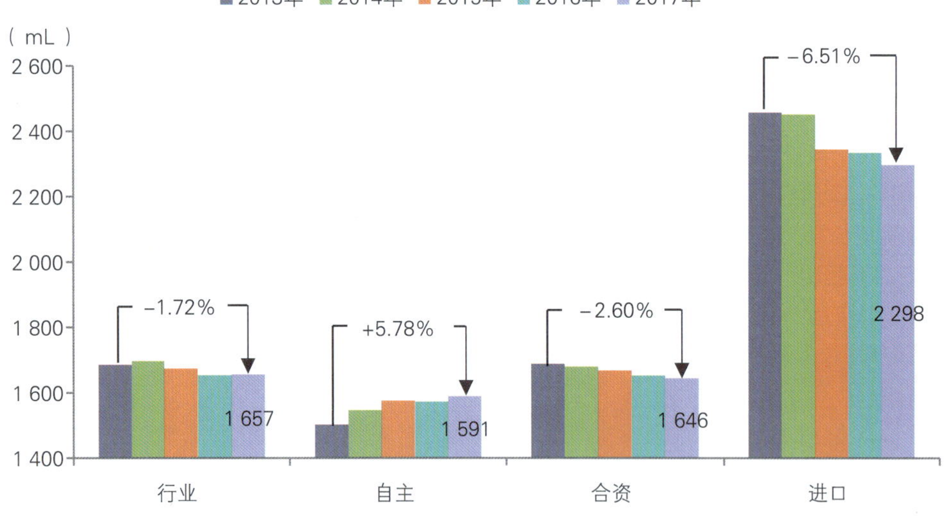

注：自主、合资、进口以企业性质进行划分。

（来源：根据“乘用车燃料消耗量数据管理系统”统计）

图 5-16　行业与分企业类型平均排量变化情况

从自主企业产品排量段来看，2017 年小于或等于 1.0 L 排量段的产量占比已不足 1%，1.3~1.6 L 排量段的产量占比为 71.85%，较 2016 年下降 6.47%；而吉利汽车、湖南江南、东风小康、广汽乘用车等企业 1.6~1.8 L 排量段产量的增长，以及吉利汽车、长城汽车、广汽乘用车等企业 1.8~2.0 L 排量段产

量的提升，在一定程度上导致自主企业乘用车平均排量的升高，如图 5-17 所示。

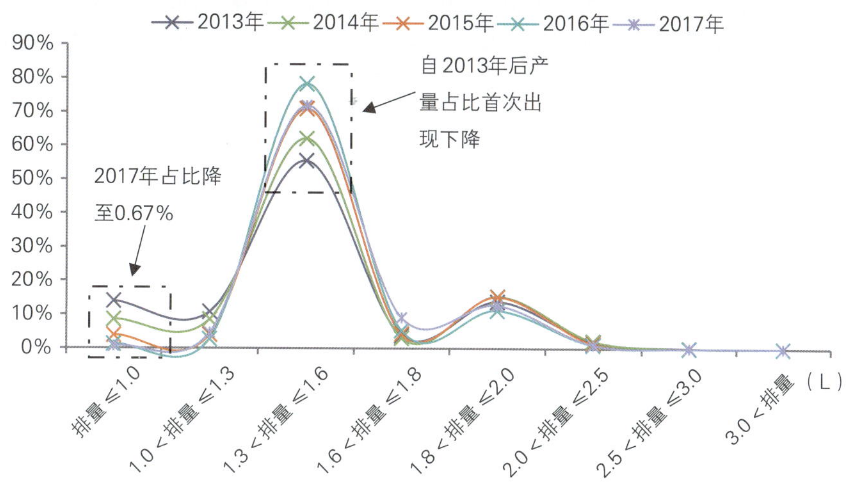

（来源：根据“乘用车燃料消耗量数据管理系统”统计）

图 5-17　自主企业分排量段产量占比变化情况

从合资企业产品排量段来看，2017 年小于或等于 1.0 L 和 1.0~1.3 L 两个排量段的产量占比均小幅升高，1.3~1.6 L 排量段的产量占比较 2016 年下降 2.93%，2.0~2.5 L 排量段的产量占比也小幅下降；随着逍客（2.0L）、雅阁（2.0L）、奔驰 GLC 级（2.0T）、宝马 3 系（2.0T）、奔驰 E 级（2.0T）、天籁（2.0L）等车型产量的提升，2017 年 1.8~2.0 L 排量段的产量占比达近几年最高水平，如图 5-18 所示。

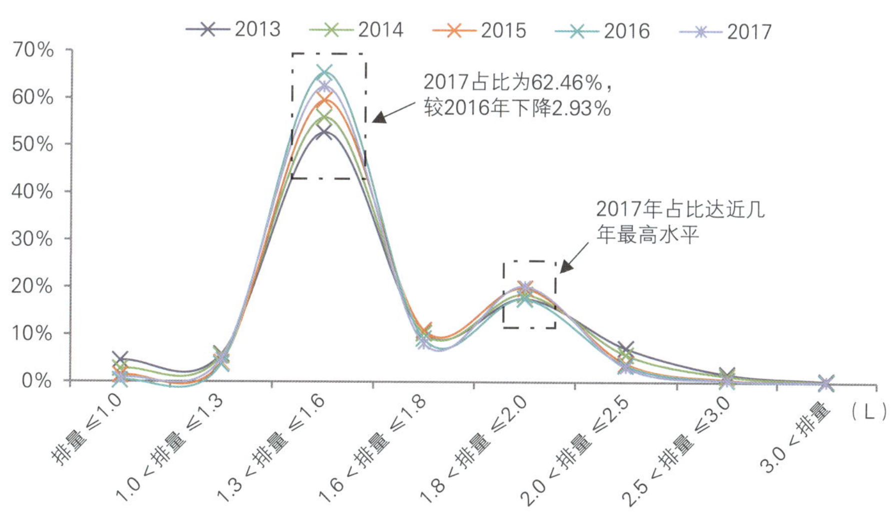

（来源：根据“乘用车燃料消耗量数据管理系统”统计）

图 5-18　合资企业分排量段产量占比变化情况

从进口企业产品排量段来看，2017 年进口企业乘用车 1.8~2.0 L 排量段进口量占比增幅较大，达 47.00%，较 2016 年增加 5.40%，主要是因为雷克萨斯 ES（2.0L）、雷克萨斯 RX（2.0T）、林肯 MKC（2.0T）、宝马 7 系（2.0T）、夏朗（2.0T）等车型进口量增加；2.0 L 以上排量段的进口量占比均有不同程度下降，其中 2.0~2.5 L 和 2.5~3.0 L 排量段的进口量占比分别降至 7.54% 和 26.35%，均为近几年最低水平，这些变化在一定程度上促进了进口企业乘用车平均排量的降低，如图 5-19 所示。

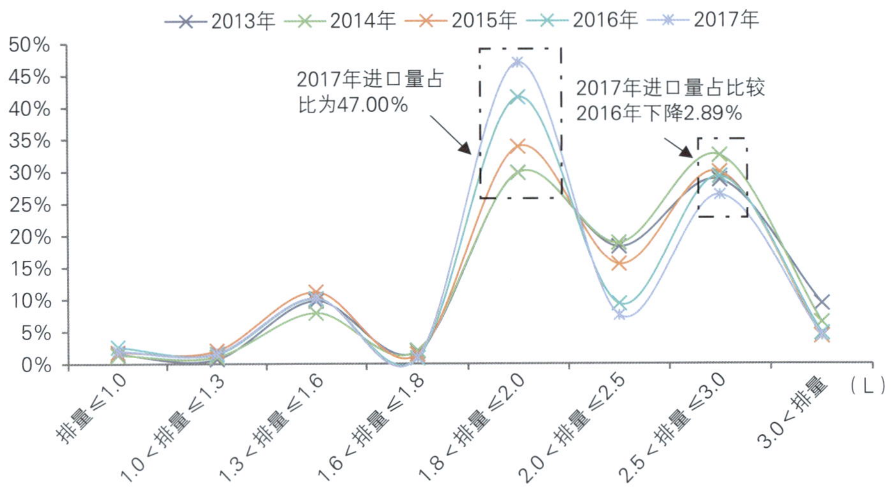

（来源：根据“乘用车燃料消耗量数据管理系统”统计）

图 5-19　进口企业分排量段进口量占比变化情况

2017 年进口量排名前 10 的进口企业中，7 家企业平均排量较 2016 年有所下降，分别为奔驰中国、丰田中国、福特中国、捷豹路虎中国、大众中国、一汽进出口和斯巴鲁中国，其中斯巴鲁中国降幅达 53 mL，降幅位居进口量前 10 名企业之首，主要是由于力狮、森林人等 2.5 L 排量车型进口量下降，具体见表 5-1 所列。

表 5-1　2017 年进口量前 10 名企业平均排量变化情况

（来源：根据“乘用车燃料消耗量数据管理系统”统计）

企业名称	2017 年进口量排名	2017 年平均排量（mL）	较 2016 年变化（mL）
宝马（中国）汽车贸易有限公司	1	2 066	+33
梅赛德斯—奔驰（中国）汽车销售有限公司	2	2 333	–26
丰田汽车（中国）投资有限公司	3	2 320	–31
福特汽车（中国）有限公司	4	2 174	–1
保时捷（中国）汽车销售有限公司	5	2 537	+7
捷豹路虎（中国）投资有限公司	6	2 721	–19
大众汽车（中国）销售有限公司	7	2 192	–46
一汽进出口有限公司	8	2 392	–43
斯巴鲁汽车（中国）有限公司	9	2 191	–53
沃尔沃汽车销售（上海）有限公司	10	1 788	+43

从车型来看，2017 年自主企业轿车平均排量与 2016 年相比未发生变化，合资企业轿车平均排量逐年降低，自主企业与合资企业轿车平均排量的差距逐步缩小，进口企业轿车平均排量出现反弹，2017 年较 2016 年增加 10 mL。由于博越（1.8T）、远景 SUV（1.8L）、传祺 GS8（2.0T）、哈弗 H6（2.0T）等车型产量大幅提升以及众泰 T700（1.8T）、魏派 VV7（2.0T）、魏派 VV5（2.0T）等新车型上市，自主企业 SUV 平均排量在连续下降几年后于 2017 年出现增长，较 2016 年升高 10 mL，2017 年合资企业和进口企业 SUV 平均排量较 2016 年均有不同程度下降。自主企业 MPV 平均排量出现反弹，2017 年较 2016 年增加 42 mL，主要是由于瑞风 M4（1.9T/2.0L/2.0T）、阁瑞斯（2.0L）、大通 G10（1.9T/2.0T）等车型产量提升；合资企业 MPV 平均排量持续攀升，而且与自主企业的差距进一步拉大。由于奔驰 R 级、埃尔法、贵士等大排量车型进口量占比下降，2017 年进口企业 MPV 平均排量较 2016 年大幅减少 176 mL。交叉型乘用车平均排量在各车型中最小，但近几年呈逐年递增趋势发展，如图 5-20 所示。

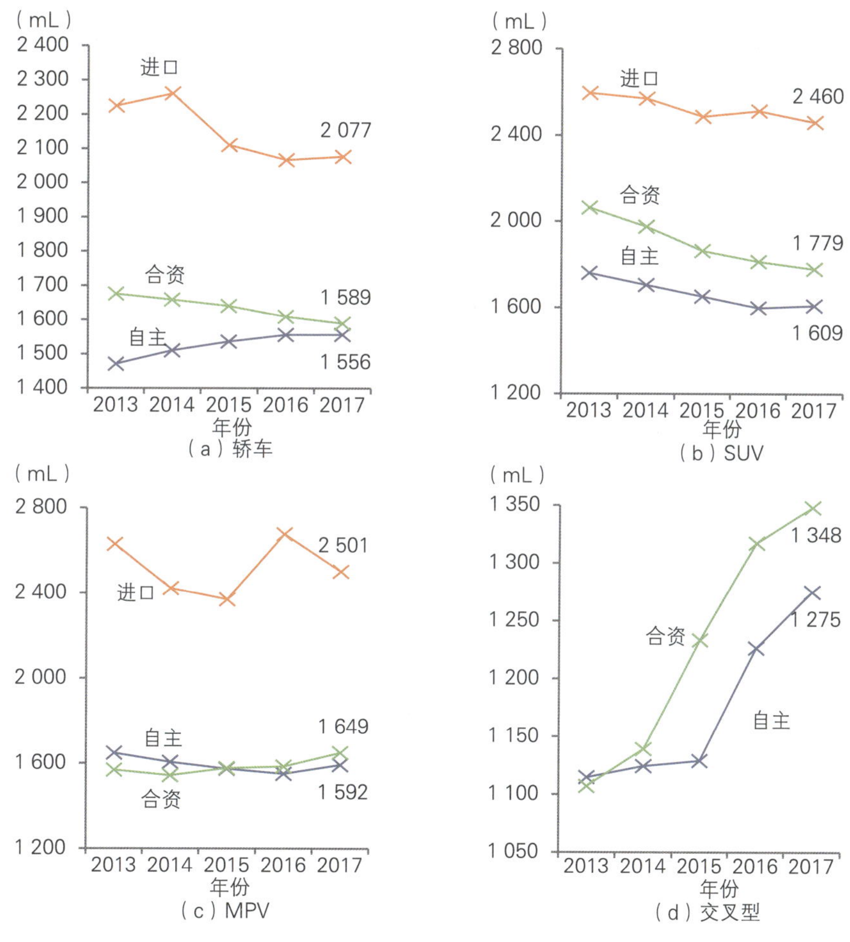

注：自主、合资、进口以企业性质进行划分。

（来源：根据“乘用车燃料消耗量数据管理系统”统计）

图 5-20 分车型平均排量变化情况

从国产车系别来看，2017 年自主品牌乘用车平均排量最低，但呈不断上升趋势发展；韩系、美系、日系乘用车平均排量均逐年降低，其中日系乘用车平均排量在各系别中位居首位；由于 1.8~2.0 L 排量段车型产量占比升高 4.87%，欧系乘用车平均排量 2017 年出现反弹，较 2016 年增加 14 mL，如图 5-21 所示。

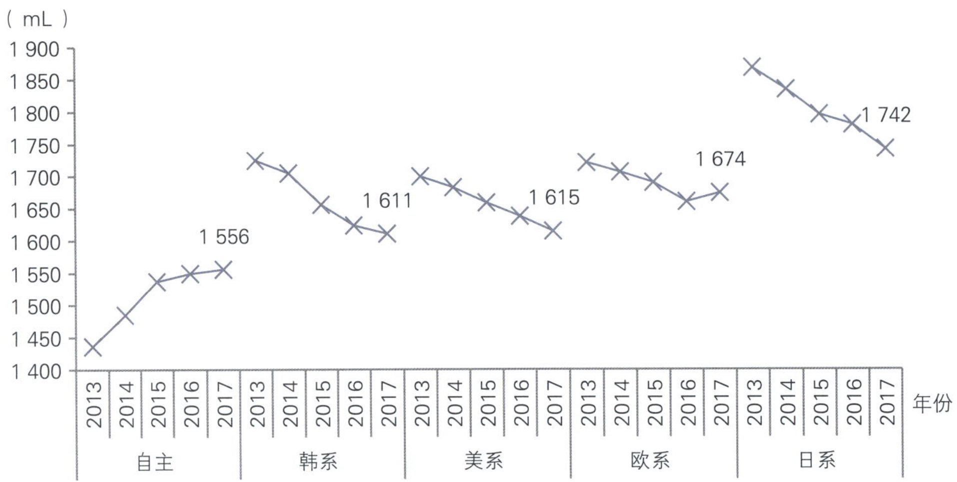

注：韩系、美系、欧系、日系、自主按车型品牌划分。

（来源：根据“乘用车燃料消耗量数据管理系统”统计）

图 5-21 国产车分系别平均排量变化情况

5.5 平均功率

自主企业平均功率突破 100 kW，美系乘用车保持高增长态势。

从行业整体情况来看，近几年行业乘用车平均功率持续攀升，2017 年同比增长 4.72%。自主企业乘用车平均功率 2017 年首次突破 100 kW，达 104.98 kW，与合资企业差距进一步缩小。2017 年，上汽大众、一汽大众、东风日产、上汽通用、东风本田等产量较高企业平均功率升高，合资企业乘用车平均功率较 2016 年增长 3.63 kW。进口企业乘用车平均功率 2017 年升至 177.92 kW，较 2016 年增加 2.65 kW，如图 5-22 所示。

2017 年自主企业乘用车产量占比最大的功率段由 2016 年的 80~100 kW 转移至为 100~120 kW，100~120 kW 功率段产量占比为 30.71%。60~80 kW 功率段 2017 年产量占比较 2016 年下降 6.20%，而 120~140 kW 功率段产量占比升高 6.84%，主要是由于长安 CS75、荣威 RX5、博越等车型此功率段车型产量升高以及荣威 i6、众泰 T700 等新车型上市。北京 90 是 2017 年自主企业乘用车中唯一一款功率大于 300 kW 的车辆，如图 5-23 所示。

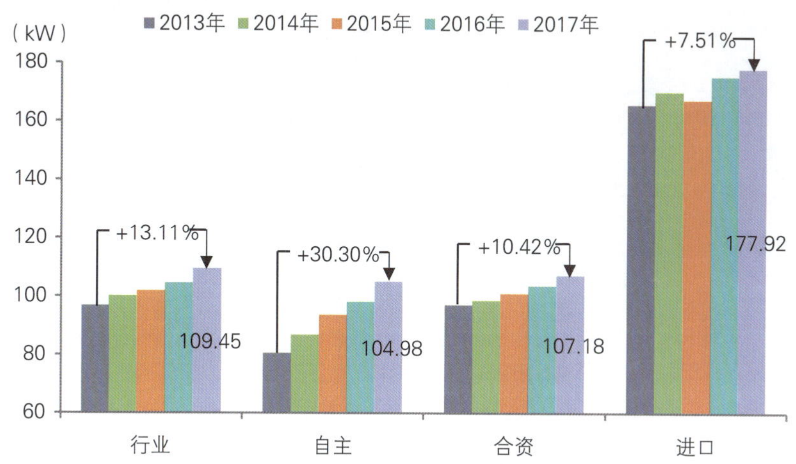

（来源：根据“乘用车燃料消耗量数据管理系统”统计）

图 5-22 行业平均功率年度变化情况

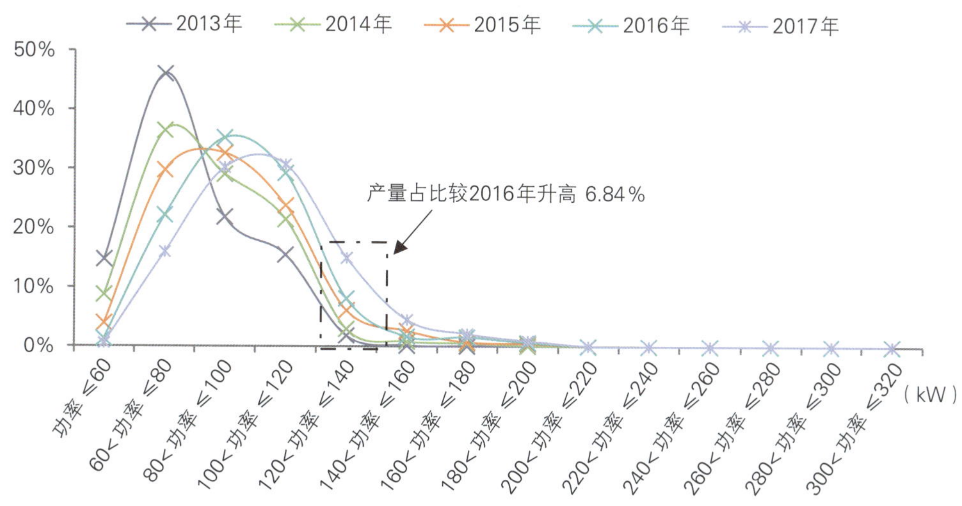

（来源：根据“乘用车燃料消耗量数据管理系统”统计）

图 5-23 自主企业乘用车分功率段产量占比变化情况

2017 年合资企业乘用车 80~100 kW 功率段产量占比仍位居各功率段首位，但与 2016 年相比下降 2.31%。由于途观 L（132 kW）、迈腾（132 kW）、思域（130 kW）、宝马 3 系（135 kW）、奔驰 C 级（135 kW）等车型产量提升，2017 年 120~140 kW 功率段产量占比升至 16.73%；2017 年合资企业仅有凯迪拉克 CT6 功率超过 280 kW，达到 298 kW，如图 5-24 所示。

进口企业乘用车覆盖各个功率段，2017 年 180~200 kW 功率段进口量占比为 17.39%，位居各功率段首位；160~180 kW 功率段进口量占比较 2016 年下降 2.08%，该功率段内英菲尼迪 Q70、捷豹 F-PACE、Jeep 大切诺基等车型进口量下降；260~280 kW 功率段进口量占比在 2017 年为 5.06%，较 2016 年增加 1.35%，主要是由于沃尔沃 XC90、揽胜、宝马 7 系、奔驰 S 级、林肯大陆等车型的带动，如图 5-25 所示。

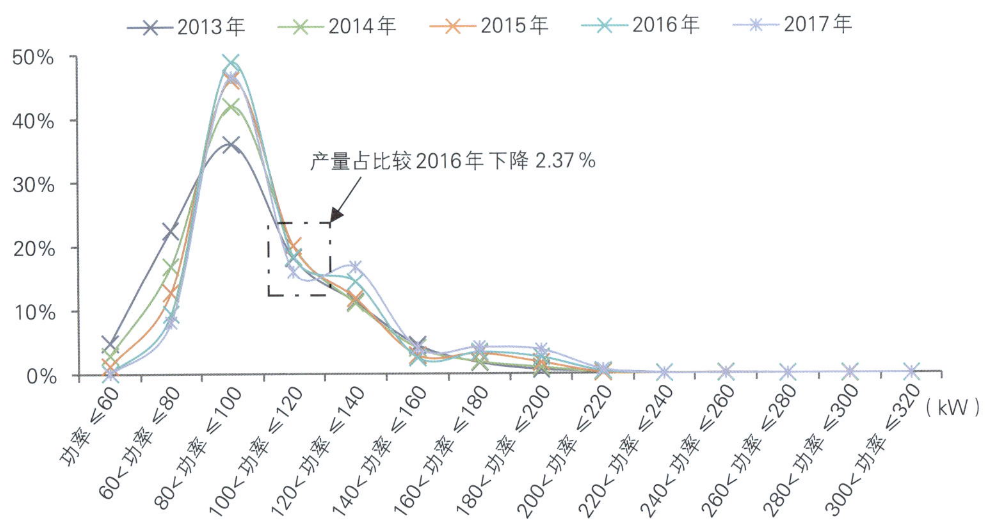

（来源：根据“乘用车燃料消耗量数据管理系统”统计）

图 5-24　合资企业乘用车分功率段产量占比变化情况

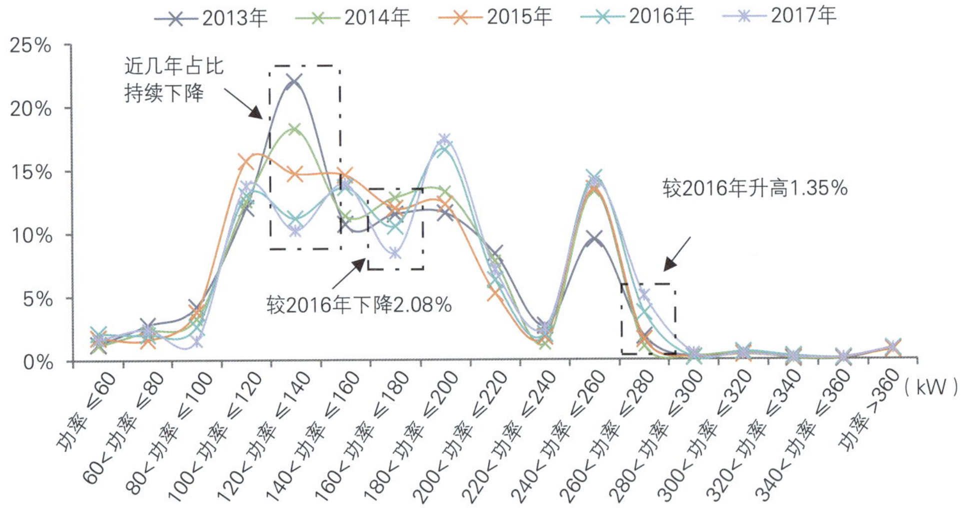

（来源：根据“乘用车燃料消耗量数据管理系统”统计）

图 5-25　进口企业乘用车分功率段进口量占比变化情况

在轿车方面，自主和合资企业平均功率近几年持续升高，其中自主企业轿车平均功率在 2017 年升至 91.48 kW，与合资企业差距进一步缩小；进口企业平均功率升高 4.14 kW。在 SUV 方面，自主和合资企业 SUV 车型整体动力性能落后于进口车，2017 年平均功率分别为 112.41 kW、124.52 kW，其中自主企业 SUV 增幅为 5.54 kW，增幅大于合资企业，与 2016 年相比，2017 年自主企业 A0 级 SUV 产量下降，而合资企业 A0 级 SUV 产量升高。在 MPV 方面，2017 年自主和合资企业平均功率均有不同程度升高，其中合资企业 MPV 平均功率同比增长 10.80%，五菱宏光 S、宝骏 730、别克 GL8、途安等车型平均功率较 2016 年有所升高；由于奔驰 R 级、埃尔法、贵士等大功率 MPV 进口量占比下降，同时夏朗、宝马 2 系、迈特威、凯路威等多款低功率 MPV 进口量上升，2017 年进口 MPV 平均功率降至 172.76 kW。2013—2017 年，自主和合资企业交叉型乘用车平均功率快速增长，如图 5-26 所示。

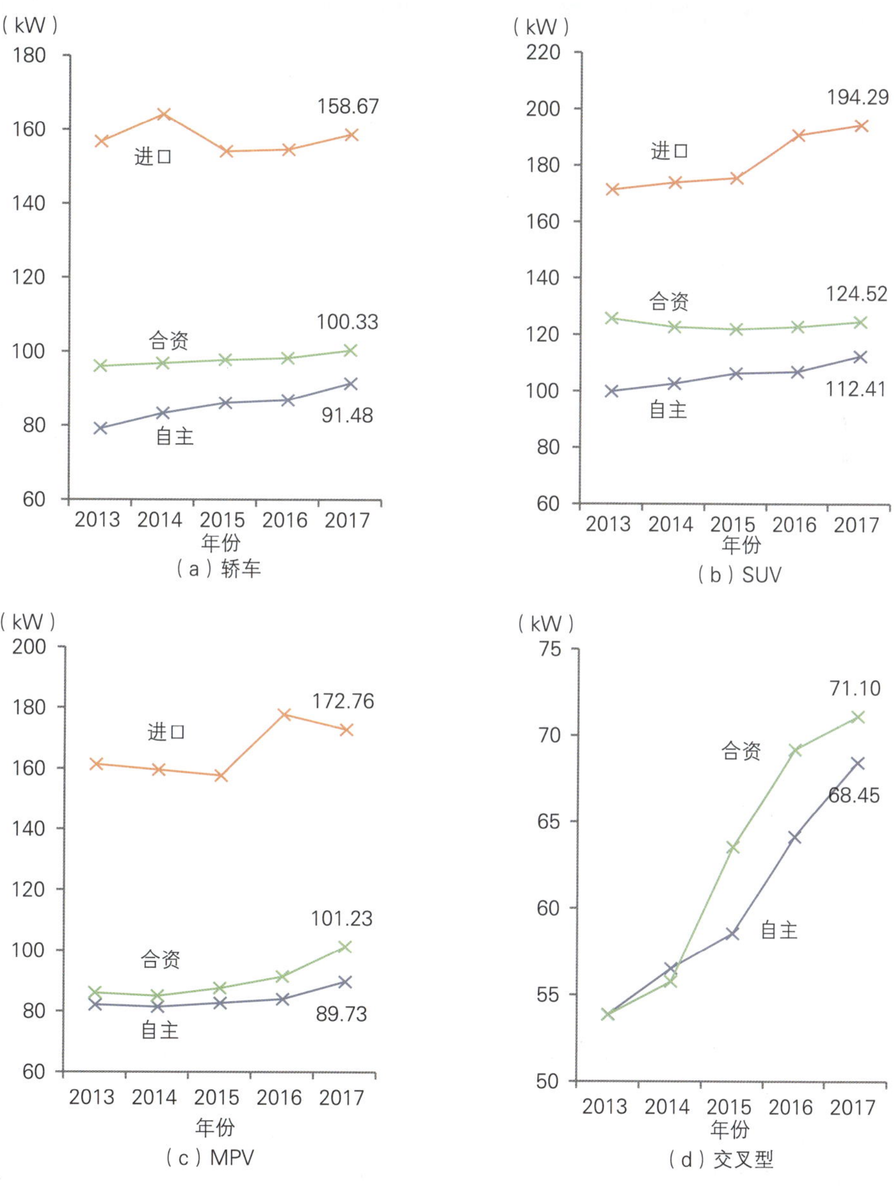

（来源：根据“乘用车燃料消耗量数据管理系统”统计）

图 5-26　分车辆类型平均功率年度变化情况

从国产车系别来看，自主品牌乘用车平均功率保持快速增长态势，2017 年由于重庆长安、长城汽车、吉利汽车、广汽乘用车、上汽乘用车等多家企业平均功率升高，自主品牌乘用车平均功率升至 99.37 kW，与其他系别的动力性能差距缩小。2017 年仅有韩系乘用车平均功率出现下降，主要是由于东风悦达起亚平均功率降低，其中起亚 K2（1.4L）全部换搭 G4LC（73.3 kW）发动机，功率较 G4FA 发动机（78.7 kW）减小 5.4 kW；2017 年上市的 A0 级轿车焕驰（70 kW）对降低企业平均功率有一定促进作用；在 80~100 kW 功率段的起亚 K3、福瑞迪等车型产量占比提升，而在 120~140 kW 功率段的起亚 KX5 产量占比下降较明显。美系乘用车平均功率持续升高，2017 年以 119.64 kW 继续领先于其他系别。欧系和日系乘用车平均功率在 2017 年也出现一定程度的上升，如图 5-27 所示。

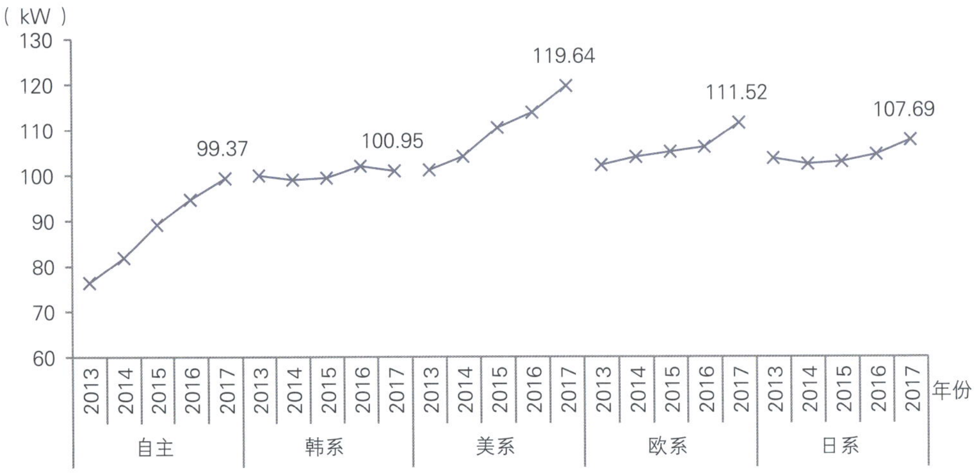

注：韩系、美系、欧系、日系、自主以车型品牌维度进行划分。

（来源：根据“乘用车燃料消耗量数据管理系统”统计）

图 5-27　国产乘用车分系别平均功率年度变化情况

5.6　平均扭矩

> 行业平均扭矩升至 208.58 N·m，自主企业同比增长 10.31%，欧系乘用车在各系别中处于领先地位。

2017 年，行业平均扭矩突破 200 N·m，达 208.58 N·m，较 2016 年增加 13.21 N·m。近几年，自主企业乘用车平均扭矩快速增长，2017 年升至 199.36 N·m，同比增长 10.31%，与合资企业的差距逐步缩小，重庆长安、长城汽车、广汽乘用车、东风小康等企业增幅均超过 20 N·m。2017 年，合资企业乘用车平均扭矩较 2016 年增加 10.01 N·m，至 204.61 N·m，上汽大众、上汽通用、东风本田、神龙汽车等企业增幅均超过 15 N·m。进口企业乘用车平均扭矩优势明显，2017 年升至 338.67 N·m，其中宝马中国、奔驰中国、保时捷中国、大众中国、一汽进出口、沃尔沃等企业平均扭矩均有不同程度的升高，如图 5-28 所示。

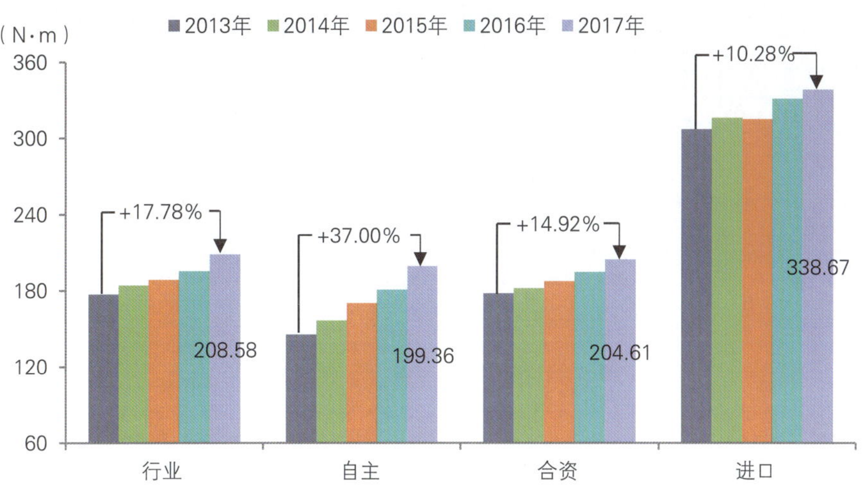

（来源：根据“乘用车燃料消耗量数据管理系统”统计）

图 5-28　行业平均扭矩年度变化情况

2017 年，自主企业乘用车 100~150 N·m 扭矩段产量占比大幅下滑 13.97%，而 200~250 N·m 扭矩段产量占比升至 36.09%，位居各扭矩段首位，主要是由于荣威 RX5、长安 CS75、东风风光 580、哈弗 H2S 等分布在 200~250 N·m 扭矩段的车型产量增加以及长安 CS55、荣威 i6、哈弗 M6、众泰 T700 等新车型的上市。2017 年，150 N·m 以上各扭矩段的产量占比均有不同程度的升高，随着魏派 VV5、VV7、长安 CS95 等 SUV 车型的上市以及哈弗 H8、H9 等车型动力性能的提升，350 N·m 以上扭矩段车型的产量占比突破 1%，达 2.13%，如图 5-29 所示。

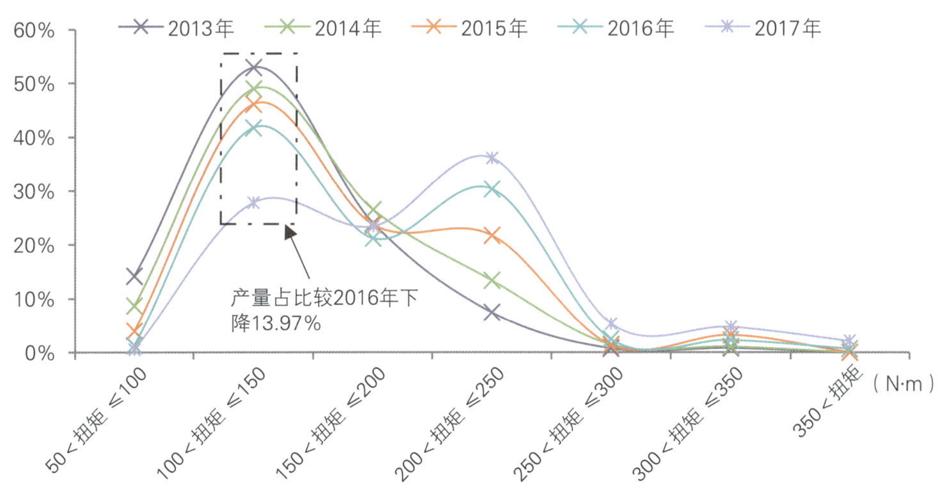

（来源：根据“乘用车燃料消耗量数据管理系统”统计）

图 5-29　自主企业乘用车分扭矩段产量占比变化情况

2017 年，合资企业乘用车 150~200 N·m 扭矩段产量占比下降 6.14%，至 33.52%，而 200 N·m 以上各扭矩段产量占比均有不同程度的升高，其中 250~300 N·m 扭矩段产量占比升高 3%，途观 L、迈腾、宝马 3 系、奔驰 C 级、迈锐宝、别克 GL8、君越等车型分布在 250~300 N·m 扭矩段的产量均有所增加，如图 5-30 所示。

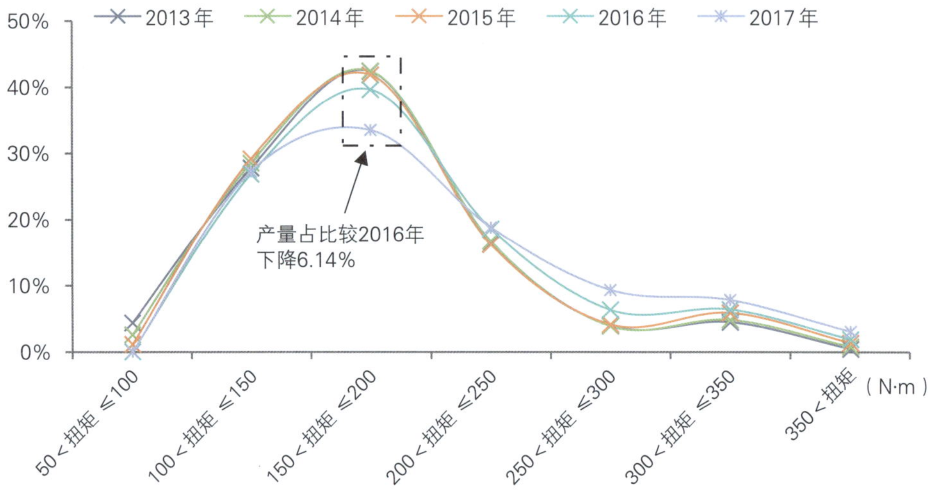

（来源：根据“乘用车燃料消耗量数据管理系统”统计）

图 5-30　合资企业乘用车分扭矩段产量占比变化情况

进口企业乘用车中等扭矩段进口量占比下降，高扭矩段份额提升，2017 年 300~350 N·m 和 350 N·m 以上两个扭矩段进口量占比较 2016 年分别提升 2.95% 和 2.14%，其中宝马 X5、雷克萨斯 RX、林肯 MKC、夏朗、林肯 MKZ 等车型进口量上涨对 300~350 N·m 扭矩段进口量占比升高有很大促进作用，如图 5-31 所示。

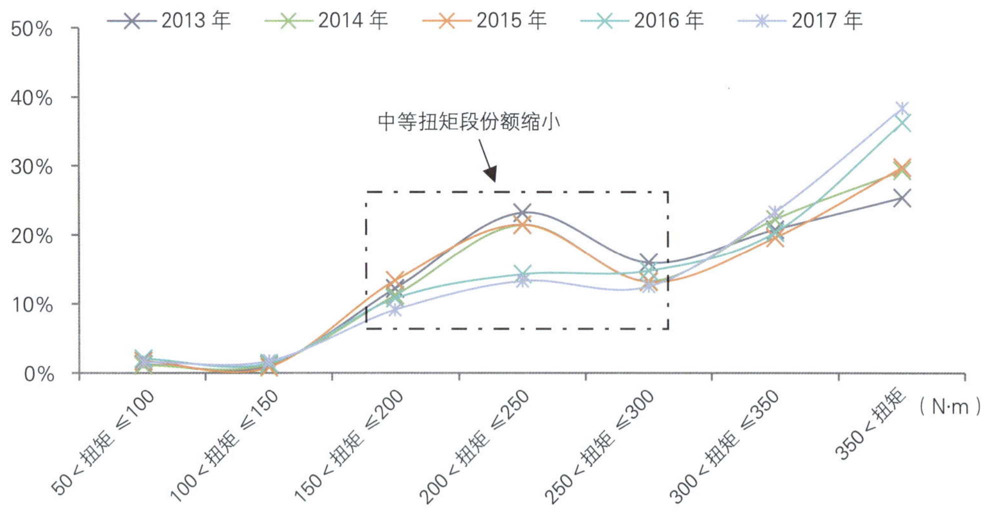

（来源：根据“乘用车燃料消耗量数据管理系统”统计）

图 5-31　进口企业乘用车分扭矩段进口量占比变化情况

从车型来看，进口企业轿车、SUV 和 MPV 车型平均扭矩均大幅领先自主和合资企业，差距均大于 110 N·m。自主企业与合资企业间轿车和 SUV 车型的平均扭矩差距逐年缩小，其中自主企业 SUV 车型 200~250 N·m 扭矩段产量占比近几年持续升高；MPV 车型的平均扭矩差距近两年逐渐增大。在自主企业交叉型乘用车中，2017 年长安之星 3、小海狮 X30L、东风小康 K07S、小海狮 X30 等产量占比较大车型平均扭矩均有不同程度的升高，对整体平均扭矩提升有利；合资企业交叉型乘用车全部为五菱系列，由于 1.5 L 车型产量占比升高，五菱荣光 V 和五菱荣光平均扭矩升高，如图 5-32 所示。

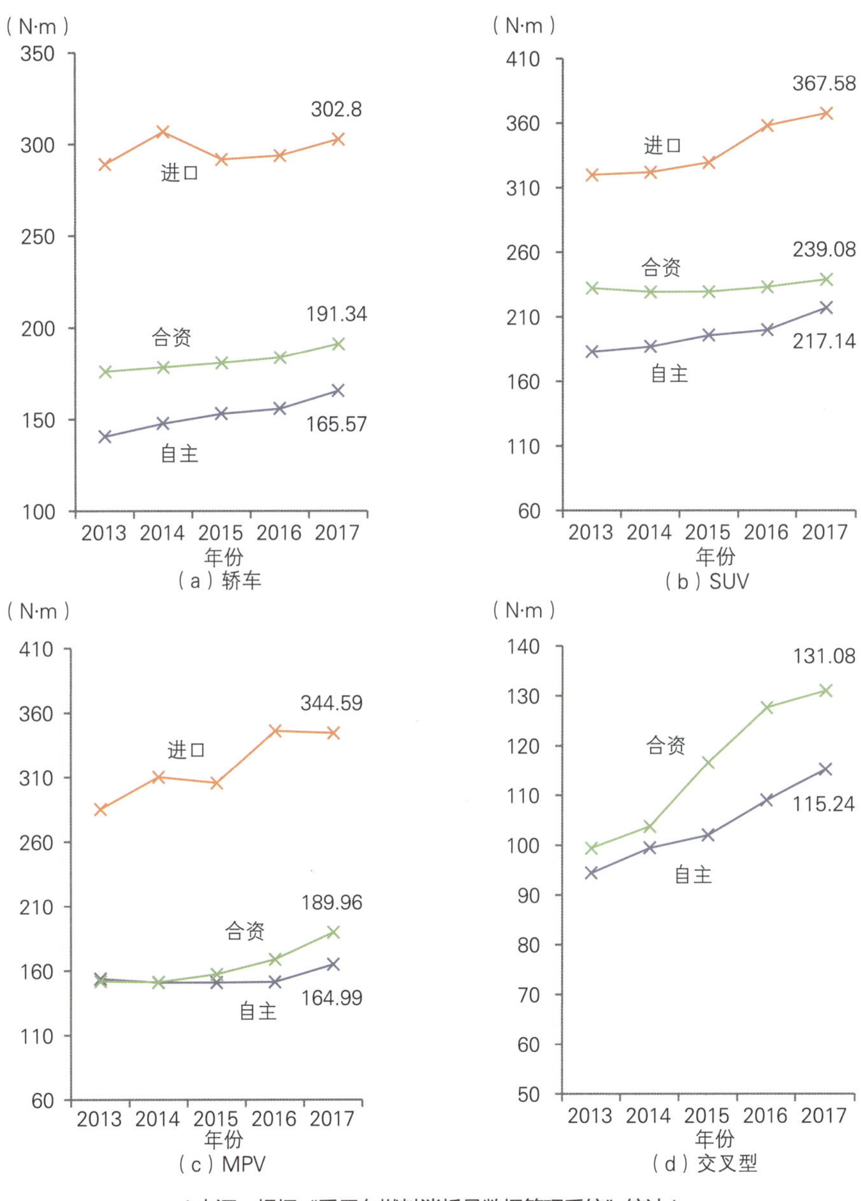

（来源：根据“乘用车燃料消耗量数据管理系统”统计）

图 5-32　分车辆类型平均扭矩年度变化情况

从国产车系别来看，2017 年各系别乘用车平均扭矩较 2016 年均有不同程度的升高，其中自主品牌乘用车增速最快，2017 年较 2016 年增加 7.43%，达 187.89 N·m，并反超韩系乘用车。欧系乘用车平均扭矩在各系别中位居首位，2017 年达 231.61 N·m，较 2016 年增加 14.88 N·m，美系乘用车以 222.64 N·m 紧随其后，如图 5-33 所示。

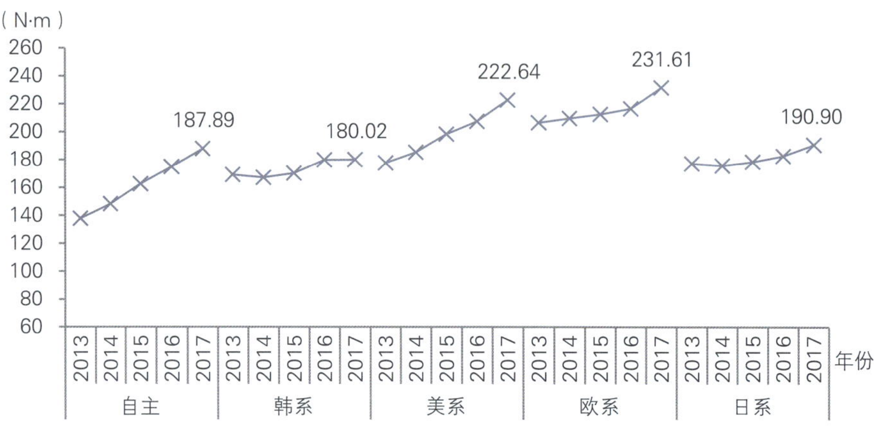

注：韩系、美系、欧系、日系、自主以车型品牌维度进行划分。

（来源：根据"乘用车燃料消耗量数据管理系统"统计）

图 5-33　国产乘用车分系别平均扭矩年度变化情况

5.7　功率 / 整备质量

自主企业平均功率 / 整备质量突破 70 kW/t，近几年仅韩系乘用车持续下降。

功率 / 整备质量体现单位整备质量输出功率的大小，其值越大代表车辆的动力性能越强。

行业平均功率 / 整备质量持续升高，2017 年达 74.94 kW/t，同比增长 2.35%。自主企业乘用车平均功率 / 整备质量 2017 年首次突破 70 kW/t，达 71.19 kW/t，较 2016 年增加 2.23 kW/t，与合资企业差距进一步缩小。合资企业乘用车平均功率 / 整备质量在 2017 年升至 75.44 kW/t，产量前 10 名的合资企业中仅天津一汽丰田平均功率 / 整备质量同比出现下降。进口企业乘用车平均功率 / 整备质量优势明显，2017 年宝马中国、奔驰中国、福特中国、保时捷中国、捷豹路虎中国等企业平均功率 / 整备质量较 2016 年有所升高，如图 5-34 所示。

2017 年，自主企业乘用车功率 / 整备质量在 60~70 kW/t 区间的车型的产量占比最高，但与 2016 年相比下降 5.70%。70~100 kW/t 的 3 个区间段份额均有不同程度的升高，其中 80~90 kW/t 区间车型产量占比较 2016 年提升 5.76%，主要是由于荣威 RX5、博越、哈弗 H6 等畅销车型在该区间内的产量占比升高以及魏派 VV5、VV7 等新车型上市，如图 5-35 所示。

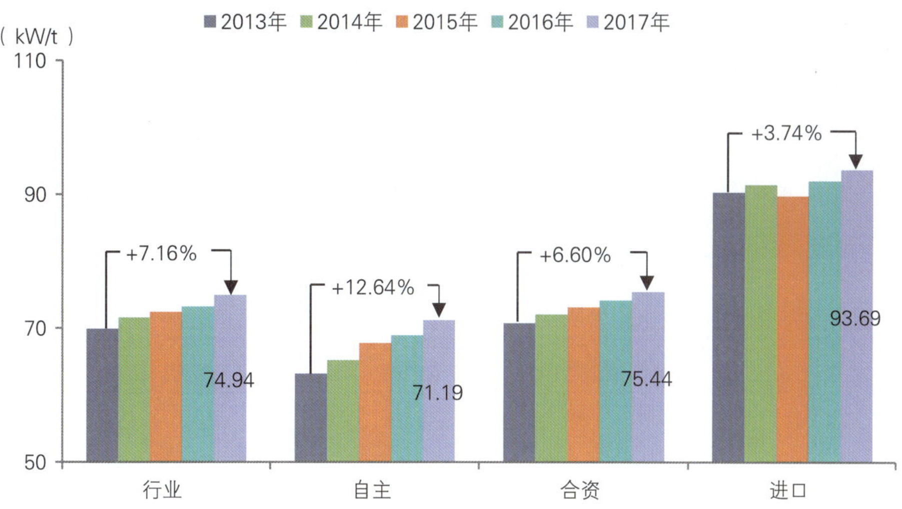

（来源：根据“乘用车燃料消耗量数据管理系统”统计）

图 5-34　行业平均功率 / 整备质量年度变化情况

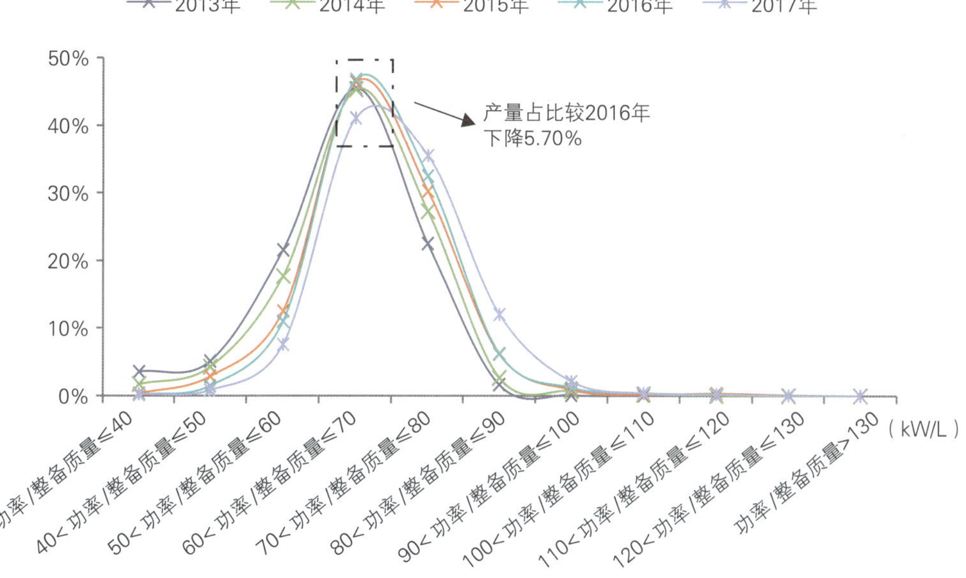

（来源：根据“乘用车燃料消耗量数据管理系统”统计）

图 5-35　自主企业乘用车分功率 / 整备质量段产量占比变化情况

2017 年合资企业乘用车功率 / 整备质量在 70~80 kW/t 区间的车型的产量占比较 2016 年下降 6.29%，功率 / 整备质量分布在该区间内的新桑塔纳、捷达、炫威、缤智、起亚 K3、昂科威等车型产量下滑，而 80 kW/t 以上各区间车型产量占比均有不同程度的升高，其中 80~90 kW/t 区间车型产量占比升高 2.96%，分布在该区间的途观 L、迈腾、奥迪 A4L、宝马 3 系、奔驰 C 级、欧蓝德、迈锐宝等车型产量增加，如图 5-36 所示。

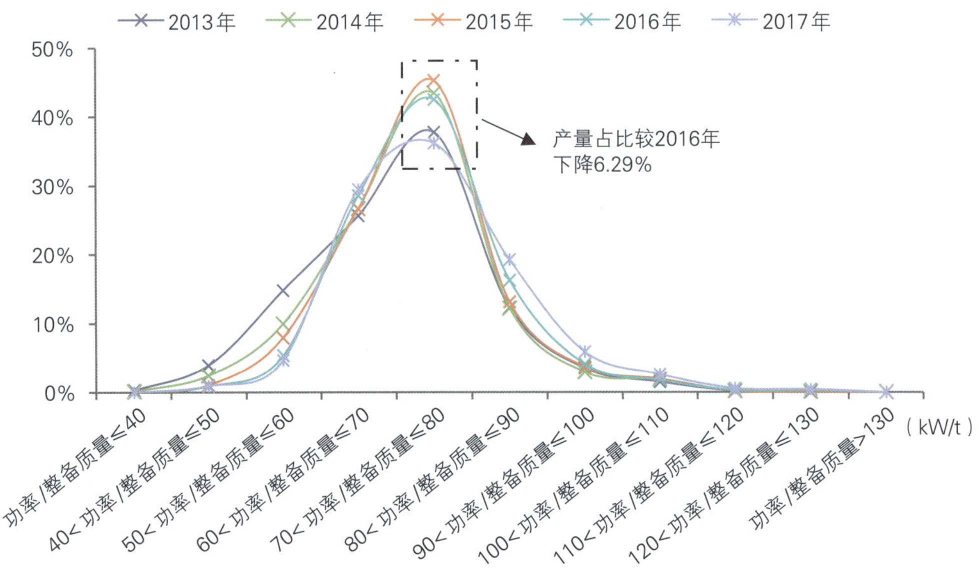

(来源：根据“乘用车燃料消耗量数据管理系统”统计)

图 5-36 合资企业乘用车分功率 / 整备质量段产量占比变化情况

2017 年，进口企业乘用车功率 / 整备质量在 80~90 kW/t 区间的车型的进口量占比为 25.26%，在各区间段中位居首位；90~100 kW/t 区间车型进口量占比较 2016 年下降 3.26%，其中迈凯、奔驰 S 级、雷克萨斯 NX、宝马 X6 等车型进口量下降。100 kW/t 以上各区间进口量占比均有不同程度的升高，其中 120~130 kW/t 区间车型进口量占比升至 5.36%，较 2016 年升高 1.88%，如图 5-37 所示。

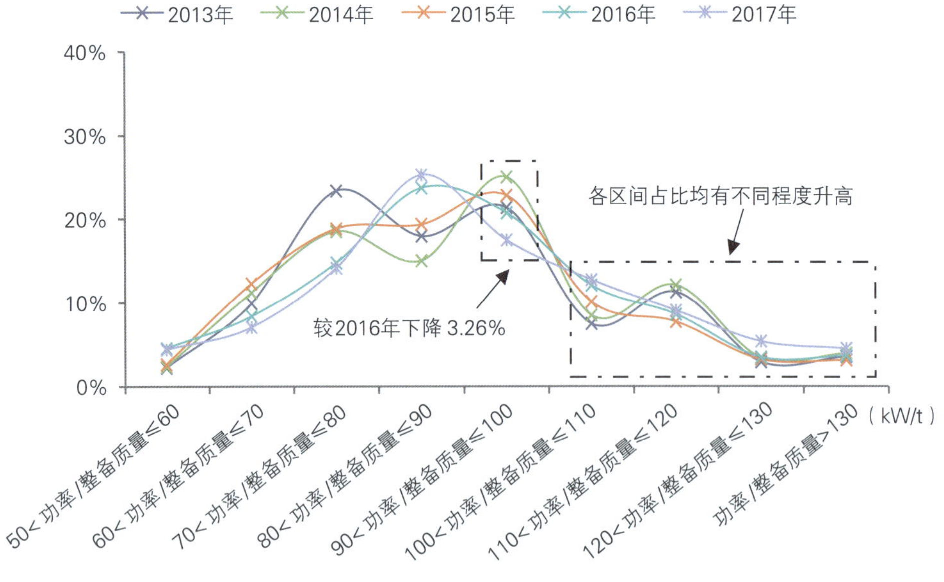

(来源：根据“乘用车燃料消耗量数据管理系统”统计)

图 5-37 进口企业乘用车分功率 / 整备质量段进口量占比变化情况

从车型来看，2017 年自主、合资和进口企业轿车及 SUV 车型的平均功率 / 整备质量较 2016 年均有不同程度的提高，其中自主企业轿车平均功率 / 整备质量突破 70 kW/t，随着荣威 i6 上市以及全新 MG6 搭载 1.5T 发动机等，自主企业轿车功率 / 整备质量在 90~100 kW/t 区间车型产量占比增加 5.54%；自主、合资和进口企业 SUV 车型的平均功率 / 整备质量分别达 73.46 kW/t、79.40 kW/t 和 94.32 kW/t。MPV 车型中仅进口企业平均功率 / 整备质量降低，其中奔驰 R 级、埃尔法、宝马 2 系多功能、迈特威、普瑞维亚等车型功率 / 整备质量同比下降。在交叉型乘用车方面，自主和合资企业车型平均功率 / 整备质量近几年均持续升高，2017 年合资企业增速有所放缓，如图 5-38 所示。

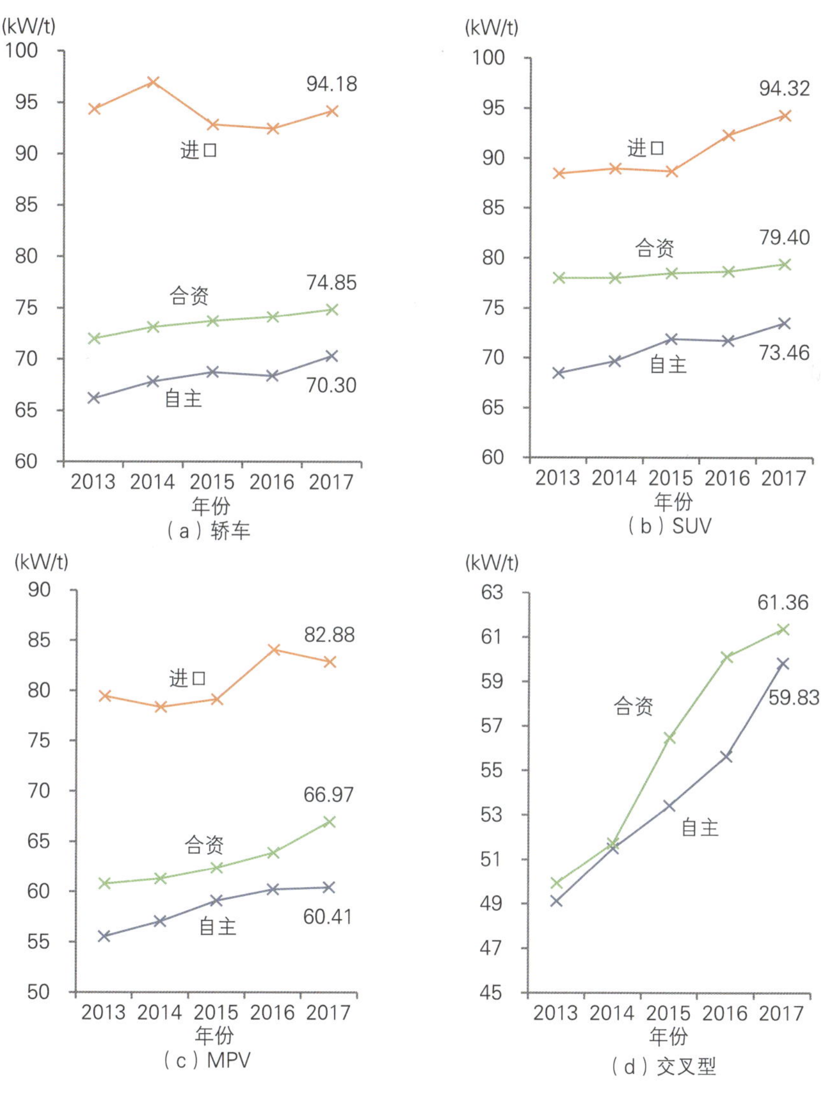

（来源：根据“乘用车燃料消耗量数据管理系统”统计）

图 5-38 分车辆类型平均功率 / 整备质量年度变化情况

从国产车系别来看，自主品牌乘用车平均功率 / 整备质量近几年持续升高，但与其他系别车型相比仍有一定差距，2017 年升至 69.46 kW/t。韩系乘用车平均功率 / 整备质量是各系别中唯一呈下降趋势发展的，已陆续被美系、欧系和日系乘用车超越，由于起亚 K2 发动机功率降低，其平均功率 / 整备质量较 2016 年下降 8.84%。2017 年欧系乘用车平均功率 / 整备质量升至 78.37 kW/t，同比增长 5.31%，其中朗逸、速腾、迈腾、奥迪 A6L、奔驰 C 级、宝马 5 系等车型平均功率 / 整备质量升高，如图 5-39 所示。

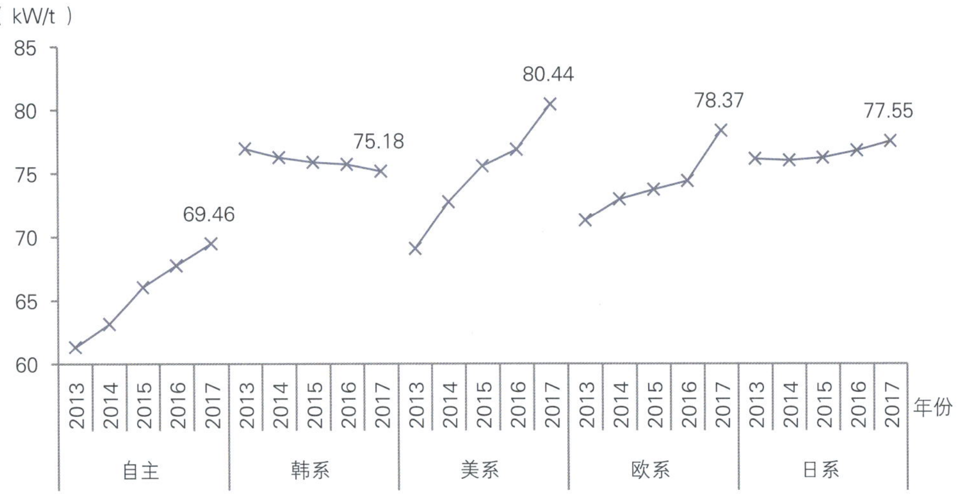

注：韩系、美系、欧系、日系、自主以车型品牌维度进行划分。

（来源：根据“乘用车燃料消耗量数据管理系统”统计）

图 5-39　国产乘用车分系别平均功率 / 整备质量年度变化情况

5.8　功率 / 排量

自主企业平均功率 / 排量反超合资企业，美系乘用车同比增幅达 7.10%。

功率 / 排量表示单位气缸容积输出功率的大小，其值越大代表车辆所搭载的发动机动力性能越好。

从行业整体情况来看，近几年行业平均功率 / 排量逐年升高，2017 年达 65.74 kW/L。2017 年，自主企业乘用车平均功率 / 排量升至 65.99 kW/L，大于合资企业的 64.90 kW/L，吉利汽车、重庆长安、长城汽车、上汽乘用车、奇瑞汽车、东风小康等企业平均功率 / 排量较 2016 年升高。宝马中国、奔驰中国、丰田中国等进口量前 10 名的企业 2017 年平均功率 / 排量较 2016 年均有不同程度的升高，进口企业平均功率 / 排量提升至 77.51 kW/L，如图 5-40 所示。

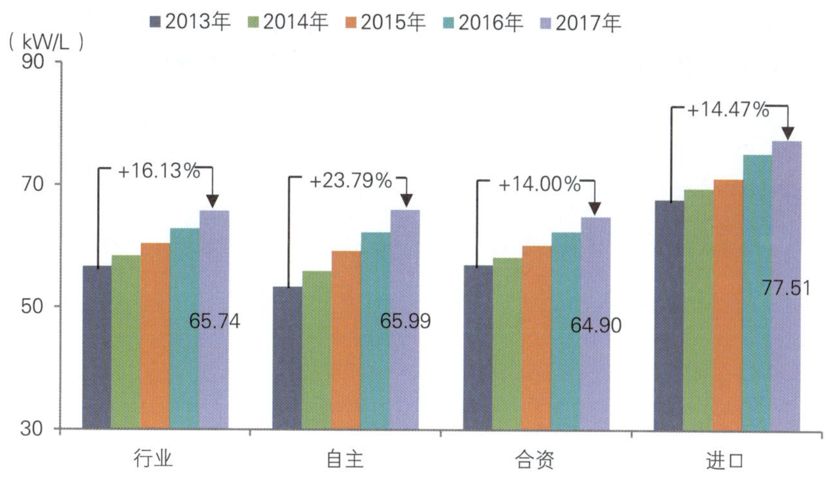

（来源：根据"乘用车燃料消耗量数据管理系统"统计）

图 5-40　行业平均功率 / 排量年度变化情况

自主企业乘用车向高功率 / 排量区间转移趋势明显，功率 / 排量小于 70 kW/L 的车型产量占比降低，2017 年整体占比已不足 50%，其中 50~60 kW/L 区间车型产量占比较 2016 年下降 13.27%，而 70~80 kW/L 区间车型产量同比增长 24.22%，占比较 2016 年升高 9.07%，原因为此功率 / 排量段内博越、东风风光 580、传祺 GS8、帝豪 GS、哈弗 H2S 等车型产量提升以及长安 CS55、哈弗 M6、众泰 T700 等新车型上市，如图 5-41 所示。

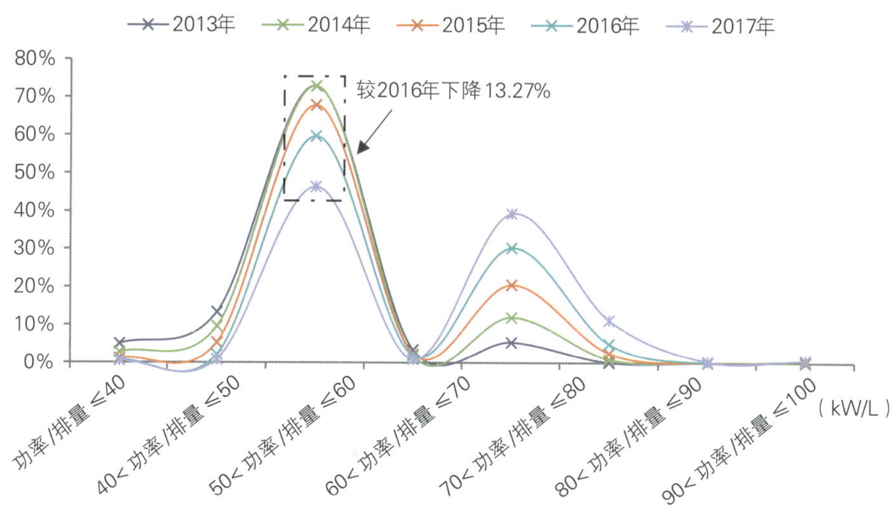

（来源：根据"乘用车燃料消耗量数据管理系统"统计）

图 5-41　自主企业乘用车分功率 / 排量段产量占比变化情况

2017 年，合资企业乘用车功率 / 排量在 50~60 kW/L 区间的车型的产量占比较 2016 年下降 8.02%，其中朗逸、英朗 GT、宝骏 730、速腾等车型向高功率 / 排量段转移；功率 / 排量大于 70 kW/L 各区间产量占比均有不同程度的升高，其中 70~80 kW/L 区间车型产量占比较 2016 年升高 4.06%，产量同比增长 37.22%，其中卡罗拉、迈腾、途观 L、雷凌、奥迪 A4L、宝马 X1 等车型产量提升，如图 5-42 所示。

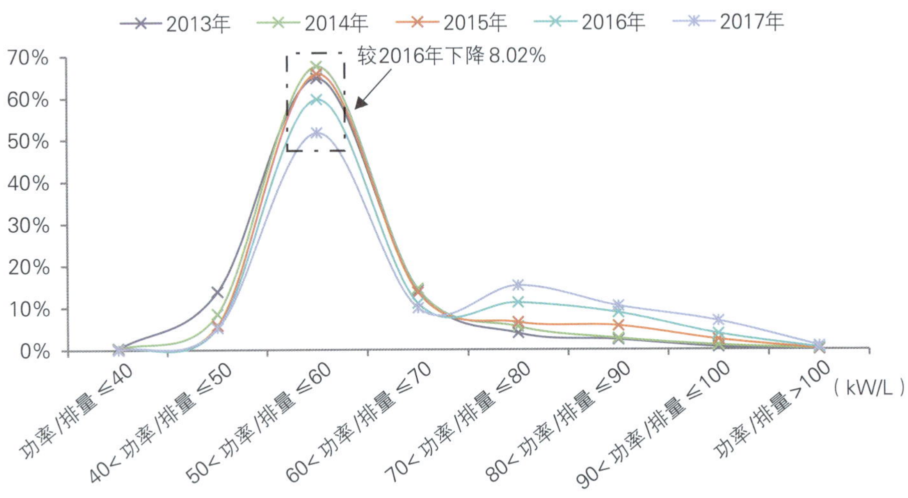

（来源：根据“乘用车燃料消耗量数据管理系统”统计）

图 5-42 合资企业乘用车分功率 / 排量段产量占比变化情况

2017 年，进口企业乘用车功率 / 排量在 50~60 kW/L 区间的车型的进口量占比较 2016 年下降 6.18%，其中森林人、雷克萨斯 NX、Smart fortwo、Jeep 大切诺基等车型进口量下降；70~80 kW/L 区间车型进口量占比升至 26.57%，在各区间段中排名升至首位，且进口量同比增长 25.90%，主要得益于分布在此区间内的 MINI COOPER、林肯 MKC、奔驰 CLA 级、途锐、宝马 3 系等车型进口量增大，如图 5-43 所示。

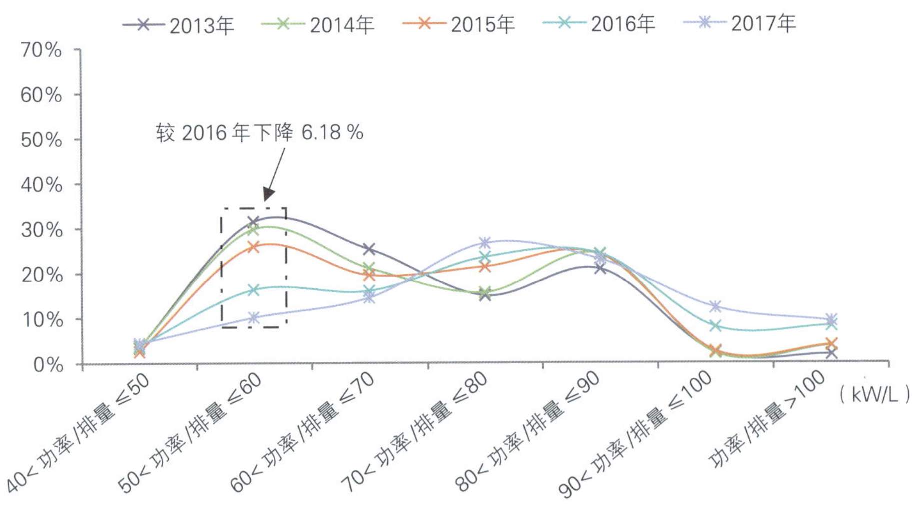

（来源：根据“乘用车燃料消耗量数据管理系统”统计）

图 5-43 进口企业乘用车分功率 / 排量段进口量占比变化情况

从车型来看，近几年各类型乘用车平均功率 / 排量均呈逐年递增发展趋势。在轿车方面，2017 年自主企业轿车平均功率 / 排量为 58.83 kW/L，同比增长 4.72%，其中产量排名靠前的比亚迪 F3 停产小功率车型，艾瑞泽 5 搭载功率更高的 1.5T 发动机，而帝豪 GL 高平均功率 / 排量车型产量占比升高。自主企业 SUV 平均功率 / 排量与合资企业差距进一步缩小，2017 年差距仅为 0.57 kW/L，而进口 SUV 依旧保持较大领先优势。在 MPV 车型中，2017 年自主、合资和进口企业平均功率 / 排量分别升至 56.51 kW/L、60.78 kW/L 和 71.31 kW/L。自主企业交叉型乘用车平均功率 / 排量 2017 年升至 53.51 kW/L，反超合资企业车型，如图 5-44 所示。

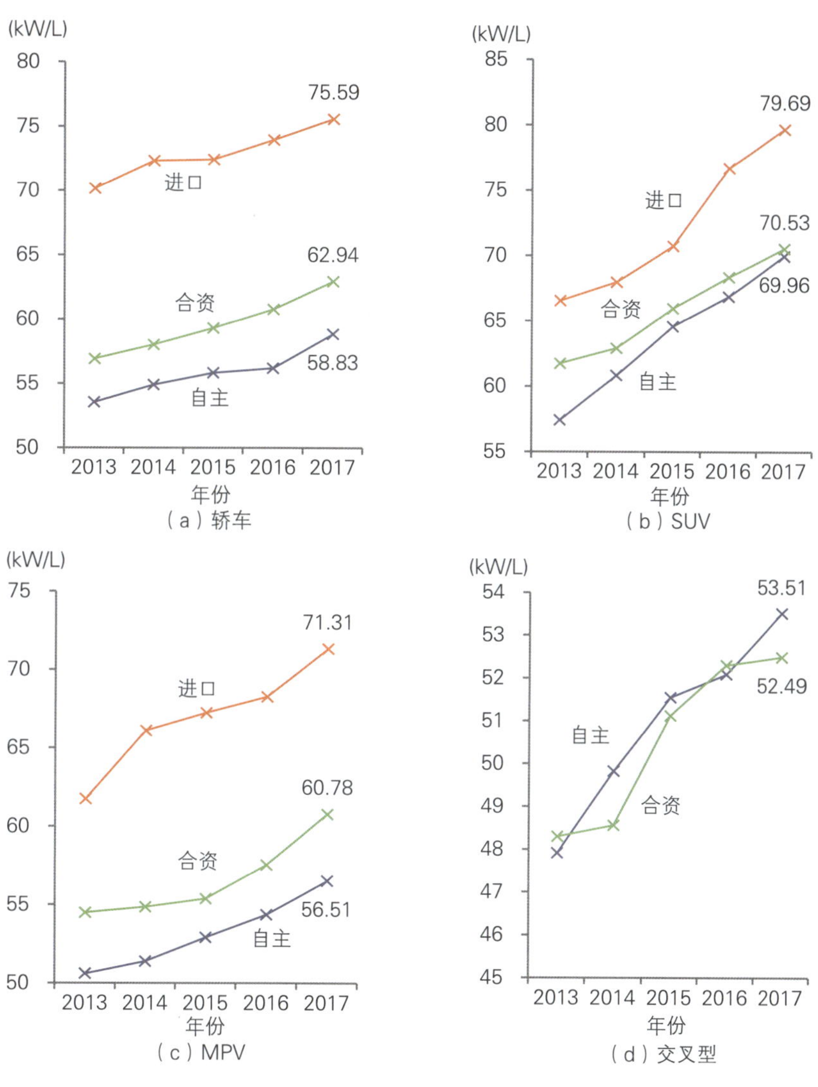

（来源：根据“乘用车燃料消耗量数据管理系统”统计）

图 5-44　分车辆类型平均功率 / 排量年度变化情况

从国产车系别来看，2017 年自主品牌乘用车平均功率 / 排量升至 63.71 kW/L，在各系别中处于中等水平，其中浙江吉利、重庆长安、长城汽车、上汽乘用车、奇瑞汽车、东风小康等企业平均功率 / 排量较 2016 年有不同程度的升高。仅韩系乘用车平均功率 / 排量小幅下降，2017 年在各系别中排名末位。美系乘用车平均功率 / 排量位居首位，且增幅最大，2017 年同比增长 7.10%，较 2016 年升高 4.90 kW/L，2017 年产量排名前 20 的车型中除新上市的探界者外，共有 13 款车型平均功率 / 排量较 2016 年有不同程度的升高，其中产量位居首位的英朗 GT 推出 1.0T、1.3T 三缸机车型，发动机功率升高，平均功率 / 排量同比增长 15.84%；由于额定功率更高的 2.0T 车型产量占比增大，别克 GL8 平均功率 / 排量增幅达 17.70 kW/L，推动美系乘用车平均功率 / 排量升高，如图 5-45 所示。

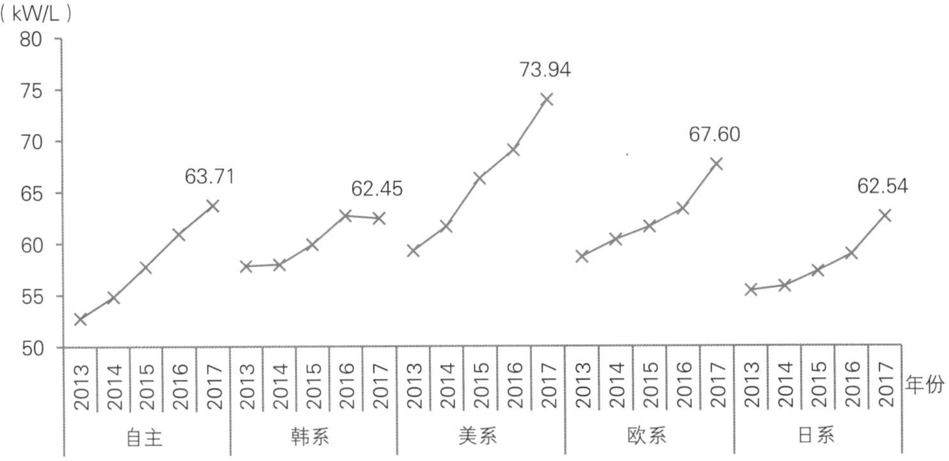

注：韩系、美系、欧系、日系、自主以车型品牌维度进行划分。

（来源：根据“乘用车燃料消耗量数据管理系统”统计）

图 5-45　国产乘用车分系别平均功率 / 排量年度变化情况

专题 6

新能源汽车产品属性变化趋势

随着主要政策要求的不断加严以及消费市场需求的提升，新能源汽车产品主要技术属性均有所提高。在乘用车方面，从续驶里程、电池容量、电耗水平等关键性能反映指标来看，2017 年行业平均水平均有所提升，同时市场逐渐加速对于低性能乘用车的淘汰；在商用车方面，客车车长受政策影响较大，对单位载质量能量消耗量的关注成为客车与专用车市场的共同主题。

6.1 新能源乘用车产品属性变化趋势

6.1.1 续驶里程

纯电动乘用车续驶里程增长幅度明显，低续驶里程段车销量占比不断下降。

从行业总体情况来看，2013—2017 年行业平均续驶里程呈现升高趋势，其中，纯电动乘用车平均增长 24.5%，插电式混合动力平均增长 24.1%。值得关注的是，2017 年纯电动乘用车平均续驶里程较 2016 年小幅下滑 3%，主要原因是 2017 年 A00 级纯电动乘用车销量爆发式增长拉低了行业平均续驶里程值，具体如图 6-1 所示。

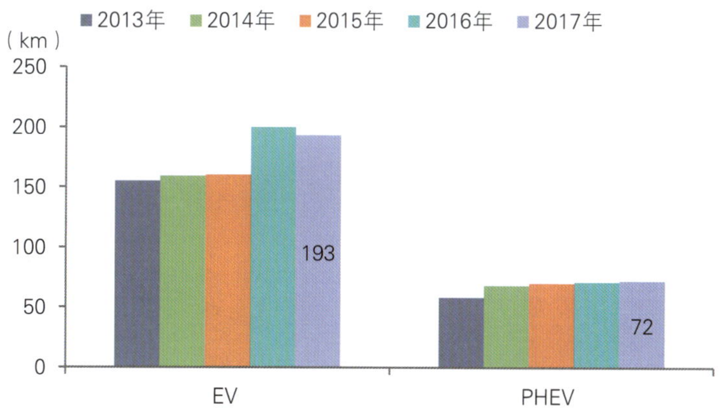

（来源：根据新能源汽车交强险数据统计）

图 6-1 行业分技术类型平均续驶里程年度变化情况

从车型级别来看，各级别纯电动乘用车续驶里程近几年增长幅度明显，其中 A0 级和 A 级纯电动乘用车平均续驶里程较 2016 年大幅增长，分别增长 14.1% 和 14.8%；A00 级和 B 级平均续驶里程增长幅度较小，仅分别增长 1.9% 和 1.4%，具体如图 6-2 所示。

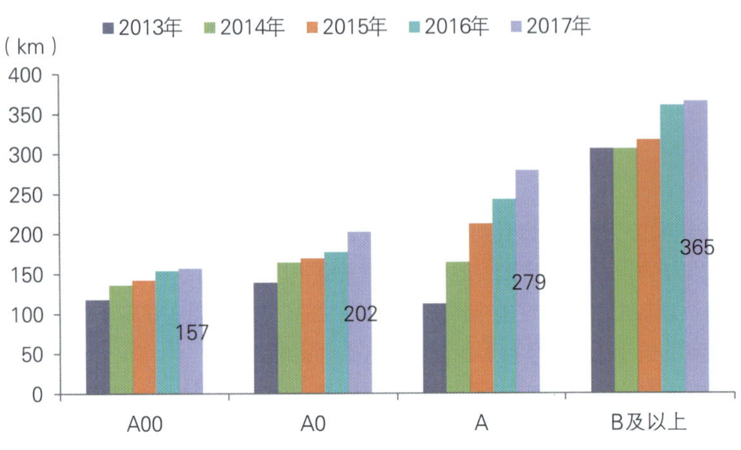

（来源：根据新能源汽车交强险数据统计）

图 6-2　纯电动乘用车分车型级别平均续驶里程年度变化情况

从续驶里程段来看，由于受到补贴政策和消费者需求双重影响，低续驶里程段的纯电动乘用车销量占比不断下降。2017 年续驶里程低于 150 km 的纯电动乘用车销量为零，较 2013 年下滑 23%；250~300 km 和 300~350 km 这两个续驶里程段的纯电动乘用车销量显著增加，销量占比分别较 2013 年增长 11% 和 4%，具体如图 6-3 所示。

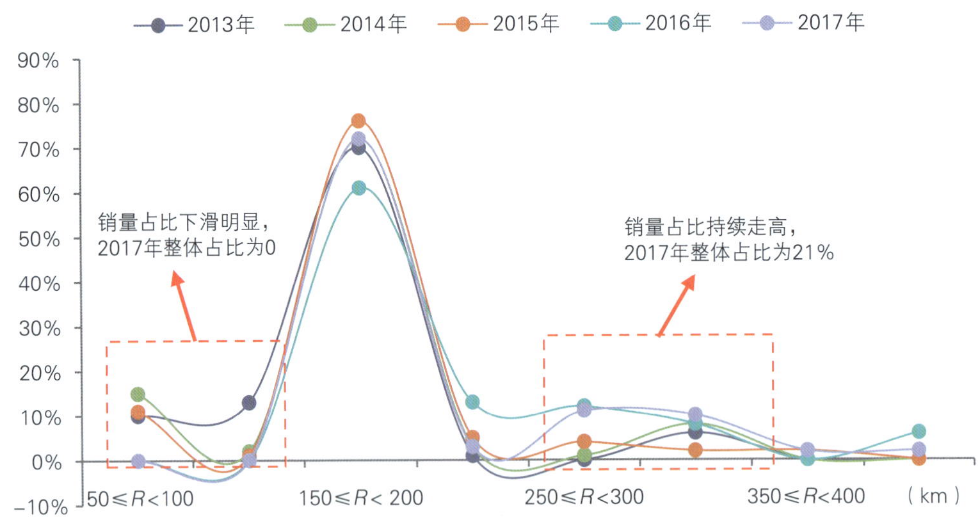

（来源：根据新能源汽车交强险数据统计）

图 6-3　分续驶里程段纯电动乘用车销量占比变化情况

A00 级纯电动乘用车近几年续驶里程主要集中在 50~200 km 范围内，并在此区间段内呈现逐年提升的趋势；A0 级纯电动乘用车续驶里程近几年以 150~200 km 占据主导，2017 年有上探至 250~300 km 区间段的趋势；A 级纯电动乘用车续驶里程提升趋势更为明显，2017 年以 250~300 km 和 300~350 km 占据主要份额，占比分别为 33.8% 和 47.8%；B 级及以上纯电动乘用车车型较少，大多维持在 300 km 以上，2017 年续驶里程超过 300 km 占比为 89.9%，具体如图 6-4 所示。

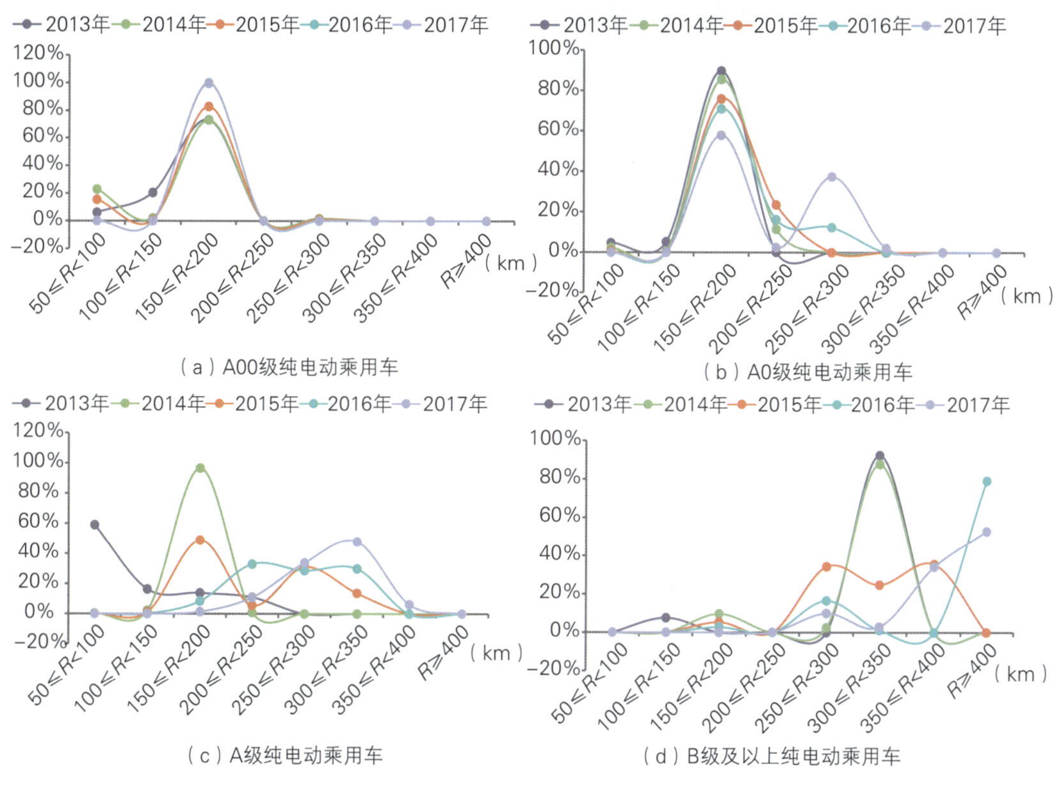

（a）A00级纯电动乘用车

（b）A0级纯电动乘用车

（c）A级纯电动乘用车

（d）B级及以上纯电动乘用车

（来源：根据新能源汽车交强险数据统计）

图 6-4　分车型级别的纯电动乘用车续驶里程段销量占比年度变化情况

6.1.2　电池电量

纯电动乘用车平均装载电池电量有所下降。

从行业总体情况来看，2017 年纯电动乘用车平均装载电池电量为 27 kWh，较 2016 年下滑 13.7%，插电式混合动力乘用车平均装载电池电量 14.6 kWh，较 2016 年提升 0.6%。具体如图 6-5 所示。

从车型级别维度来看， A0 级和 A 级车平均装载电池电量增长趋势明显，2017 年平均装载电量分别为 28 kWh 和 43.9 kWh，较 2016 年增长 10.7% 和 5.8%；A00 级和 B 级纯电动乘用车平均电池电量较 2016 年有小幅下滑，分别下滑 2% 和 6%。具体如图 6-6 所示。

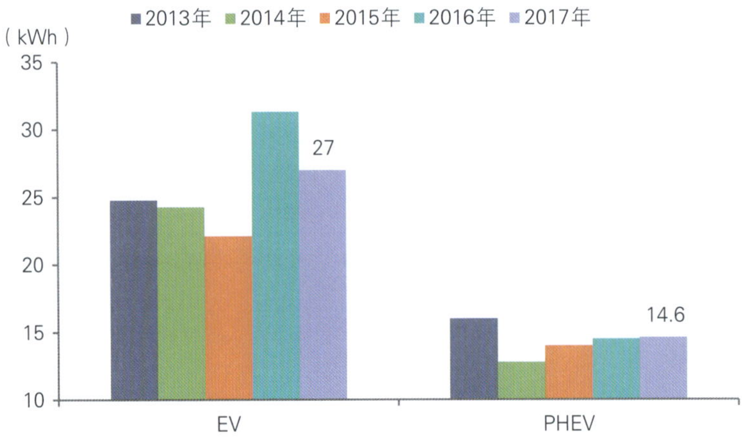

(来源：根据新能源汽车交强险数据统计)

图 6-5　行业平均装载电池电量年度变化情况

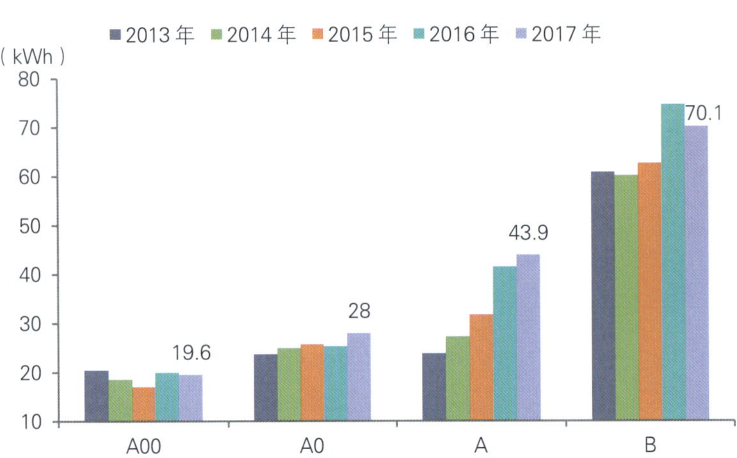

(来源：根据新能源汽车交强险数据统计)

图 6-6　行业平均装载电池电量年度变化情况

6.1.3　续驶里程 / 电池电量

单位电量可驱动行驶距离提升，主要受政策阶段性调整影响。

续驶里程 / 电池电量体现单位电量可驱动车辆行驶的距离，其值越大代表车辆的能耗越低。

从技术类型来看，2017 年纯电动乘用车和插电式混合动力乘用车分别为 7.1 km/kWh 和 4.9 km/kWh，分别较 2016 年提升 10.9% 和 0.7%，如图 6-7 所示。纯电动乘用车续驶里程 / 电池电量总体呈现阶段性增长趋势，即 2013—2015 年、2016—2017 年呈现阶段性上涨，主要原因是补贴政策的阶段性调整对于纯电动汽车续驶里程要求提高，企业大多通过增加电池方式来应对，在一定程度上提升了车辆能耗水平。具体如图 6-8 所示。

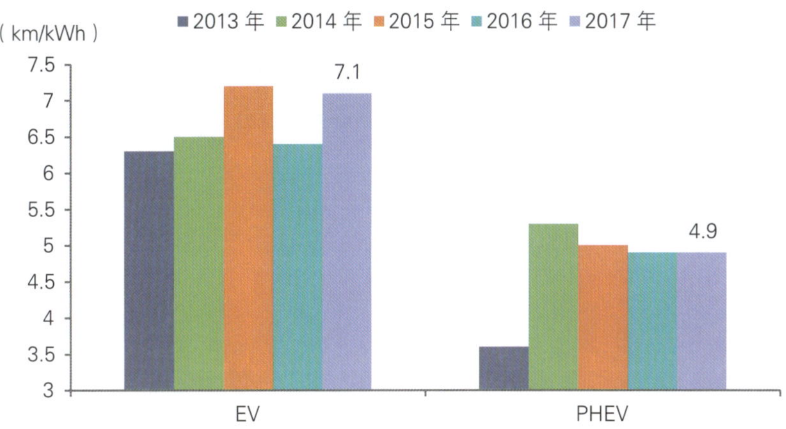

（来源：根据新能源汽车交强险数据统计）

图 6-7　行业续驶里程 / 电池电量年度变化情况

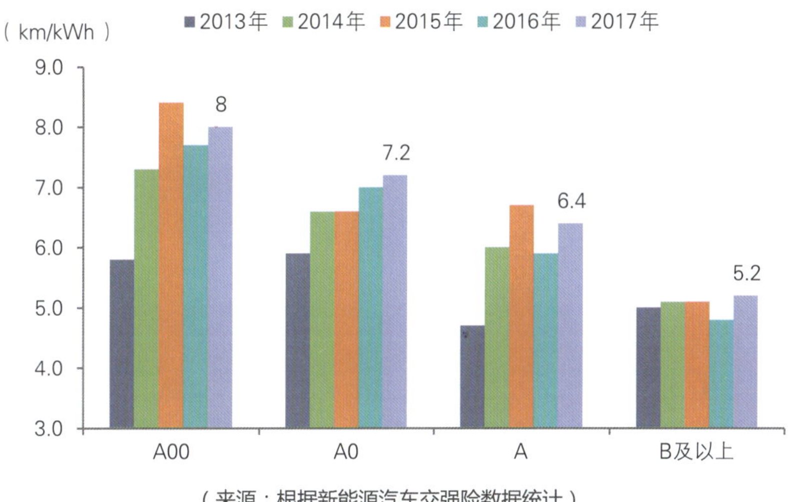

（来源：根据新能源汽车交强险数据统计）

图 6-8　分车型级别纯电动乘用车续驶里程 / 电池电量年度变化情况

6.1.4　吨百公里电耗量

产品销量结构变化导致行业平均能耗小幅上升。

吨百公里电耗量是车辆百公里电耗与整备质量的比值，是反映车辆能耗水平的一项指标，其值越小代表车辆能耗越低。

2017 年纯电动乘用车平均整备质量为 1 188 kg，较 2016 年下降 144 kg，具体各级别车型整备质量变化情况如图 6-9 所示。行业平均吨百公里电耗量为 11.8 kWh/100 km·t^{-1}，行业平均能耗不降反升，较 2016 年增长 0.9%，如图 6-10 所示。从车型来看，各级别车的能耗水平均呈现下滑趋势，由此可推断平均能耗水平的提高是由产品销量结构变化导致的。

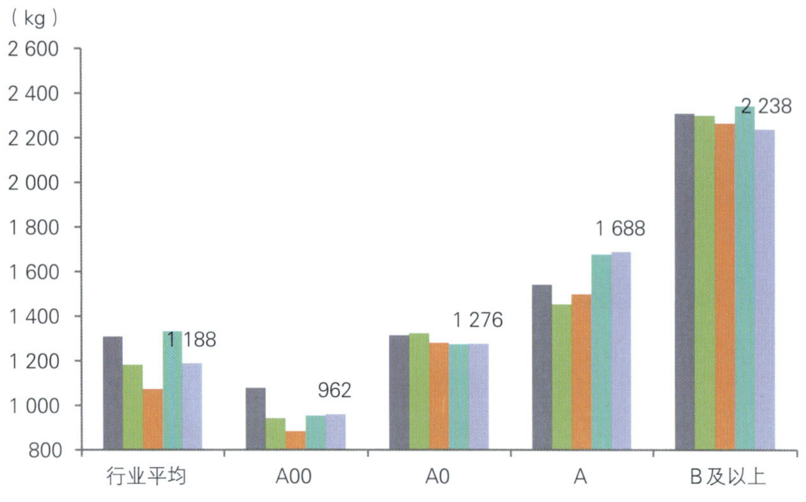

（来源：根据新能源汽车交强险数据统计）

图 6-9 纯电动乘用车整备质量变化趋势

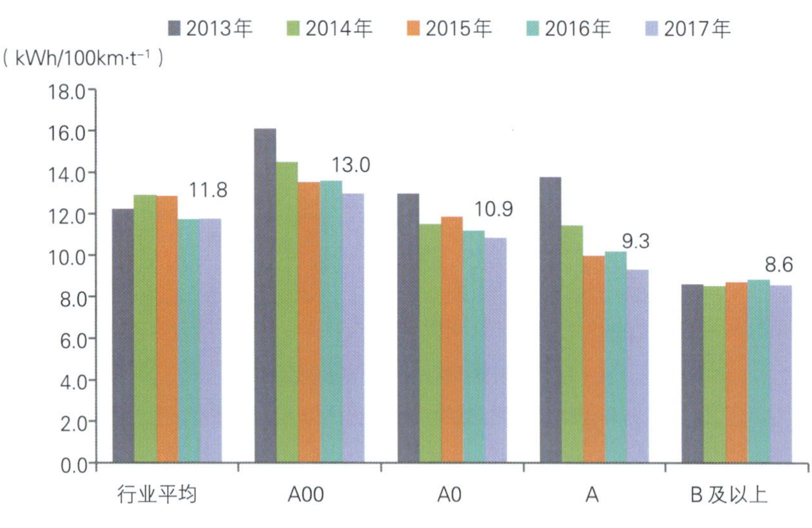

（来源：根据新能源汽车交强险数据统计）

图 6-10 分级别纯电动乘用车吨百公里电耗量变化趋势

图 6-11 所示为各级别车型的市场结构变化，由于 A00 级车型在 2017 年的热销导致产品市场结构发生变化，A00 级车型销量占比为 65%，从而提升了行业平均能耗水平。

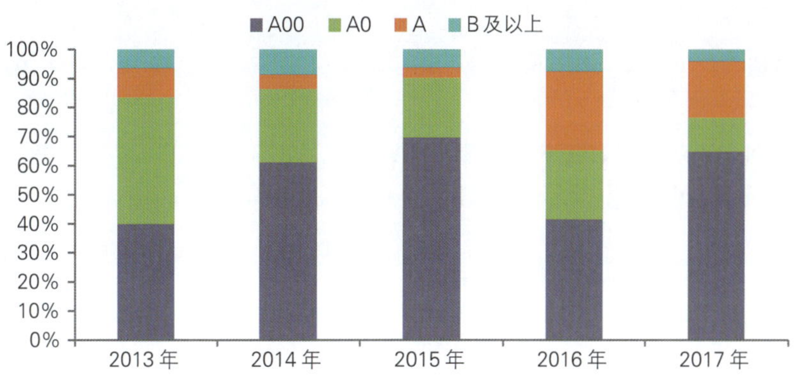

（来源：根据新能源汽车交强险数据统计）

图 6-11　各级别车型销量年度占比变化趋势

6.2　新能源商用车产品属性变化趋势

6.2.1　客车

能量密度提升与整车能耗下降并行，车长米段变化受政策影响明显。

1. 车辆长度

新能源客车主要应用领域是城市公交，因而其采购受到地方政府指导影响。从近几年新能源客车各车长段车型销量占比变化（如图 6-12 所示）可以看出，补贴政策的调整对于新能源客车的市场结构影响巨大。其中，6~8 m 新能源客车由于在 2015 年之前国家和地方双重补贴情况下，可获得更高的利润，2015 年销售份额达到顶峰，占比为 48%；2016—2017 年，补贴政策有利于 8~10 m 和 10~12 m 两个车长段的车型发展，因此 2017 年销售占比分别达 35% 和 62%。

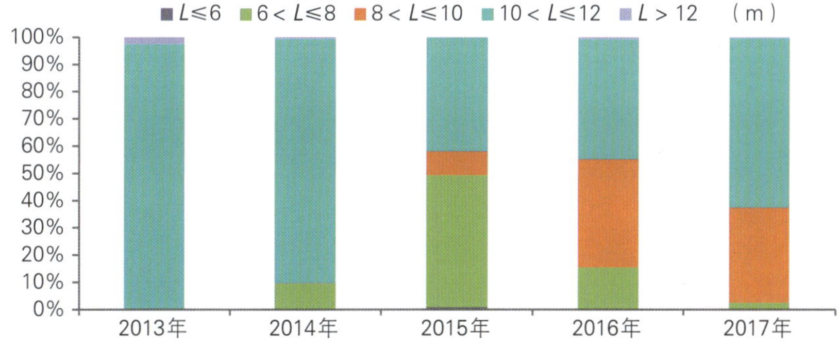

（来源：根据新能源汽车交强险数据统计）

图 6-12　新能源客车车长分段车型销售占比变化情况

2. 电池电量

2017 年，纯电动客车平均装载电池电量为 161 kWh，较 2016 年提升 25.8%；插电式混合动力客车平均装载电池电量为 41 kWh，较 2016 年提升 64%，如图 6-13 所示。

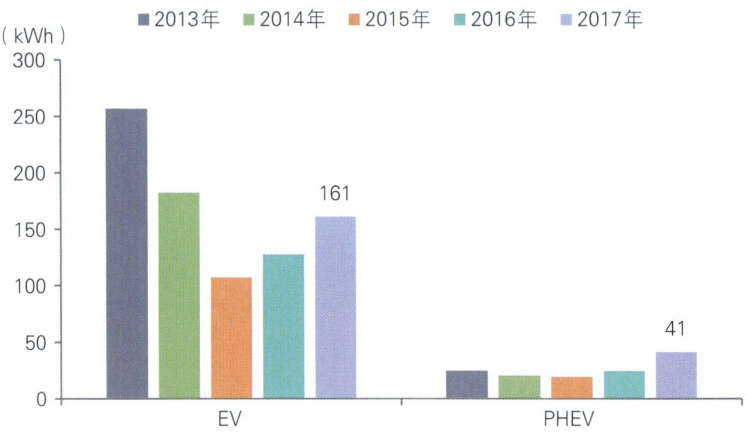

（来源：根据新能源汽车交强险数据统计）

图 6-13 新能源客车平均单车装载电池电量变化情况

从车长段来看，10~12 m 纯电动客车近几年平均装载电池电量呈下降趋势；其他米段均呈现增长趋势。2017 年纯电动客车，6~8 m 车型平均装载电池电量为 64 kWh，较 2016 年提升 1.6%；8~10 m 车型平均装载电池电量为 111 kWh，较 2016 年提升 8.8%；10~12 m 车型平均装载电池电量为 198 kWh，较 2016 年提升 3.7%；12 m 以上客车平均装载电池电量为 134 kWh，同比较 2016 年提升 1.5%，如图 6-14 所示。

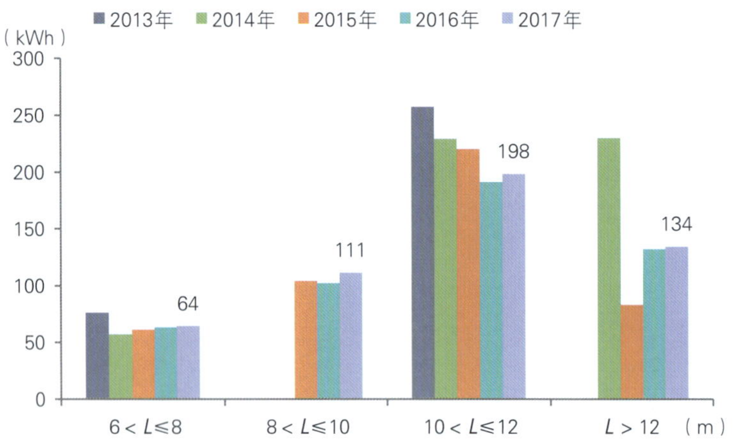

（来源：根据新能源汽车交强险数据统计）

图 6-14 纯电动客车分车长平均装载电池电量变化情况

插电式混合动力客车由于车型数量较少，近年来平均装载电池电量波动较大，但总体上均呈现增长趋势，如图 6-15 所示。

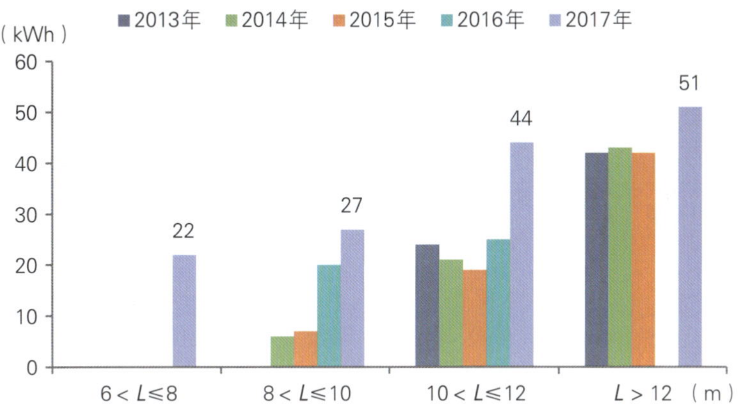

（来源：根据新能源汽车交强险数据统计）

图 6-15　插电式混合动力客车分车长平均装载电池电量变化情况

3. 续驶里程

2017 年，纯电动客车的续驶里程呈现总体增长趋势，其中 6~8 m 客车平均续驶里程为 242 km，同比 2016 年提升 7.6%；8~10 m 客车平均续驶里程为 268 km，较 2016 年提升 0.8%；10~12 m 客车平均续驶里程为 337 km，较 2016 年提升 4.3%；较为特殊的是 12 m 以上纯电动客车，纯电续驶里程仅为 158 km，且较 2016 年下滑 2%，原因是 2017 年销售的该米段车辆以快充客车为主，单车平均装载电池电量也出现下降现象，因而拉低了该段的平均续驶里程。具体如图 6-16 所示。

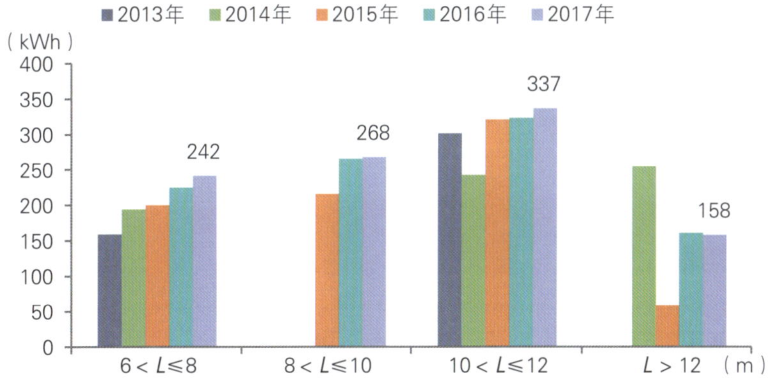

（来源：根据新能源汽车交强险数据统计）

图 6-16　纯电动客车分车长段续驶里程年度变化情况

4. 单位载质量能量消耗量 E_{kg}

单位载质量能量消耗量（E_{kg}）是评价车辆运载单位质量的人或物行驶单位里程能量消耗的指标。

如图 6-17 所示，2017 年发布的 12 批次新能源汽车推荐车型目录中纯电动客车的 E_{kg} 的变化可以看出，纯电动客车的 E_{kg} 指标呈显著下降趋势，其中 E_{kg} > 0.4 的车型由第 1 批次占比的 30% 降低至第 12 批次占比的 9%；0.15 ≤ E_{kg} < 0.2 的车型从第 1 批次的占比 14%，大幅提升至第 12 批次的占比为 63%。

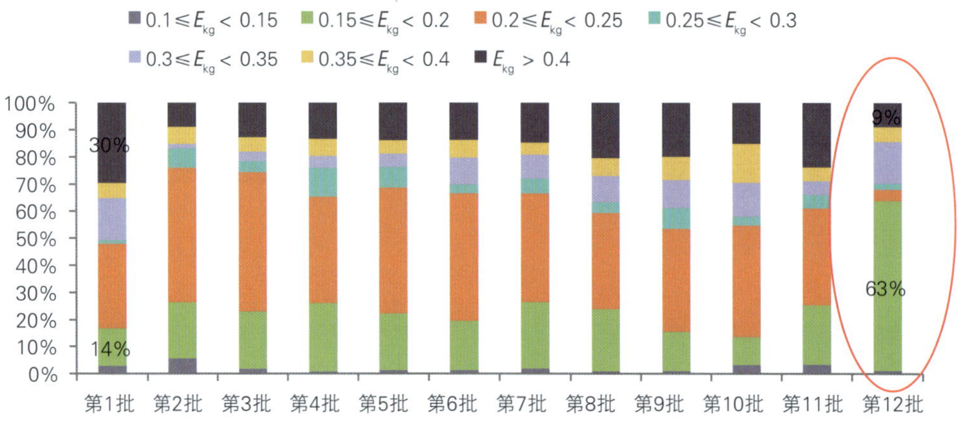

（来源：根据新能源汽车交强险数据统计）

图 6-17　2017 年度纯电动客车 E_{kg} 变化情况

5. 电池能量密度

纯电动客车的电池能量密度提升幅度明显，如图 6-18 所示，2017 年发布的 12 批次新能源汽车推荐车型目录中，第 1 批次中能量密度高于 120 Wh/kg 的车型仅占 9%，到第 12 批次中高于 120 Wh/kg 的车型占比高达 85%。

6.2.2　专用车

> 能耗水平成专用车车型调整重点，2017 年全年降幅显著。

对于运输类专用车，用单位载质量能量消耗量指标来评价车辆运载单位质量的人或物行驶单位里程能量消耗的指标。从图 6-19 所示，2017 年发布的 12 批次新能源汽车推荐车型目录中专用车的 E_{kg} 下降趋势明显。第 1 批次中约 54% 的车型 E_{kg} > 0.4，到第 12 批次这一占比降低至 18%。

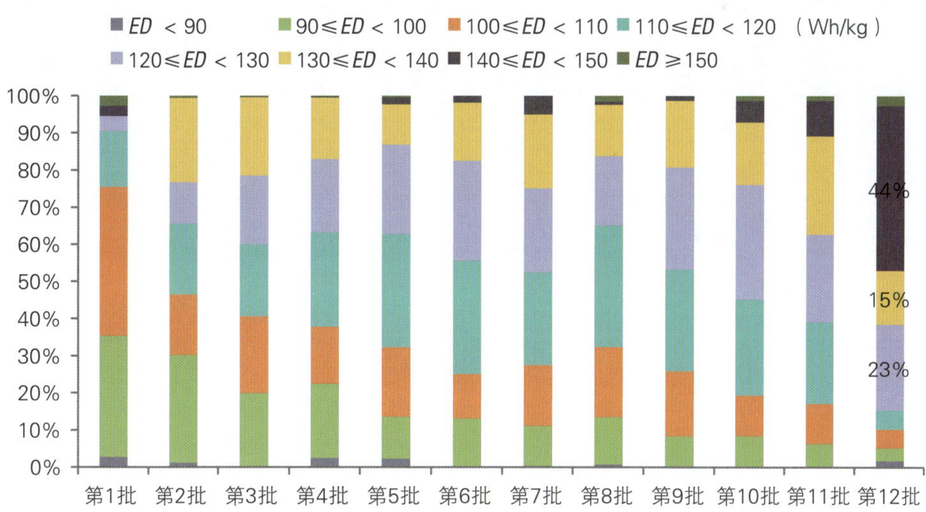

（来源：根据新能源汽车交强险数据统计）

图 6-18　2017 年度纯电动客车电池能量密度变化情况

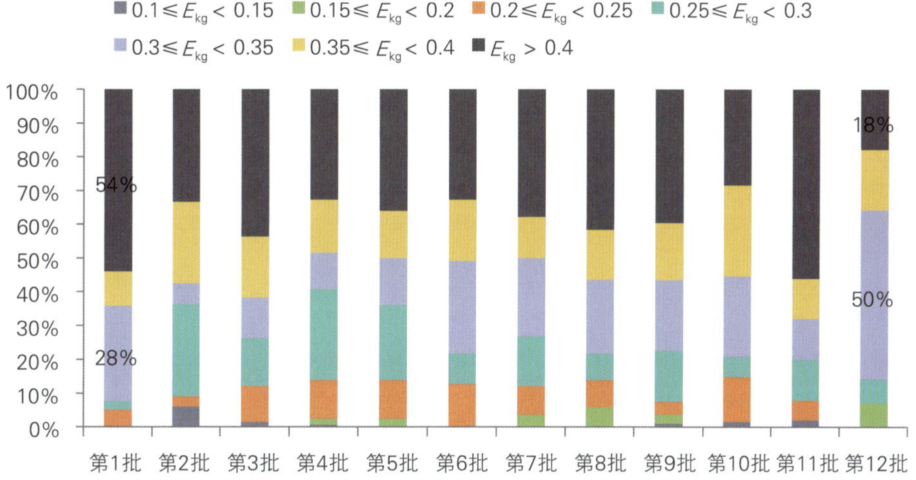

（来源：根据新能源汽车交强险数据统计）

图 6-19　新能源专用车 E_{kg} 变化情况

技术应用篇

摘要

技术应用情况是衡量汽车产业发展阶段的重要指标，也是实现国家节能目标的有效保障。本篇对传统能源汽车典型节能技术、新能源汽车关键零部件技术以及 2017 年行业热点技术进行了深度分析，全方位展示了我国节能与新能源汽车技术的应用特点与趋势。

本篇首先从传统能源汽车 7 项典型节能技术出发，对涡轮增压、缸内直喷、三缸发动机、米勒循环、先进变速器、怠速启停及混合动力 2017 年应用情况进行了剖析和解读。随后对新能源汽车三大核心部件——动力电池、驱动电机、电控系统的配套、技术发展现状及趋势进行了详细探讨。最后，邀请到天津大学和奥地利 AVL 李斯特两家研究机构分别对替代燃料、动力电池两项行业热点技术进行了系统梳理和深入解析。

专题 7

乘用车节能技术推广应用情况

尽管受到纯电动、燃料电池等新能源汽车技术的冲击，传统能源依然是汽车动力的主要来源，对于我国汽车市场来说，车型结构仍以传统动力为主。传统能源乘用车应用高效动力总成、混合动力、电气化等节能技术对降低能耗、缓解环境问题具有重要意义。

2017 年，涡轮增压、缸内直喷、先进变速器、怠速启停等多项节能技术搭载率快速提升，三缸发动机、米勒循环、混合动力等新兴节能技术应用明显增加。本章通过对 7 项典型技术应用情况的统计分析，全面解读传统能源乘用车节能技术的发展现状。

7.1 涡轮增压技术

日系增压轿车数量增长 2 倍以上，整体搭载率突破 20%。

说明：由于增压技术在柴油发动机上属基础结构，因此本小节仅针对汽油发动机进行分析。

涡轮增压技术的主要作用是通过增加发动机的进气量，从而提高发动机的功率和扭矩。同时，发动机搭载增压技术可进一步小型化，还能提高燃油经济性和降低尾气排放。在越发严格的油耗与排放法规压力下，近几年全球主流车企纷纷转向涡轮增压阵营。我国乘用车行业涡轮增压技术发展较快，已逐渐成为汽油乘用车最常用的节能技术之一。

从行业整体情况来看，2017 年搭载涡轮增压技术的车型产量（含进口量）增速有所放缓，较 2016 年增加 244 万辆，占乘用车市场比例达 45.11%。

从企业类型来看，2017 年进口企业涡轮增压车型进口量占比达 84.09%，位居行业首位。合资企业涡轮增压车型产量高于进口企业和自主企业，但其产量占比仍低于进口企业和自主企业，2017 年仅为 39.70%。2017 年自主企业涡轮增压车型产量占比增速最快，较 2016 年增长 15%，具体如图 7-1 所示。

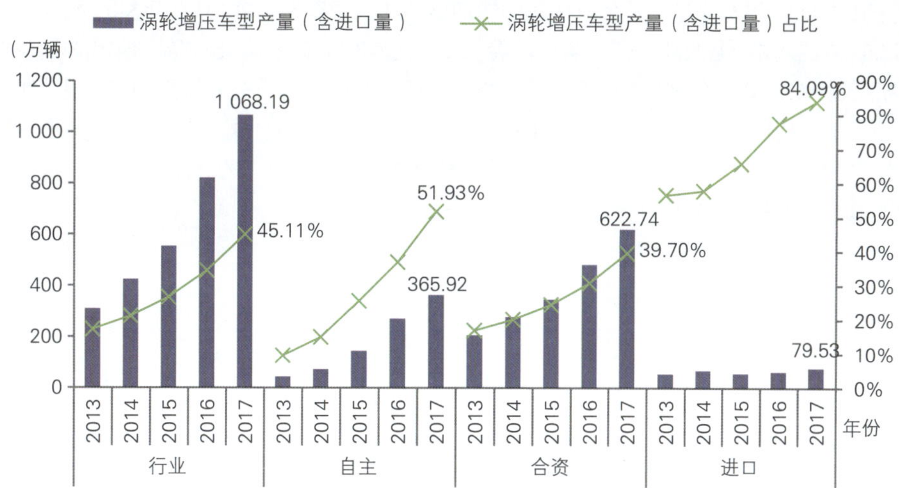

注：自主、合资、进口以企业性质进行划分。

（来源：根据“乘用车燃料消耗量数据管理系统”、《道路机动车辆生产企业及产品公告》、CATARC 汽车配置数据统计）

图 7-1　行业与分企业类型涡轮增压技术搭载趋势

从车型来看，搭载涡轮增压技术的轿车车型产量（含进口量）持续增长，2017 年出现拐点，达 400 万辆，其占比增长最快，较 2016 年增长 10%。从涡轮增压轿车数据深入分析来看，日系品牌涡轮增压轿车产量（含进口量）大涨 2 倍以上，卡罗拉 / 雷凌 1.2T 车型、思域 1.0T/1.5T 车型成为主要增长动力。SUV 涡轮增压技术搭载率大幅领先，2017 年为 62.69%。搭载涡轮增压技术的 MPV 产量（含进口量）及占比均上升，别克 GL6、比亚迪宋 MAX、欧尚 A800 等 2017 年新上车型均推出涡轮增压车型。在交叉型乘用车方面，仍然没有车型搭载涡轮增压技术，具体如图 7-2 所示。

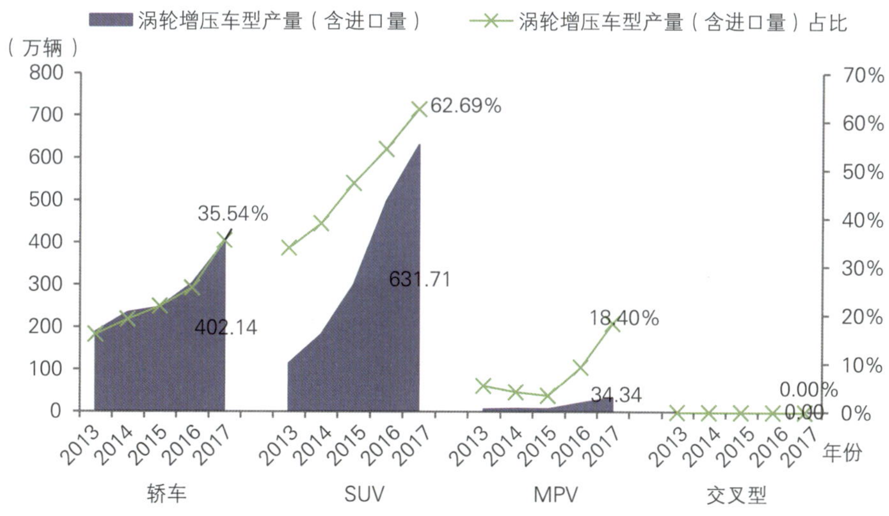

（来源：根据“乘用车燃料消耗量数据管理系统”、《道路机动车辆生产企业及产品公告》、CATARC 汽车配置数据统计）

图 7-2　分车型涡轮增压技术搭载趋势

在不同系别的国产车型中，欧系乘用车涡轮增压技术搭载率最高，2017 年达 59.81%，而美系乘用车以 52.44% 的涡轮增压技术搭载率紧随其后，二者差距进一步缩小。自主品牌乘用车涡轮增压技术应用保持高速增长，2017 年涡轮增压车型产量接近 388 万辆，继续领先欧系乘用车。日系和韩系车型涡轮增压技术应用出现分化，前者涡轮增压车型产量升高，2017 年接近 97 万辆，东风本田的思威、UR-V、杰德等均推出涡轮增压车型，后者受韩系车整体市场表现影响，涡轮增压技术发展停滞，搭载率被日系车型反超，涡轮增压车型产量出现下滑，具体如图 7-3 所示。

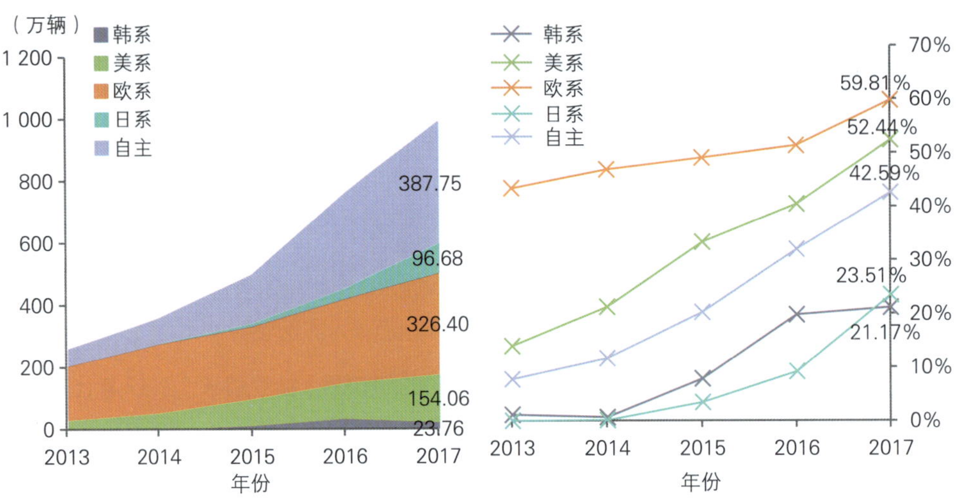

注：韩系、美系、欧系、日系、自主按车型品牌划分。
（来源：根据“乘用车燃料消耗量数据管理系统”、《道路机动车辆生产企业及产品公告》、CATARC 汽车配置数据统计）

图 7-3　国产车分系别涡轮增压技术搭载趋势

7.2　缸内直喷技术

欧系乘用车搭载率超过 60%，大幅领先于自主乘用车。

说明：由于缸内直喷技术在柴油发动机上属基础结构，因此本小节分析仅针对汽油发动机进行。

缸内直喷发动机喷油压力较高，燃油雾化更加细致，实现了精准地按比例控制喷油，与同排量的多点电喷发动机相比，具有油耗低，压缩比高，功率与扭矩都有明显提升等优点。近年来，我国搭载缸内直喷技术的汽油乘用车增多，市场认可度提升。

从行业整体情况来看，搭载缸内直喷技术的车型产量（含进口量）2017 年达 933 万辆，同比增长 36.32%，占乘用车市场比例升高至 39.39%。

从企业类型来看，自主企业缸内直喷技术应用加速，产量增长超过 115%，2017 年产量占比达 19.94%，但与合资、进口企业相比仍有不小差距。合资企业缸内直喷车型产量最大，产量占比为 45.20%，介于进口企业与自主企业之间。而进口企业缸内直喷技术应用保持领先地位，搭载率超过 88%，具体如图 7-4 所示。

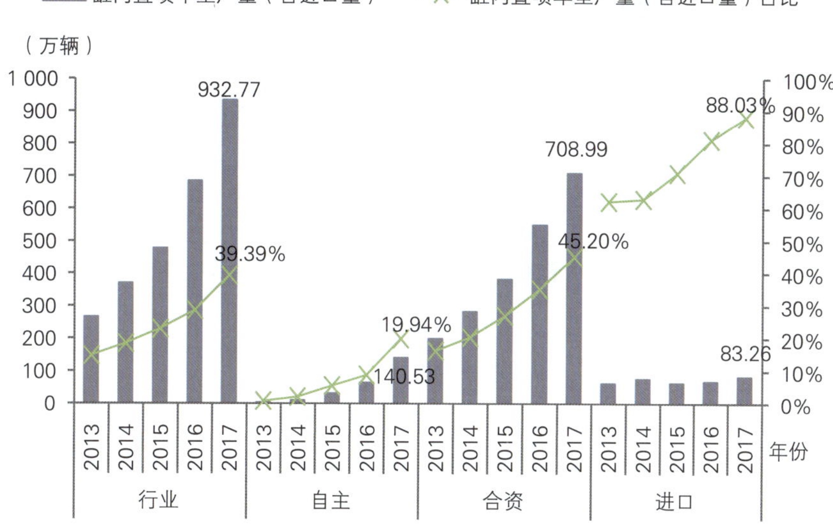

注：自主、合资、进口以企业性质进行划分。

（来源：根据“乘用车燃料消耗量数据管理系统”、《道路机动车辆生产企业及产品公告》、CATARC 汽车配置数据统计）

图 7-4　行业与分企业类型缸内直喷技术搭载趋势

从车型来看，轿车和 SUV 是搭载缸内直喷技术的两大主力车型，二者缸内直喷车型产量（含进口量）均在 400 万辆以上，占比超过 40%，其中 SUV 缸内直喷搭载技术搭载率在 2017 年大幅提升，例如哈弗 H6、思威、探界者、柯迪亚克等。MPV 缸内直喷技术应用明显加速，2017 年搭载率为 18.95%，主要得益于别克 GL8、艾力绅、奔驰 V 级、夏朗等直喷车型产量大增，同时 2017 年新增比亚迪宋 MAX、轩朗等直喷车型。交叉型乘用车缸内直喷技术应用方面仍处于空白，具体如图 7-5 所示。

在不同系别的国产车型中，欧系乘用车缸内直喷技术应用领先，2017 年产量为 337 万辆，产量占比为 61.79%，均高于其他系别车型。日系和美系乘用车缸内直喷技术搭载率保持高速增长态势，2017 年均增长 14%，东风本田、广汽丰田、上汽通用、天津一汽丰田等缸内直喷车型产量均有显著提升。韩系乘用车市场出现波动，缸内直喷技术发展停滞，产量下滑。受制于成本和技术储备等因素，自主品牌缸内直喷技术搭载率仍落后于其他系别车型，2017 年为 13.60%，荣威 i6、魏派 VV7、魏派 VV5、哈弗 M6 等多款新车均有搭载，具体如图 7-6 所示。

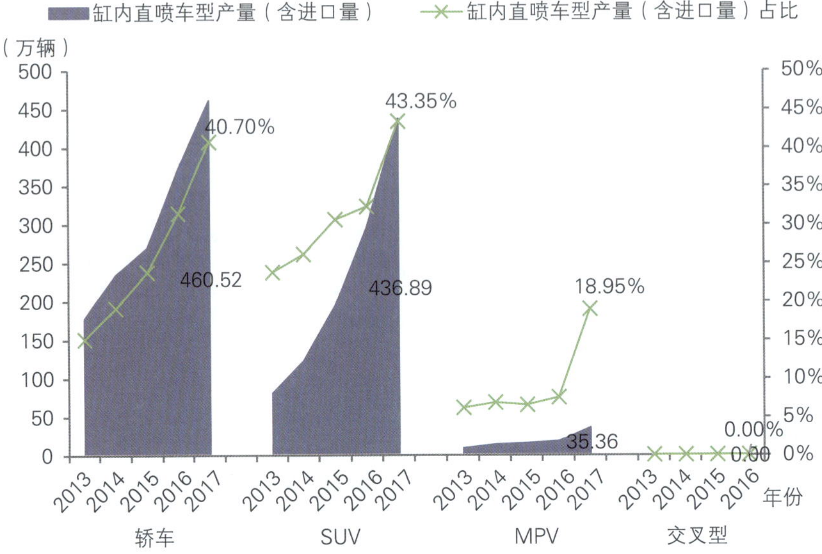

（来源：根据“乘用车燃料消耗量数据管理系统”、《道路机动车辆生产企业及产品公告》、CATARC 汽车配置数据统计）

图 7-5　分车型缸内直喷技术搭载趋势

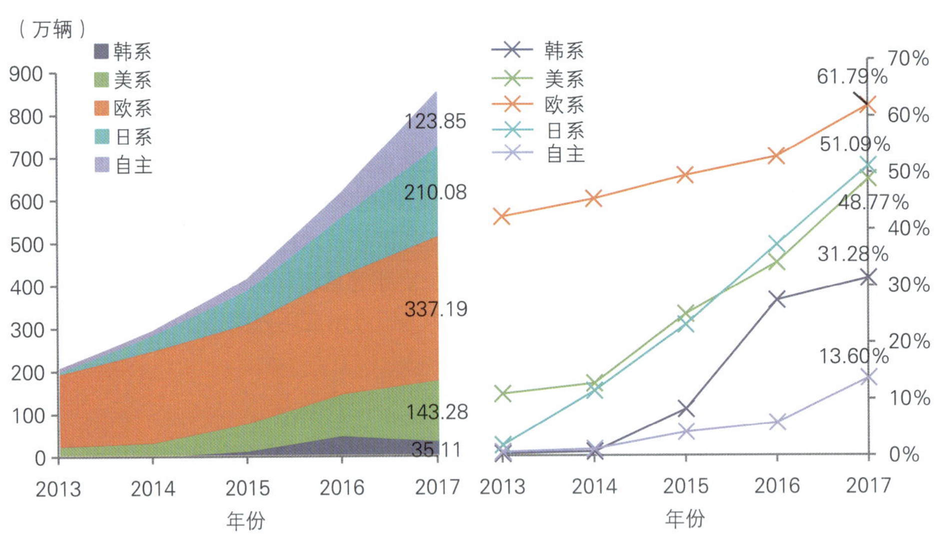

注：韩系、美系、欧系、日系、自主按车型品牌划分。

（来源：根据“乘用车燃料消耗量数据管理系统”、《道路机动车辆生产企业及产品公告》、CATARC 汽车配置数据统计）

图 7-6　国产车分系别缸内直喷技术搭载趋势

7.3 三缸发动机技术

上汽通用入局，美系三缸机车型规模反超欧系。

说明：本小节三缸发动机指 2010 年以后推出的先进三缸增压汽油发动机。

在政策鼓励与技术进步的驱动下，发动机小排量化趋势明显，配备增压进气等先进技术的新型三缸发动机备受厂商青睐，福特、通用、宝马、上汽、吉利等企业相继推出各自研发的新型三缸增压发动机。

7.3.1 三缸发动机技术发展情况

近几年应用三缸增压发动机车型产量(含进口量)增长明显，2017 年行业三缸机车型产量(含进口量)达 37.56 万辆，占汽油车总量的 1.59%。从企业类型来看，合资企业三缸机车型规模最大且增速最快，2017 年为 31.70 万辆，较 2016 年增长 135.86%；而进口企业三缸机车型占比最高，2017 年为 4.72%，大幅领先于行业平均水平。在自主企业方面，继长安汽车之后，2017 年上汽乘用车推出 1.0T、1.3T 两款三缸增压发动机，三缸增压发动机技术进入起步阶段，具体如图 7-7 所示。

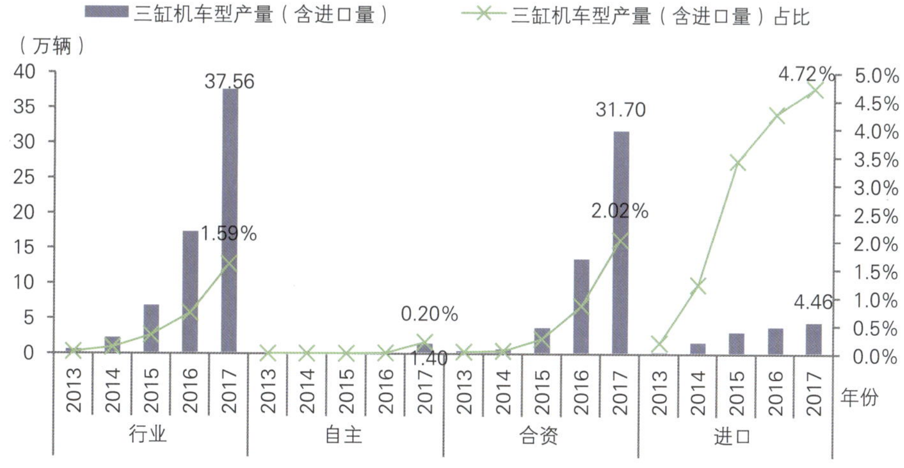

注：自主、合资、进口以企业性质进行划分。

（来源：根据“乘用车燃料消耗量数据管理系统”统计）

图 7-7　行业与分企业类型三缸发动机技术搭载趋势

从车型来看，搭载三缸增压发动机的轿车产量（含进口量）大幅领先，2017 年达 27.52 万辆，占比为 2.43%。自 2015 年开始，SUV 三缸机车型产量（含进口量）进入快速发展期，2017 年为 7.56 万辆，受乘用车 SUV 化趋势影响，SUV 车型总量迅速增长，SUV 三缸机车型占比偏低，仅为 0.75%。在 MPV 方面，

2017 年新增三缸机车型别克 GL6，因此 MPV 三缸机车型产量（含进口量）迎来爆发式增长，同时占比上升至 1.33%，高于 SUV 车型。交叉型乘用车尚未有车型搭载三缸增压发动机，具体如图 7-8 所示。

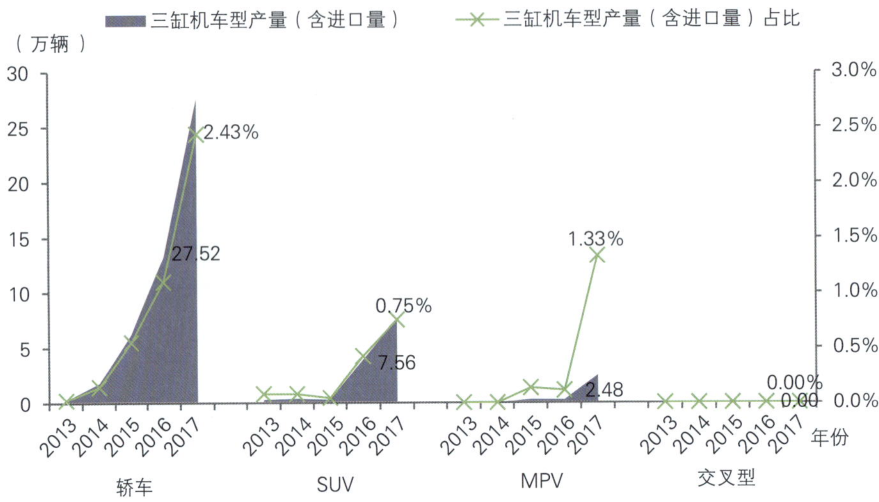

（来源：根据“乘用车燃料消耗量数据管理系统”统计）

图 7-8　分车型三缸发动机技术搭载趋势

从国产车型系别来看，2017 年欧系三缸增压发动机车型未出现新车，其规模增长放缓，2017 年产量为 13.41 万辆，占比为 2.46%。在美系车型方面，2017 年三缸机车型产量呈现阶跃式增长，由 2016 年的 2.00 万辆升高至 16.23 万辆，其主要原因是别克、雪佛兰品牌首次推出三缸增压发动机车型，尤其是热销车型英朗 GT 的搭载。日系乘用车目前仅思域一款车搭载三缸增压发动机，产量为 2.06 万辆，占比不足 1%。自主三缸机车型数量增加，产量突破 1 万辆，2017 年新增名爵 ZS、荣威 RX3、荣威 i6 这 3 款。在韩系车型方面，尚未推出应用三缸增压发动机的车型，具体如图 7-9 所示。

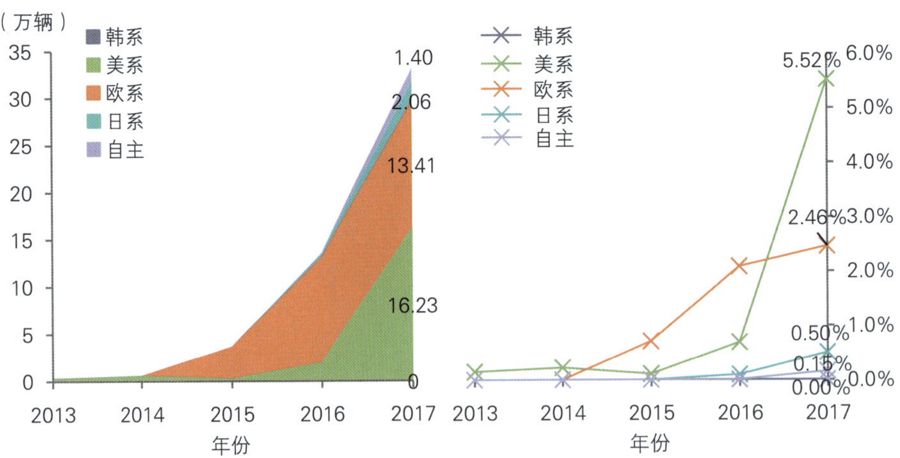

注：韩系、美系、欧系、日系、自主按车型品牌划分。

（来源：根据“乘用车燃料消耗量数据管理系统”统计）

图 7-9　国产车分系别三缸发动机技术搭载趋势

7.3.2 三缸发动机技术应用企业及车型概况

目前，已有别克、雪佛兰、宝马、本田、名爵、荣威、标致、雪铁龙、DS、福特、长安 11 个品牌三缸增压发动机车型国产，同时有宝马、MINI、Smart 这 3 个品牌三缸机车型进口，具体见表 7-1 所列。

表 7-1 2017 年搭载三缸增压发动机车型概况

（来源：根据“乘用车燃料消耗量数据管理系统”统计）

生产企业	车型名称	排量	扭矩（N·m）	额定功率（kW）	产量（含进口量）/企业总量	平均油耗（L/100km）
上汽通用	英朗 GT	1.0T	170	92	6.46%	5.1
		1.3T	230	120	3.12%	5.8
	阅朗	1.0T	170	92	0.22%	5.2
		1.3T	230	120	0.94%	5.9
	科沃兹	1.0T	165	88	0.00%	5
	别克 GL6	1.3T	230	120	1.74%	6.6
华晨宝马	宝马 1 系	1.5T	220	100	8.82%	5.5
	宝马 2 系	1.5T	220	111/100	3.92%	5.9
	宝马 3 系	1.5T	220	100	3.14%	5.9
	宝马 X1	1.5T	220	111	15.47%	6.1
宝马中国	MINI COOPER	1.5T	220	111	10.96%	5.9
	MINI ONE	1.5T	220	100	0.01%	5.3
		1.2T	180	83	3.61%	5.5
	宝马 1 系	1.5T	250	111	2.11%	5.5
	宝马 2 系	1.5T	220	111	1.72%	5.7
	宝马 2 系多功能				1.76%	6.1
东风本田	思域	1.0T	173	92	2.92%	5
上汽乘用车	名爵 ZS	1.0T	170	92	1.26%	5.9
	荣威 i6				0.58%	4.9
	荣威 RX3	1.3T	230	120	0.96%	6.6
神龙汽车	标致 2008	1.2T	230	100	0.05%	5.3
	标致 308				0.36%	5.2
	标致 308S				0.15%	5.2
	标致 408				1.01%	5.2
	雪铁龙 C3-XR				0.57%	5.4
	雪铁龙 C4				0.02%	5.2
	雪铁龙 C4L				0.65%	5.4
长安福特	福克斯	1.0T	170	94	1.01%	5.6
	翼搏				0.17%	6.2
奔驰中国	Smart fortwo	0.9T	135	66/80	1.21%	4.5
	Smart forfour				0.70%	4.8
合肥长安	悦翔 V7	1.0T	172	85	0.27%	5.7
长安标致雪铁龙	雪铁龙 DS 4S	1.2T	230	100	2.79%	5.6

2017 年乘用车市场新增通用 Ecotec 1.0T/1.3T、上汽 SGE 16T 两款三缸发动机。通用 Ecotec 1.0T/1.3T 双喷射涡轮增压三缸发动机于 2017 年 9 月引入，是 2017 年国内量产最多的三缸增压发动机。上汽主导研发的“蓝芯”SGE 16T，即 1.0T，发动机于 2016 年正式亮相，覆盖名爵 ZS、荣威 i6、荣威 RX3 多款车型，成为目前自主品牌应用最多的发动机，具体见表 7-2 所列。

表 7-2　2017 年新增两款三缸增压发动机技术参数
（来源：根据“乘用车燃料消耗量数据管理系统”、CATARC 汽车配置数据统计）

发动机型号	技术参数		三缸发动机
通用 Ecotec 1.0T/1.3T	排量（mL）	999、1 349	
	进气形式	涡轮增压	
	供油方式	多点电喷	
	最大功率 (kW/r·min^{-1})	92/5 600、120/5 500	
	最大扭矩 (N·m/r·min^{-1})	170/2 000~3 600、230/1 800~4 400	
	替代产品	1.0T 替换 1.5L 自吸发动机 1.3T 替换 1.4T 发动机	
	应用车型	英朗 GT、阅朗、科沃兹、别克 GL6	
上汽 SGE 16T	排量（mL）	999	
	进气形式	涡轮增压	
	供油方式	缸内直喷	
	最大功率 (kW/r·min^{-1})	92/5 200	
	最大扭矩 (N·m/r·min^{-1})	170/2 000~4 700	
	替代产品	—	
	应用车型	名爵 ZS、荣威 i6	

7.4　米勒循环技术

自主乘用车首次推出米勒循环车型，美系乘用车尚未应用。

说明：本小节 2016 年及之前仅分析传统能源车，由于 2017 年出现搭载米勒循环技术的 PHEV 车型，因此 2017 年开始将 PHEV 加入分析范畴。

米勒循环发动机通过改变进气门的关闭时刻来控制缸内气体压缩终了的温度和压力，从而灵活地抑制爆震，保持较大的膨胀比。采用米勒循环技术能够提高发动机的热效率，降低排放，并且在部分负荷时还能够减小发动机的泵气损失，提高发动机的燃油经济性，尤其是在中小负荷时改善作用明显。马自达、丰田和本田 3 家日系企业率先推出米勒循环发动机，大众、现代等多家企业开始应用。

7.4.1 米勒循环技术发展情况

从行业整体情况来看，2017 年米勒循环技术应用进一步增加，搭载米勒循环技术的车型产量（含进口量）突破百万辆大关，达 138.11 万辆，占比随之上升 2%，至 5.72%。

从企业类型来看，合资企业搭载米勒循环技术的车型规模最大，2017 年产量为 110.79 万辆，而自主、进口企业分别为 19.65 万辆、7.68 万辆，差距悬殊。在技术搭载率方面，进口企业米勒循环技术应用比例最高，达 7.70%，合资企业为 6.94%，自主企业搭载率落后于行业平均水平，上汽乘用车、广汽乘用车首次推出米勒循环车型，具体如图 7-10 所示。

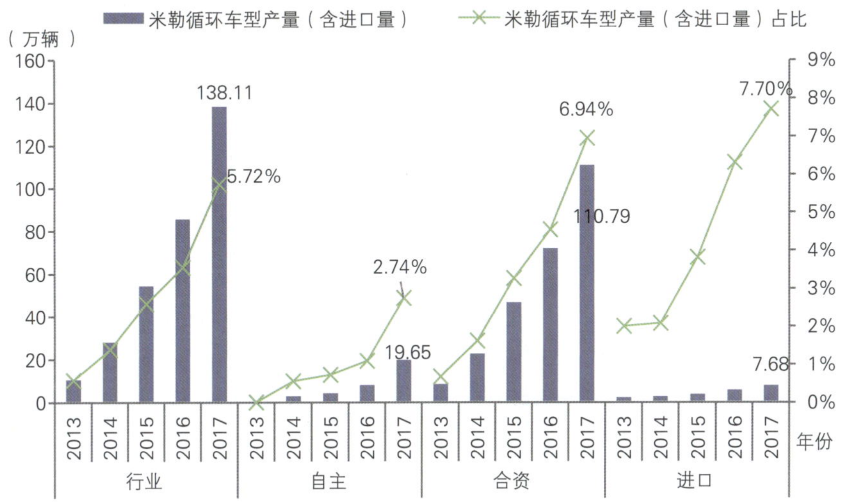

注：自主、合资、进口以企业性质进行划分。

（来源：根据“乘用车燃料消耗量数据管理系统”、CATARC 汽车配置数据统计）

图 7-10　行业与分企业类型米勒循环技术搭载趋势

从车型来看，目前仅有轿车和 SUV 搭载米勒循环技术。2017 年，搭载米勒循环技术的轿车车型产量（含进口量）为 104.46 万辆，占比为 8.99%，大幅领先于 SUV。在 SUV 车型方面，2017 年新增名爵 ZS、传祺 GS4 插电式、祺智（插电式）3 款米勒循环车型，搭载米勒循环技术的车型产量（含进口量）达 33.65 万辆，占比出现回升，具体如图 7-11 所示。

从国产车型系别来看，搭载米勒循环技术的车型 85% 以上为日系乘用车，其产量为 111.89 万辆，占比超过 25%。2017 年，欧系乘用车新增奥迪 A3 一款米勒循环车型，同时奥迪 A4L 米勒循环车型产量大幅升高，搭载米勒循环技术的车型产量增长至 10.69 万辆。自主乘用车首次应用米勒循环技术，搭载米勒循环技术的车型产量达 7.22 万辆，仅次于欧系。韩系乘用车仅极睿混动、起亚 K5 混动、索纳塔九混动 3 款车型搭载米勒循环技术，搭载量偏低，占比为 0.55%。美系乘用车米勒循环技术应用仍处于空白状态，具体如图 7-12 所示。

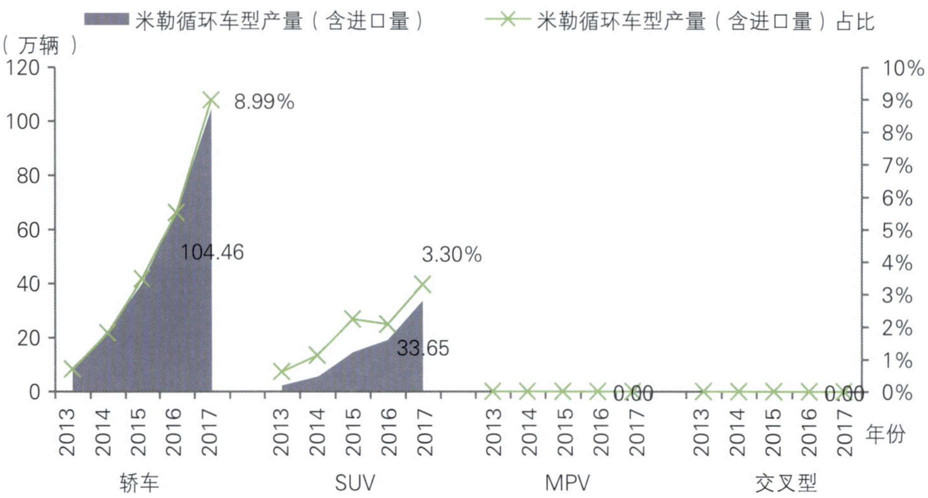

（来源：根据“乘用车燃料消耗量数据管理系统”、CATARC 汽车配置数据统计）

图 7-11　分车型米勒循环技术搭载趋势

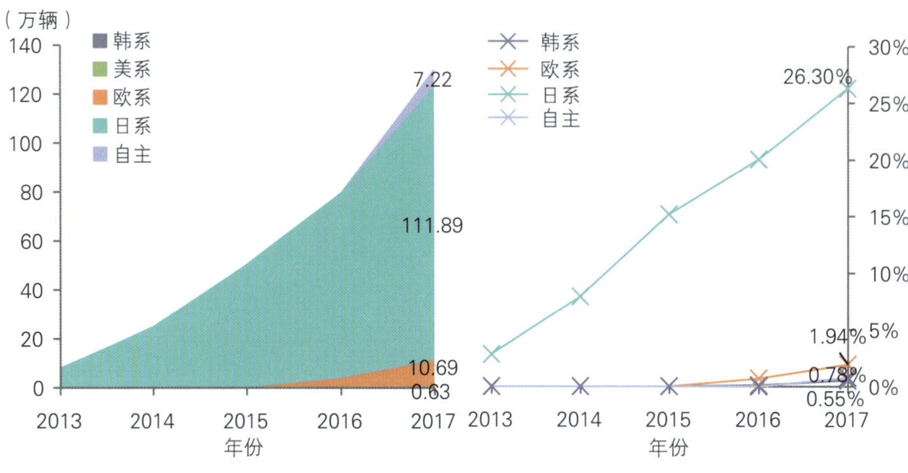

注：韩系、美系、欧系、日系、自主按车型品牌划分。

（来源：根据“乘用车燃料消耗量数据管理系统”、CATARC 汽车配置数据统计）

图 7-12　国产车分系别米勒循环技术搭载趋势

7.4.2　米勒循环技术应用企业及车型概况

2017 年，新增上汽乘用车、广汽乘用车、广汽三菱 3 家应用米勒循环技术的企业，应用米勒循环技术的企业总数达 14 家，其中自主企业 3 家，进口企业 2 家，其余 9 家为合资企业。广汽丰田、天津一汽丰田、长安马自达、广汽本田、一汽集团公司、一汽大众 6 家企业米勒循环车型产量均超过 10 万辆，产量之和占米勒循环车型总产量（含进口量）的 87.41%，具体如图 7-13 所示。

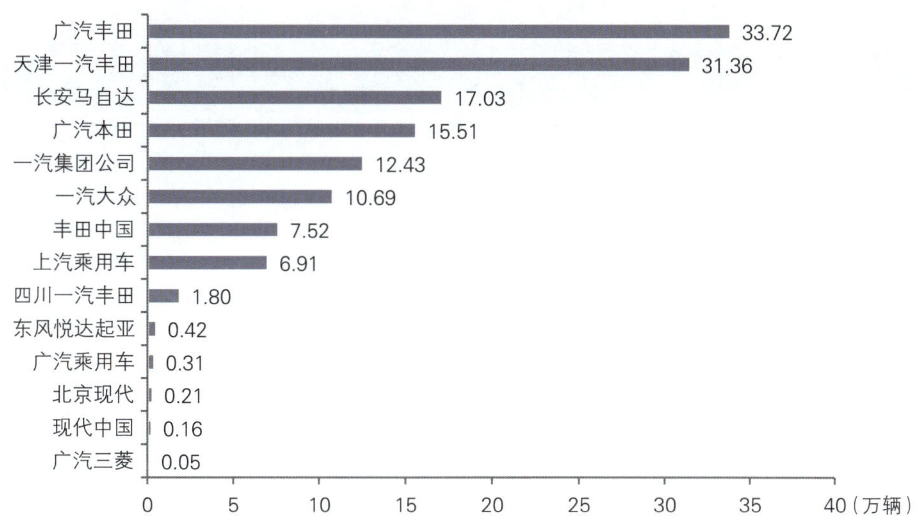

（来源：根据“乘用车燃料消耗量数据管理系统”、CATARC 汽车配置数据统计）

图 7-13　2017 年搭载米勒循环技术车企产量（含进口量）分布

搭载米勒循环发动机的车型数量增多，2017 年新增 9 款达 36 款，其中卡罗拉以 22.44 万辆产量位居首位，占天津一汽丰田 2017 年总产量的 43.43%。第八代凯美瑞混动版车型搭载的米勒循环发动机压缩比最高，达 14:1，油耗低至 4.1 L/100km，具体见表 7-3 所列。

表 7-3　2017 年搭载米勒循环技术车型概况

（来源：根据“乘用车燃料消耗量数据管理系统”、CATARC 汽车配置数据统计）

生产企业	车型名称	排量	扭矩（N·m）	额定功率（kW）	发动机压缩比	产量（含进口量）（万辆）	产量（含进口量）/ 企业总量	油耗（L/100km）
北京现代	索纳塔九混动	2.0L	189	115	13.5	0.21	0.26%	4.8
东风悦达起亚	起亚 K5 混动	2.0L	189	115	13.5	0.42	1.19%	4.8
丰田中国	雷克萨斯 CT	1.8L	142	73	—	0.71	4.95%	4.6
	雷克萨斯 ES 混动	2.5L	213	118	—	2.01	13.92%	5.4
	雷克萨斯 GS	2.0T	350	180	—	0.15	1.01%	7.3/7.6
	雷克萨斯 GS 混动	2.5L 3.5L	221 352	133 215	—	0.09	0.59%	5.6 6.7
	雷克萨斯 IS	2.0T	350	180	—	0.29	2.00%	7.3
	雷克萨斯 LC 混动	3.5L	350	220	—	0.0006	0.00%	6.9
	雷克萨斯 LS 混动	3.5L 5.0L	350 520	220 290	—	0.02	0.13%	6.7/6.8 10
	雷克萨斯 NX	2.0T	350	175	—	0.92	6.37%	7.6/8.4
	雷克萨斯 NX 混动	2.5L	210	114	—	0.31	2.15%	5.8/6.1
	雷克萨斯 RC	2.0T	350	180	—	0.03	0.21%	7.5
	雷克萨斯 RX	2.0T	350	175	—	2.58	17.91%	8.6/9
	雷克萨斯 RX 混动	3.5L	335	193	—	0.42	2.92%	6.7

（续表）

生产企业	车型名称	排量	扭矩（N·m）	额定功率（kW）	发动机压缩比	产量（含进口量）（万辆）	产量（含进口量）/企业总量	油耗（L/100km）
广汽本田	雅阁	2.0L 2.4L	190 243	114 137	10.6 11.1	13.91	19.55%	7
	雅阁混动	2.0L	175	107	13	1.6	2.25%	4.2/4.4
广汽丰田	汉兰达	2.0T 3.5L	350 337	162 201	10 10.8	10.11	23.03%	8.2/8.3/8.6/8.7 10.3/10.4
	凯美瑞	2.0L 2.5L	199 250	123 154	12.7 13	5.98	13.63%	6.4/6.6/6.7 6
	凯美瑞混动	2.5L	213 221	118 131	12.5 14	0.39	0.88%	5.3 4.1
	雷凌	1.2T 1.8L	185 173	85 103	10	13.14	29.93%	5.4/5.6/5.7/5.8 5.9
	雷凌混动	1.8L	142	73	13	4.10	9.34%	4.2
广汽三菱	祺智（插电式）	1.5L	120	71	13	0.05	0.37%	1.8
广汽乘用车	传祺 GA3S 插电式					0.09	0.17%	1.7
	传祺 GS4 插电式					0.22	0.44%	1.8
上汽乘用车	名爵 ZS	1.5L	150	88	11.5	6.91	13.20%	6.1/6.3
四川一汽丰田	普拉多	3.5L	365	206	11.8	1.8	9.72%	11/11.4/ 11.8
天津一汽丰田	皇冠	2.0T	350	173	10	2.88	5.57%	7.1/7.4
	卡罗拉	1.2T	185	85	10	22.44	43.43%	5.4/5.6/ 5.7/6.8
	卡罗拉双擎	1.8L	142	73	13	6.04	11.70%	4.2
现代中国	极睿混动	1.6L	147	77.2	—	0.16	53.54%	4.2/4.9
一汽大众	奥迪 A3	2.0T	320	140	11.65	0.24	0.12%	6.1/6.2
	奥迪 A4L					10.45	5.27%	5.9
长安马自达	马自达 3 昂克赛拉	1.5L 2.0L	148 202	86 116	13	14.09	73.30%	5.8/5.9 6/6.2
	马自达 CX-5	2.0L 2.5L	200 252	114 144	13	2.94	15.30%	6.6/7/7.4 7.5/7.7
一汽集团公司	马自达 6 阿特兹	2.0L 2.5L	202 252	116 141	13	5.20	22.15%	6.3/6.4 6.9/7
	马自达 CX-4	2.0L 2.5L	202 252	116 141	13	7.23	30.79%	6.3/6.4 7.2/7.3

7.4.3 重点米勒循环发动机介绍

上汽 NSE 1.5L、广汽 1.5ATK 及丰田 2.5L Dynamic Force 混合动力发动机是 2017 年新增的 3 款米勒循环发动机，前两款是自主品牌首批推出的米勒循环发动机，后一款则代表了日系品牌成熟、先进的米勒循环技术。上汽 NSE 1.5L 是自主品牌首款量产的米勒循环发动机，其进排气相位分别可实现 70 度、60 度无级调节，采用一系列低滑摩设计，以及配备特殊凹陷与镜面处理的活塞，压缩比为 11.5:1，较上一代 1.5L 发动机功率提升 8 kW，扭矩提升 15 N·m，燃油经济性大幅升高。广汽 1.5ATK 米勒循环发动机采用 GCCS 燃烧控制技术、中间锁止 VVT，油耗可降低 15%，压缩比高达 13:1，率先搭载于传祺 GS4 插电式、传祺 GA3S 插电式两款 PHEV 车型。丰田 2.5L Dynamic Force 米勒循环混合动力发动机采用 D-4S 双喷射系统、可变排量油泵、VVT-iE 等多种技术，热效率全球领先，高达 41%，具体见表 7-4 所列。

表 7-4 3 款米勒循环发动机技术参数

（来源：根据“乘用车燃料消耗量数据管理系统”、CATARC 汽车配置数据统计）

发动机型号	技术参数		米勒循环发动机
上汽 NSE 1.5L	排量（mL）	1 498	
	进气形式	自然吸气	
	供油方式	多点电喷	
	最大功率 (kW/r·min^{-1})	88/6 000	
	最大扭矩 (N·m/r·min^{-1})	150/4 500	
	缸盖材料	铝	
	缸体材料	铝	
	压缩比	11.5:1	
	缸径 (mm)	75	
	行程 (mm)	84.8	
广汽 1.5ATK	排量（mL）	1 495	
	进气形式	自然吸气	
	供油方式	多点电喷	
	最大功率 (kW/r·min^{-1})	71/5 500	
	最大扭矩 (N·m/r·min^{-1})	120/4 500	
	缸盖材料	铝	
	缸体材料	铝	
	压缩比	13:1	
	缸径 (mm)	75	
	行程 (mm)	84.6	
丰田 2.5L Dynamic Force	排量（mL）	2 487	
	进气形式	自然吸气	
	供油方式	混合喷射	
	最大功率 (kW/r·min^{-1})	131/5 700	
	最大扭矩 (N·m/r·min^{-1})	221/3 600~5 200	
	缸盖材料	铝	
	缸体材料	铝	
	压缩比	14:1	
	缸径 (mm)	87.5	
	行程 (mm)	103.4	

7.5 先进变速器技术

先进变速器搭载率接近 50%，新增 10 速 AT 车型。

说明：本小节分析仅针对传统能源乘用车进行。

目前，国内乘用车主要搭载以下 4 种变速器：MT、AT、DCT 及 CVT。其中 MT、AT 变速器多档化趋势明显，DCT 和 CVT 性能不断提升并扩大搭载。先进变速器通常指 6 速及以上 MT、7 速及以上 AT、CVT 和 DCT。搭载先进变速器对乘用车节能影响重大，同时也将对整车性能、绿色环保产生积极影响。

7.5.1 先进变速器技术发展情况

从行业整体情况来看，手动变速器 MT 搭载率继续下滑，2017 年仅为 30.30%，而自动变速器（包括 AMT、AT、CVT、DCT）的搭载率进一步升高，2017 年接近 70%。在自动变速器中，CVT 和 DCT 变速器搭载率增长明显，分别升高至 16.86% 和 16.89%，AT 变速器搭载率较 2016 年上升约 0.50%，达 35.03%，AMT 变速器搭载率为 0.90%。

从企业类型来看，自主企业乘用车 DCT 变速器搭载率涨幅最大，2017 年上升约 9%，至 16.19%，接近行业平均水平；相较于 CVT 变速器，AT 变速器搭载率增长更快。合资企业 AT 变速器搭载率略有下滑，仍高于行业平均水平，CVT 和 DCT 变速器应用也处于领先地位。进口企业 AT 变速器搭载率回落，2017 年达 74.54%，CVT 变速器搭载率自 2014 年起持续下滑，仅为 8.80%，具体如图 7-14 所示。

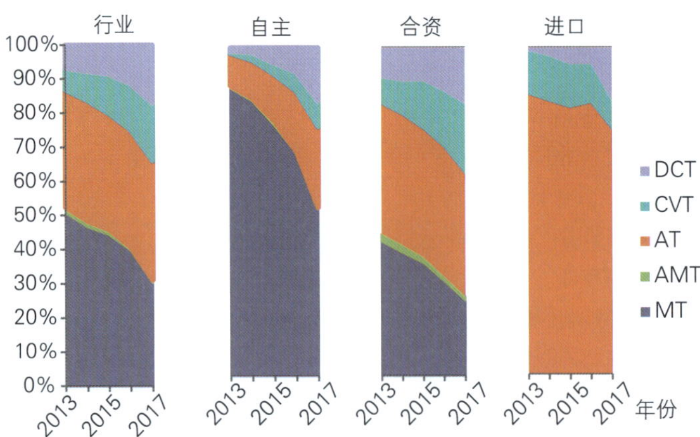

注：自主、合资、进口以企业性质进行划分。

（来源：根据“乘用车燃料消耗量数据管理系统”统计）

图 7-14　行业与分企业类型变速器技术搭载趋势

先进变速器搭载率保持上升态势，2017 年达 49.69%，较 2016 年升高约 10%。多档 AT 变速器中，8 速 AT、9 速 AT 变速器搭载量升高，首次出现搭载 10 速 AT 变速器的车型——雷克萨斯 LS、林肯领航员，而 7 速 AT 车型产量（含进口量）降幅超过 60%，其主要原因是北京奔驰、奔驰中国应用 9 速 AT 变速器来替换 7 速 AT 变速器。2017 年，DCT 变速器搭载量达 406 万辆，反超 CVT 变速器成为搭载规模最大的先进变速器，具体如图 7-15 所示。

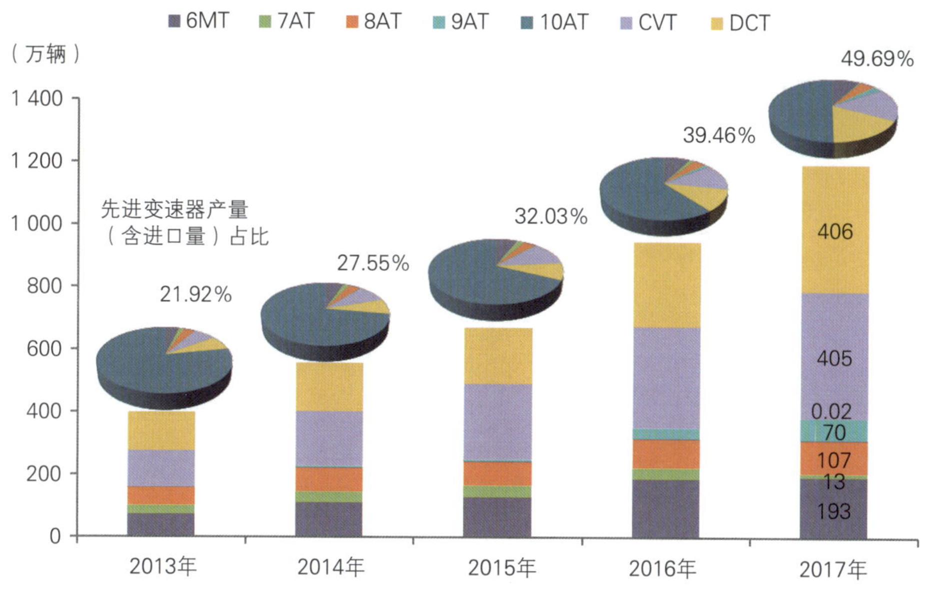

（来源：根据“乘用车燃料消耗量数据管理系统”统计）

图 7-15　先进变速器技术搭载趋势

从车型来看，轿车与 SUV 搭载的先进变速器形式多样，其中轿车 CVT 变速器搭载率最高，其次为 DCT 变速器，同时 8 速 AT、9 速 AT 变速器搭载率明显提升，而 SUV 车型 DCT 变速器应用最多，CVT 变速器紧随其后，同时由于自主品牌占比较高，其 6 速 MT 变速器搭载率虽然出现小幅下滑，但仍高于其他车型。在 MPV 车型方面，DCT 变速器、CVT 变速器应用加速，并出现了 8 速 AT 车型轩朗、9 速 AT 车型大捷龙。交叉型乘用车搭载的先进变速器仅有 6 速 MT 变速器，占比为 6.19%，具体如图 7-16 所示。

从国产车型系别来看，日系乘用车先进变速器搭载率最高，2017 年为 78.55%，其中 CVT 变速器搭载率为 74.31%。欧系乘用车先进变速器搭载率仅次于日系车，2017 年为 54.00%，其中 DCT 变速器占据绝对主导地位，9 速 AT 变速器搭载率明显上升，而 CVT 变速器、7 速 AT 变速器应用减少。韩系和自主企业先进变速器以 6 速 MT 变速器、DCT 变速器为主，后者 CVT 变速器搭载率稳步增长；而美系乘用车则主要搭载 DCT 变速器，8 速 AT、9 速 AT 变速器应用处于起步阶段，先进变速器搭载率最低，具体如图 7-17 所示。

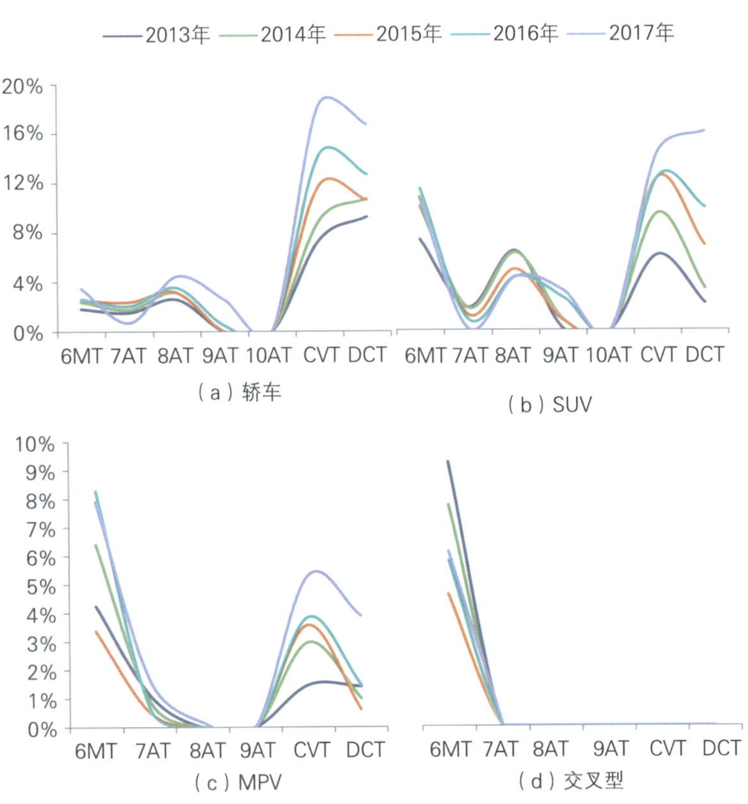

（来源：根据“乘用车燃料消耗量数据管理系统”统计）

图 7-16　分车型先进变速器技术搭载趋势

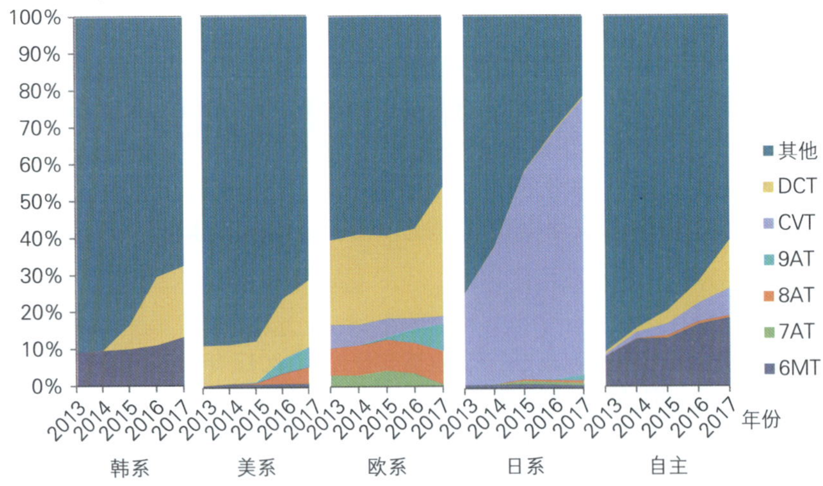

注：韩系、美系、欧系、日系、自主按车型品牌划分。

（来源：根据“乘用车燃料消耗量数据管理系统”统计）

图 7-17　国产车分系别先进变速器技术搭载趋势

7.5.2 9AT、CVT 和 DCT 应用企业及车型概况

2017 年，新增上汽通用、东风本田、上汽通用东岳、克莱斯勒中国 4 家企业搭载 9 速 AT 变速器，整体企业数量达 10 家，其中合资企业 7 家，进口企业 3 家，自主企业尚未应用 9 速 AT 变速器。9 速 AT 车型数量增长近一倍，达 31 款，其中 2017 年新增 15 款车型，包括 7 款 SUV、7 款轿车以及 1 款 MPV。北京奔驰 9 速 AT 车型规模最大，占比最高，奔驰 C 级、奔驰 E 级、奔驰 GLC 级 3 款车型 9 速 AT 变速器搭载量 2017 年均超过 11 万辆，累计产量占比高达 79.29%，具体见表 7-5 所列。

表 7-5　2017 年搭载 9 速 AT 变速器企业及车型概况

（来源：根据“乘用车燃料消耗量数据管理系统”统计）

注：* 表示 2017 年首次搭载 9 速 AT 车型。

企业名称	车型名称	车型	产量（含进口量）（万辆）	产量（含进口量）/ 企业总量
北京奔驰	奔驰 C 级 *	轿车	11.59	26.82%
	奔驰 E 级	轿车	11.23	25.98%
	奔驰 GLC 级	SUV	11.45	26.49%
广汽菲克	自由侠	SUV	0.19	0.89%
	指南者 *	SUV	0.77	3.67%
	Jeep 自由光	SUV	7.84	37.18%
奔驰中国	奔驰 GLE 级	SUV	3.26	18.27%
	奔驰 GLC 级	SUV	1.01	5.66%
	奔驰 S 级 *	轿车	0.87	4.90%
	奔驰 GLS 级	SUV	0.86	4.80%
	奔驰 C 级	轿车	0.54	3.05%
	奔驰 E 级 *	轿车	0.35	1.98%
	迈巴赫 S 级	轿车	0.32	1.80%
	奔驰 GLE 级 AMG*	SUV	0.22	1.21%
	奔驰 GLC 级 AMG*	SUV	0.14	0.80%
	奔驰 CLS 级	轿车	0.11	0.59%
	奔驰 SLC 级	轿车	0.02	0.12%
	奔驰 E 级 AMG*	轿车	0.02	0.10%
	奔驰 C 级 AMG*	轿车	0.02	0.09%
	奔驰 SL 级	轿车	0.01	0.03%
奇瑞捷豹路虎	揽胜极光	SUV	1.80	21.54%
	发现神行	SUV	4.36	52.00%
上汽通用	君威 *	轿车	3.84	3.13%
	探界者 *	SUV	1.20	0.97%
	君越 *	轿车	0.68	0.56%
	凯迪拉克 XT5 混动 *	SUV	0.24	0.19%
东风本田	本田 UR-V*	SUV	3.28	4.60%
广汽本田	冠道	SUV	2.99	4.22%
上汽通用东岳	昂科威 *	SUV	1.05	3.24%
捷豹路虎	揽胜极光	SUV	0.08	1.23%
克莱斯勒中国	大捷龙 *	MPV	0.03	3.13%

2017 年，CVT 车型产量（含进口量）排名前 20 的企业中，日系合资企业占据第一位至第七位，东风日产以 104.97 万辆排名第一，旗下所有车型均搭载 CVT 变速器，轩逸、奇骏、逍客、天籁 4 款车型 CVT 变速器搭载量超过 10 万辆。浙江吉利 CVT 车型产量达 9.32 万辆，超过奇瑞汽车成为自主企业 CVT 变速器搭载量最大企业，代表车型有新帝豪、远景 S1 等。进口企业仅丰田中国、斯巴鲁中国两家企业 CVT 变速器搭载量入围前 20，具体见表 7-6 所列。

表 7-6　2017 年 CVT 车型产量（含进口量）排名前 20 企业概况

（来源：根据“乘用车燃料消耗量数据管理系统”统计）

企业名称	代表车型	产量（含进口量）（万辆）	产量（含进口量）/ 企业总量
东风日产	轩逸、奇骏、逍客、天籁	104.97	81.55%
广汽本田	缤智、雅阁、飞度	64.29	90.56%
东风本田	思威、思域、炫威	62.79	88.04%
天津一汽丰田	卡罗拉、威驰	42.98	83.19%
广汽丰田	雷凌、致炫	26.19	59.66%
四川一汽丰田	丰田 RAV4	11.21	60.35%
广汽三菱	欧蓝德、劲炫	10.67	87.77%
浙江吉利	新帝豪、远景 S1	9.32	26.16%
东风小康	东风风光 580、风光 S560	8.58	29.76%
奇瑞汽车	艾瑞泽 5、瑞虎 3、瑞虎 7	7.52	25.75%
东风雷诺	科雷嘉	7.42	99.63%
东风柳汽	景逸 X5、景逸 X6	5.79	27.47%
浙江豪情	远景 SUV	5.17	5.88%
安徽猎豹	猎豹 CS10、猎豹 CS9	5.03	39.92%
丰田中国	雷克萨斯 NX、雷克萨斯 CT	4.97	34.47%
一汽大众	奥迪 A6L	4.14	2.09%
东南汽车工业	东南 DX3、翼神	3.72	23.57%
海马汽车	海马 S5、海马 S3	3.10	35.22%
斯巴鲁中国	森林人、斯巴鲁 XV、傲虎	2.68	96.02%
湖南江南	众泰 SR7、众泰大迈 X5	1.95	9.01%

2017 年，DCT 车型产量（含进口量）排名前 20 的企业中，一汽大众以 95.34 万辆排名第一，除了奥迪 Q5 之外旗下所有车型均已搭载 DCT 变速器，DCT 车型年产量占企业总产量的 48.05%。奇瑞汽车、上汽通用五菱 2017 年首次搭载 DCT 变速器，前者搭载于瑞虎 7、瑞虎 5X 两款 SUV 车型，后者应用于 MPV 车型宝骏 730 及 SUV 车型宝骏 560。长城汽车 2017 年 DCT 车型产量为 40.46 万辆，位居自主企业 DCT 车型产量之首，哈弗 H6、哈弗 H2S、魏派 VV7 等车型均搭载。在进口企业方面，保时捷中国 DCT 变速器搭载率保持在 65% 以上，同时新增奔驰中国、大众中国两家企业 DCT 车型搭载量入

围前 20，具体见表 7-7 所列。

表 7-7 2017 年搭载 DCT 车型产量（含进口量）排名前 20 企业概况
（来源：根据“乘用车燃料消耗量数据管理系统”统计）

企业名称	代表车型	产量（含进口量）（万辆）	产量（含进口量）/ 企业总量
一汽大众	迈腾、速腾、奥迪 A4L	95.34	48.05%
上汽大众	途观 L、帕萨特、凌渡	89.78	43.75%
长城汽车	哈弗 H6、哈弗 H2S、魏派 VV7	40.46	45.72%
上汽乘用车	荣威 RX5、荣威 i6	23.85	48.59%
北京现代	全新途胜、名图	20.13	25.20%
浙江豪情	帝豪 GS、帝豪 GL	16.30	18.56%
上汽通用东岳	昂科威	13.49	41.52%
上汽通用	君越、英朗 GT	13.43	10.94%
广汽菲克	指南者、自由侠	12.10	57.40%
长安福特	福克斯、翼搏	11.09	13.49%
湖南江南	众泰 T700、众泰 SR9	8.38	38.75%
广汽乘用车	传祺 GS4、传祺 GA6	7.69	15.30%
北京奔驰	奔驰 GLA 级	7.23	16.73%
保时捷中国	迈凯、帕纳美拉、凯门	4.60	67.63%
奔驰中国	奔驰 B 级、Smart fortwo	4.17	23.39%
大众中国	夏朗、甲壳虫、Tiguan	4.05	68.97%
奇瑞汽车	瑞虎 7、瑞虎 5X	3.71	12.70%
上汽通用北盛	威朗、科鲁兹	3.58	10.48%
安徽猎豹	猎豹 CS10	3.07	24.38%
上汽通用五菱	宝骏 560、宝骏 730	2.92	1.58%

7.6 怠速启停技术

MPV 怠速启停车型初具规模，应用比例突破 17%。

说明：本小节分析仅针对传统能源乘用车进行。

怠速启停技术通过装配具有怠速启停功能的加强电机来实现。搭载怠速启停技术的车辆在满足怠速启停条件时，发动机完全熄火不工作；当汽车需要再次启动时，起停电机快速启动发动机。使用怠速启停技术在综合工况下节油效果约 5%，而在拥堵路段节油效果最高可达 10% 以上。

从行业整体情况来看，怠速启停技术应用稳步增长，传统能源乘用车中搭载怠速启停技术的车型产量（含进口量）2017 年为 917.25 万辆，同比增长 59.09%，搭载率增长约 15%，至 38.17%。

从企业类型来看，合资企业怠速启停车型规模最大，2017 年达 694.06 万辆，搭载率快速上升至 43.50%。进口企业怠速启停技术搭载率最高，2017 年为 78.97%，增速出现回落，较 2016 年增长约 3%。自主企业加快怠速启停技术应用，长城汽车、重庆长安等企业扩大怠速启停技术搭载，怠速启停车型产量达到 144.92 万辆，同比增长 112.40%，但搭载率仍落后于行业平均水平，仅为 20.45%，具体如图 7-18 所示。

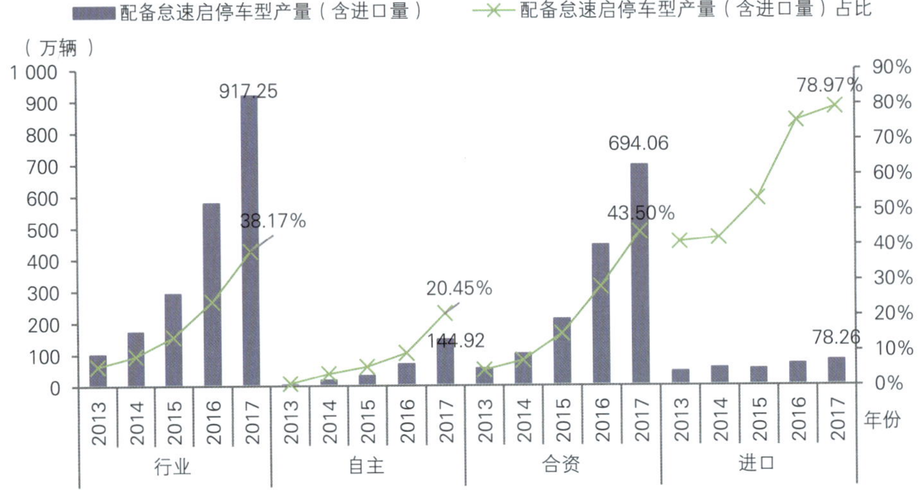

注：自主、合资、进口以企业性质进行划分。

（来源：根据 CATARC 汽车配置数据统计）

图 7-18　行业与分企业类型怠速启停技术搭载趋势

从车型来看，轿车和 SUV 是搭载怠速启停技术的主力车型。SUV 车型怠速启停搭载率最高，2017 年达 42.53%。轿车怠速启停技术搭载规模最大，2017 年产量（含进口量）达 453.25 万辆，同比增长 49.60%，搭载率增长约 14%，至 39.13%。在 MPV 车型方面，2017 年别克 GL6、欧尚 A800 和凌轩等全新车型均搭载怠速启停技术，促使怠速启停 MPV 车型产量（含进口量）超过 30 万辆，搭载率升高至 17.56%。交叉型乘用车目前还未推出怠速启停车型，具体如图 7-19 所示。

从国产车型系别来看，美系、欧系和日系乘用车怠速启停技术搭载率较高，呈高速增长态势，而韩系、自主乘用车搭载率偏低。美系怠速启停技术搭载率最高，上汽通用、上汽通用北盛、广汽菲克等企业应用比例在 80% 以上，2017 年怠速启停车型产量为 210.99 万辆，占比为 71.10%。欧系怠速启停车型产量最大，2017 年达 292.77 万辆，搭载率仅次于美系。日系乘用车方面，天津一汽丰田、广汽丰田、四川一汽丰田 3 家企业怠速启停技术搭载率较 2016 年增长超过 33%，威驰 FS、致享、普拉多首次搭载。

在自主乘用车方面，2017 年新增怠速启停车型 20 余款，如哈弗 M6、长安 CS55、猎豹 CS9 等，怠速启停车型产量达 133.23 万辆，搭载率上升约 8%，至 14.56%。2017 年，韩系怠速启停车型产量为 8.78 万辆，同比大涨 644.07%，同时传统能源车整体规模收缩，怠速启停技术搭载率明显升高，具体如图 7-20 所示。

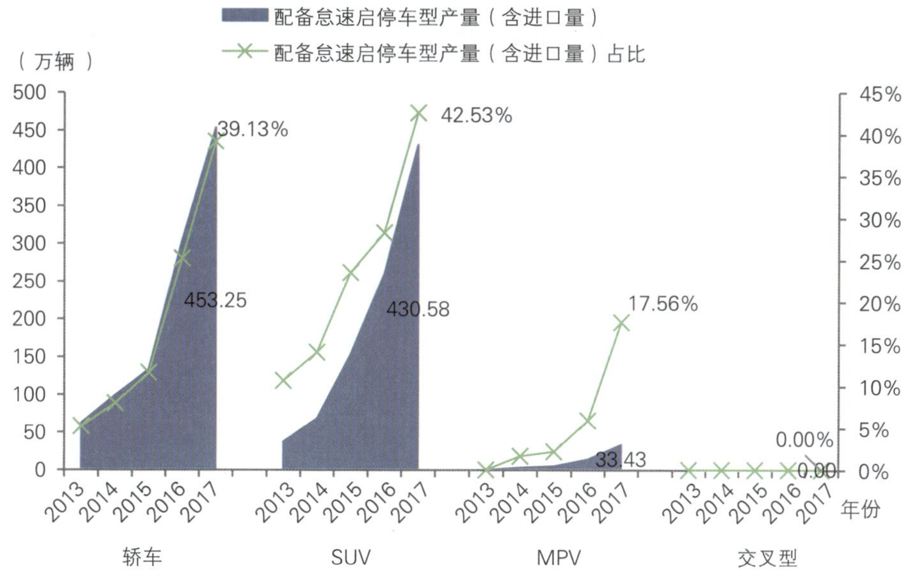

（来源：根据 CATARC 汽车配置数据统计）

图 7-19　分车型怠速启停技术搭载趋势

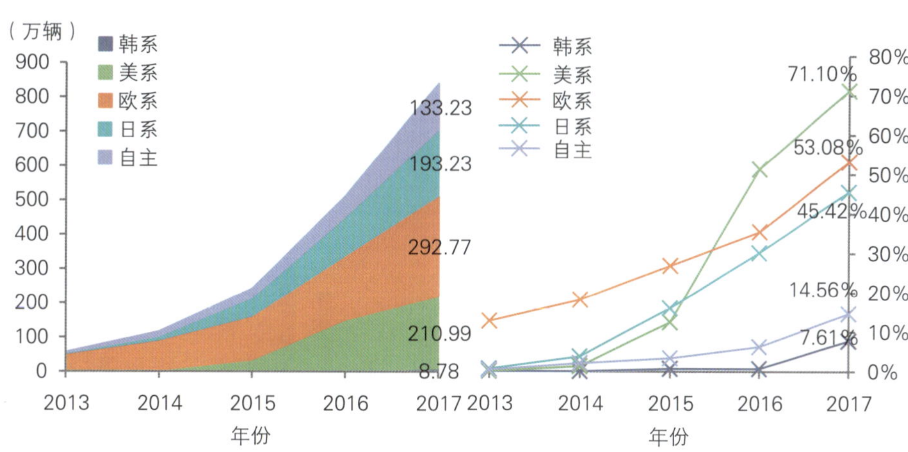

注：韩系、美系、欧系、日系、自主按车型品牌划分。

（来源：根据 CATARC 汽车配置数据统计）

图 7-20　国产车分系别怠速启停技术搭载趋势

7.7 混合动力技术

自主品牌首推混合动力车型，韩系、美系乘用车应用加快。

说明：本小节混合动力技术特指系统电压为 200~600 V，且不带外接充电接口的中混、强混系统。

混合动力汽车（HEV）同时采用内燃机与电机进行混合驱动，无须外接充电，能在一定程度上提升内燃机的工作效率，与仅靠内燃机驱动的乘用车相比，其燃油经济性大幅领先。混合动力技术节油效果显著，发展该项技术已经成为未来企业 CAFC 合规的重要手段。

7.7.1 混合动力技术发展情况

从行业整体情况来看，2017 年混合动力汽车产量（含进口量）达 18.71 万辆，同比增长 61.71%，占乘用车总量的比例不足 1%。

从企业类型来看，合资企业混合动力车型投入最大，2017 年产量达 14.30 万辆，占行业混合动力车型总量的 76.43%；进口企业混合动力车型进口量自 2015 年开始保持稳定增长，2017 年进口量占比高达 4.31%；自主企业在 2014 年之后首次推出常规混合动力量产车型帝豪混动，2017 年产量仅为 311 辆，具体如图 7-21 所示。

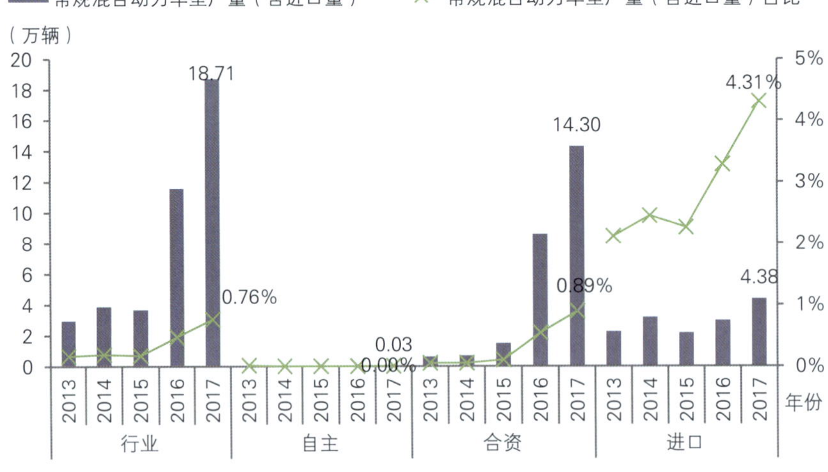

注：自主、合资、进口以企业性质进行划分。

（来源：根据“乘用车燃料消耗量数据管理系统”统计）

图 7-21　行业与分企业类型混合动力技术搭载趋势

从车型来看，目前仅有轿车和SUV搭载了混合动力技术，MPV和交叉型乘用车尚未应用。2017年，混合动力轿车产量（含进口量）为16.28万辆，占混合动力车型总量的87.01%；混合动力SUV产量（含进口量）为2.43万辆，产量（含进口量）占比回升至0.24%，与轿车相比差距较大，具体如图7-22所示。

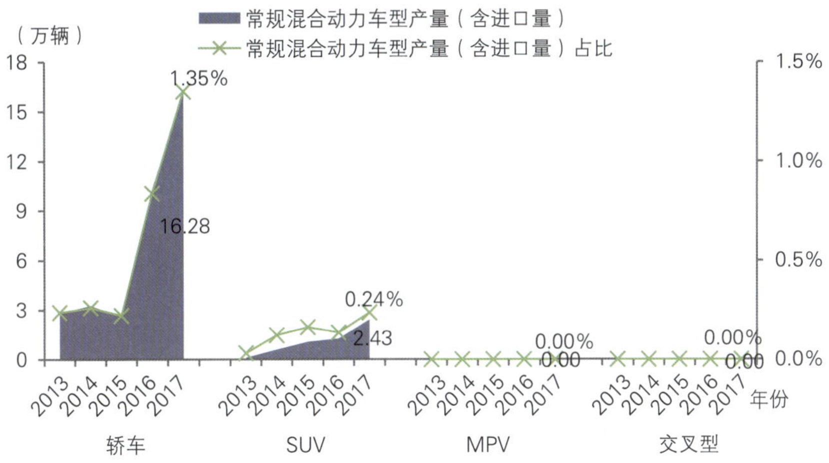

（来源：根据"乘用车燃料消耗量数据管理系统"统计）

图 7-22　分车型混合动力技术搭载趋势

从国产车型系别来看，日系混合动力技术发展较为成熟，车型规模较大，2017年产量达13.10万辆，产量占比为3.08%。韩系、美系企业混合动力技术应用加快，前者混合动力车型产量及产量占比均有明显提升，后者车型数量增加，新增君威混动、凯迪拉克XT5混动。在自主乘用车方面，仅有帝豪混动一款车型。欧系乘用车尚未推出国产混合动力车型，具体如图7-23所示。

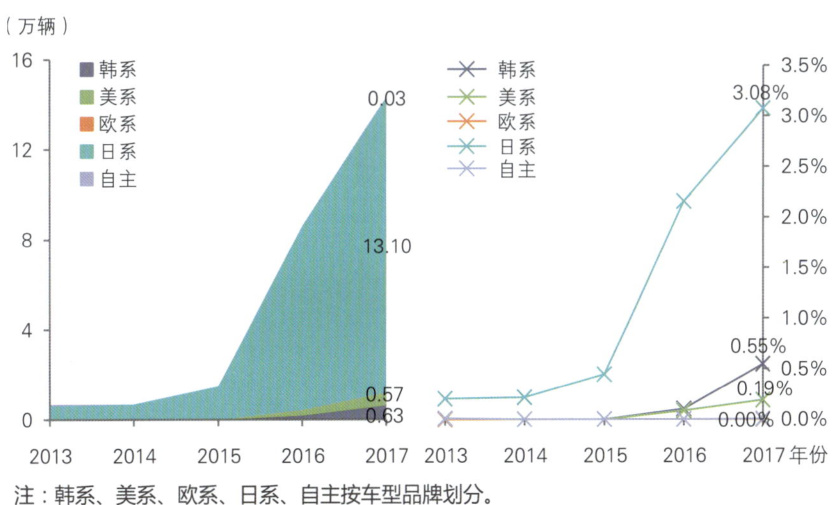

注：韩系、美系、欧系、日系、自主按车型品牌划分。

（来源：根据"乘用车燃料消耗量数据管理系统"统计）

图 7-23　国产车分系别混合动力技术搭载趋势

7.7.2 混合动力技术应用企业及车型概况

2017 年，混合动力车型数量增加至 30 款，其中国产车型和进口车型各有 15 款。在国产车方面，2017 年新增思威混动、思铂睿混动、凯迪拉克 XT5 混动、君威混动 4 款车型。在进口车方面，2017 年新增讴歌 MDX、林肯 MKZ 混动、雷克萨斯 LC 混动 3 款混合动力车型，具体见表 7-8 所列。

表 7-8 2017 年混合动力技术应用企业及车型概况

（来源：根据“乘用车燃料消耗量数据管理系统”统计）

注：* 表示 2017 年新增混合动力车型。

生产企业	车型名称	系别	变速器	排量	油耗（L/100km）
北京现代	索纳塔九混动	韩系	6AT	2.0L	4.8
东风本田	思威混动 *	日系	CVT	2.0L	4.8
	思铂睿混动 *				4.2
东风日产	楼兰混动	日系	CVT	2.5T	8.2
东风悦达起亚	起亚 K5 混动	韩系	6AT	2.0L	4.8
广汽本田	雅阁混动	日系	CVT	2.0L	4.2/4.4
	讴歌 MDX*（进口）		DCT	3.0L	7.9
	讴歌 NSX（进口）		DCT	3.5L	9.6
广汽丰田	雷凌混动	日系	CVT	1.8L	4.2
	凯美瑞混动			2.5L	4.1/5.3
上汽通用	凯迪拉克 XT5 混动 *	美系	9AT	2.0L	7.9
	君越混动		CVT	1.8L	4.7
	君威混动 *				4.3
	迈锐宝 XL 混动				4.3
天津一汽丰田	卡罗拉双擎	日系	CVT	1.8L	4.2
长安福特	新蒙迪欧混动	美系	CVT	2.0L	4.2
浙江吉利	帝豪混动	自主	CVT	1.8L	4.9
法拉利	LaFerrari	欧系	DCT	6.3L	14.6
丰田中国	雷克萨斯 ES 混动	日系	CVT	2.5L	5.4
	雷克萨斯 CT			1.8L	4.6
	雷克萨斯 RX 混动			3.5L	6.7
	雷克萨斯 NX 混动			2.5L	5.8/6.1
	雷克萨斯 GS 混动			2.5L	5.6
				3.5L	6.7
	雷克萨斯 LS 混动			3.5L	6.7/6.8
				5.0L	10
	雷克萨斯 LC 混动 *			3.5L	6.9
福特中国	林肯 MKZ 混动 *	美系	CVT	2.0L	4.1/4.5
日产中国	英菲尼迪 QX60 混动	日系	CVT	2.5L	7.9/8.3
	英菲尼迪 Q70 混动		7AT	3.5L	7.3
	英菲尼迪 Q50 混动				7.2
现代中国	极睿混动	韩系	DCT	1.6L	4.2/4.9

（1）思威混动版

由东风本田生产的思威混动版于2017年7月上市，到2017年年底产量为0.50万辆。在动力方面，思威混动版采用本田SPORT HYBRID（锐·混动）系统，由一款2.0L阿特金森循环发动机、两台驱动电机组成，匹配E-CVT变速器，综合工况百公里油耗为4.8 L。与1.5T汽油版相比，思威混动版动力输出更加强劲，起售价格提升约5万元，油耗降幅超过20%。

（2）凯迪拉克XT5混动版

由上汽通用生产的凯迪拉克XT5混动版于2017年8月上市，是凯迪拉克品牌在华国产的第一款常规混合动力车型。凯迪拉克XT5混动版，由2.0T缸内直喷发动机、电动机、电池组成，匹配通用旗下最新的9速AT变速器，具有怠速启停、动力辅助、能量回收等功能，综合工况百公里油耗为7.9 L。

相较而言，凯迪拉克XT5混动版采用90 V轻混系统，仅启停和驱动使用90 V供电，车内电器依然采用12 V供电，而奥迪A8的48 V轻混系统已实现车内电器全部采用48 V供电，因此空调等部件均可由电机驱动，响应提速。

（3）林肯MKZ混动版

在2017年上海车展上，福特汽车首款进口混动车型——林肯MKZ混动版正式上市。在动力方面，林肯MKZ混动版搭载2.0L Hybrid高效混动发动机，集发动机及节能电动机于一体，其中2.0L发动机采用阿特金森循环技术，匹配E-CVT变速器及先进的再生制动系统，综合工况百公里油耗为4.1 L/4.5 L。混动版林肯MKZ车型与2.0T汽油版相比，售价约高出2万元，油耗降幅超过40%，具体见表7-9所列。

表7-9　2017年3款新增混合动力车型技术参数

（来源：根据“乘用车燃料消耗量数据管理系统”、CATARC汽车配置数据统计）

	思威	凯迪拉克XT5混动	林肯MKZ混动
企业名称	东风本田	上汽通用	福特中国
混动系统名称	i-MMD	—	—
排量（L）	2.0	2.0	2.0
进气方式	自然吸气	涡轮增压	自然吸气
供油方式	多点电喷	缸内直喷	多点电喷
是否采用阿特金森循环	是	否	是
变速器	E-CVT	9速AT	E-CVT
发动机功率(kW)	107	198	101
发动机扭矩(N·m)	175	400	173
电动机功率(kW)	135	6.6	88
电动机扭矩(N·m)	315	49	237
油耗(L/100km)	4.8	7.9	4.1/4.5

专题 8

新能源汽车关键零部件技术配套趋势

在产业发展的过程中，无论是传统的汽车企业，还是新进入企业，都积极响应，着力发展，为电动汽车产业注入了新的活力。另外，电动汽车的发展也为我国零部件企业带来了新的机遇。从过去汽车产业发展的情况看，汽车大量的核心技术都在零部件领域，零部件企业在技术上的一次次突破推动了汽车产品水平的提高。电动汽车的发展必须汲取燃油车发展的经验，决不能走技术空心化的道路，面对新的形势应该持续加大零部件创新和研发力度，零部件不仅必须与整车同步，而且必须有超前的准备。随着财政补贴政策的逐年退坡，合资、外资品牌的逐渐渗透，未来市场竞争将异常激烈，对自主企业提升核心竞争力形成较大挑战。我国能不能在未来有限的时间内把自主核心技术、自主品牌发展起来，在国际竞争中站住脚，将是我国新能源产业发展的关键。

8.1 动力电池

8.1.1 动力电池产业配套现状

动力电池市场发展迅速，国际竞争力显著提升。

新能源汽车的推广极大地带动了我国动力电池产业的发展，动力电池配套量呈指数增长，从 2012 年的 0.66 GWh 增长到 2017 年的 36.7 GWh，短短 5 年增长了将近 55 倍，如图 8-1 所示。

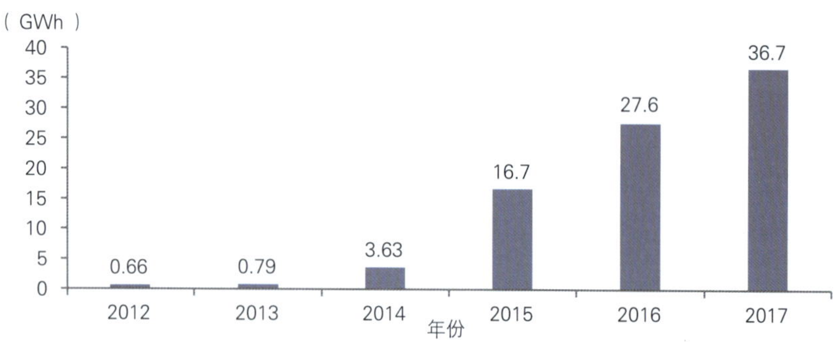

（来源：根据机动车整车出厂合格证统计）

图 8-1　2012—2017 年我国动力电池配套走势

2017 年动力电池仍以磷酸铁锂和三元材料为主要技术路线，采用磷酸铁锂正极材料的锂离子电池装配量占比为 49.90%，其中有 72.64% 装配于客车；三元材料锂离子电池装配量占比为 44.20%，其中有 64.71% 装配于乘用车；另外，采用锰酸锂正极材料的锂离子电池装配量占比为 4.17%，主要装配于客车及专用车，如图 8-2 所示。

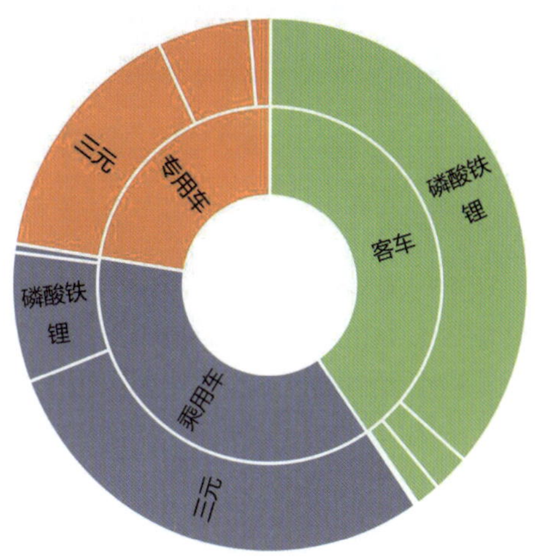

（来源：根据机动车整车出厂合格证统计）

图 8-2　不同车型不同正极材料配套电量占比

中国动力电池市场前景广阔，动力电池企业竞争力也愈加激烈。近年来，中国动力电池企业的市场竞争力不断提高，在国际市场中也占有相当的比重。据统计数据显示，2017 年全球动力电池企业销量中，排名第一的为中国宁德时代新能源科技有限公司，动力电池销量达 12 GWh。在销量排名前 10 中，中国企业占 7 席。

8.1.2　动力电池技术发展水平现状

> 动力电池能量密度不断提高，三元电池优势明显。

因车型不同，动力电池整体技术水平差距较大，采用三元正极材料的电池中，能量密度最高可达 150 Wh/kg，最低仅为 60 Wh/kg 左右。按材料类型看，采用三元正极材料动力电池系统的乘用车和专用车的能量密度在 110 Wh/kg 左右，明显高于同等车型的磷酸铁锂和锰酸锂电池系统；从搭载车型看，装配于客车的动力电池以磷酸铁锂和锰酸锂为主，且其能量密度要比配有相同材料的乘用车和专用车高 10~20 Wh/kg。具体如图 8-3 所示。

PHEV 对动力电池输出功率要求较高，在动力电池设计生产过程中，为了降低电池内阻，不得不减少活性物质的涂覆，这就导致动力电池能量密度的降低。PHEV 主要搭载于乘用车和客车两种车型。对于乘用车，三元材料电池系统平均能量密度可达 86.42 Wh/kg，高于磷酸铁锂电池乘用车 15 Wh/kg 左右；而装配客车的不同正极材料电池系统平均能量密度差别相对较小，基本保持在 75 Wh/kg 左右，但三元电池能量密度仍然要高于其他材料。具体如图 8-4 所示。

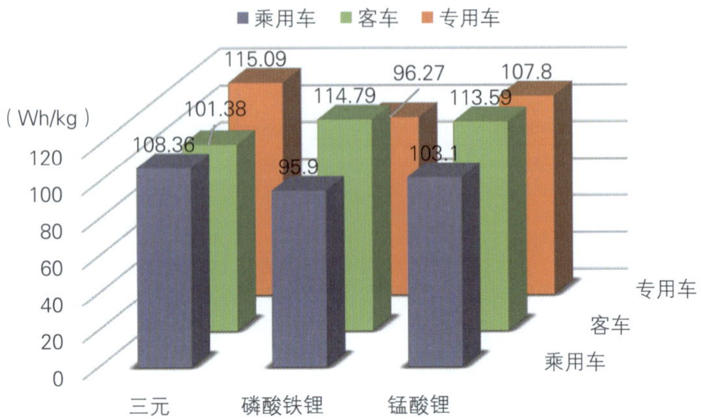

（来源：根据机动车整车出厂合格证统计）

图 8-3　不同材料不同类别 EV 平均能量密度

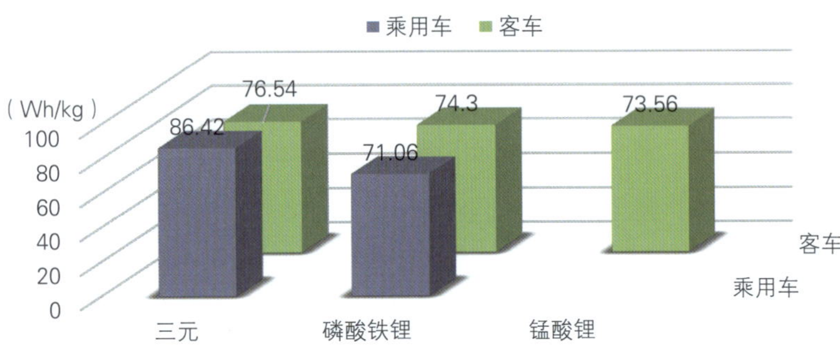

（来源：根据机动车整车出厂合格证统计）

图 8-4　不同材料不同类别 PHEV 平均能量密度

8.1.3　动力电池产业发展机遇与挑战

产业链整合加速，市场对产品的要求日益提高。

政策支持和市场前景为动力电池发展提供了良好的产业环境。动力电池企业的格局正在逐步形成，产业链深度合作趋势明显，以宁德时代、孚能科技等为代表的企业已发展为车企一级供应商，动力电池企业不仅供应总成及模块，还参与到车企的研发和设计，成为整车制造过程中参与度最高的供应商。随着产业进一步的深入发展，动力电池产能将逐步释放，市场对产品质量、性能的要求不断提高，部分研发生产水平落后、产品技术含量低的企业将面临淘汰。面临产业整合速度加快，各动力电池企业正积极提高管理和研发水平。以天能集团为例，一方面，天能通过优化内部管控，将成本控制在 8% 左右，大幅抵消原材料涨价带来的压力；另一方面，天能通过导入新材料、轻量化等方式，将电池比能量从 200 Wh/kg 提升至 260 Wh/kg，进而大幅提高产品质量。此外，宁德时代跻身国际市场，成为宝马等国际品牌车企供应商。

8.2 驱动电机

8.2.1 驱动电机市场配套情况

驱动电机市场由永磁同步电机主导，占较大市场份额。

随着中国新能源汽车市场规模的不断扩大，以及全球各国将发展新能源汽车提升到国家战略高度的大背景下，新能源汽车的下一步重点突破方向之一将是各项性能指标的提升，尤其是动力性能。而驱动电机是新能源汽车动力系统必不可少的核心部件，驱动电机市场将成为未来激烈竞争的重要领域。2017 年全年中国新能源汽车驱动电机的总装机量达 88.06 万台，电机供应商总数达 205 家，其中，车企约为 42 家，电机企业约为 163 家。

2017 年全年中国乘用车的驱动电机装机量最大，为 59.04 万台，其中纯电动车的驱动电机装机量占乘用车驱动电机总装机量的 82%，具体为 48.58 万台。其次为专用车，驱动电机总装机量为 18.19 万台，其中纯电动专用车的驱动电机装机量为 18.04 万台。最后为客车的驱动电机装机量，为 10.83 万台，其中纯电动车的驱动电机装机量为 9.21 万台。由此可知，从车辆技术类型角度（即纯电动、插电混和燃料电池车）而言，无论是乘用车，还是客车或专用车领域，纯电动车的驱动电机装机量最大，相比另外两种技术类型的车，占较大的份额，具体如图 8-5 所示。

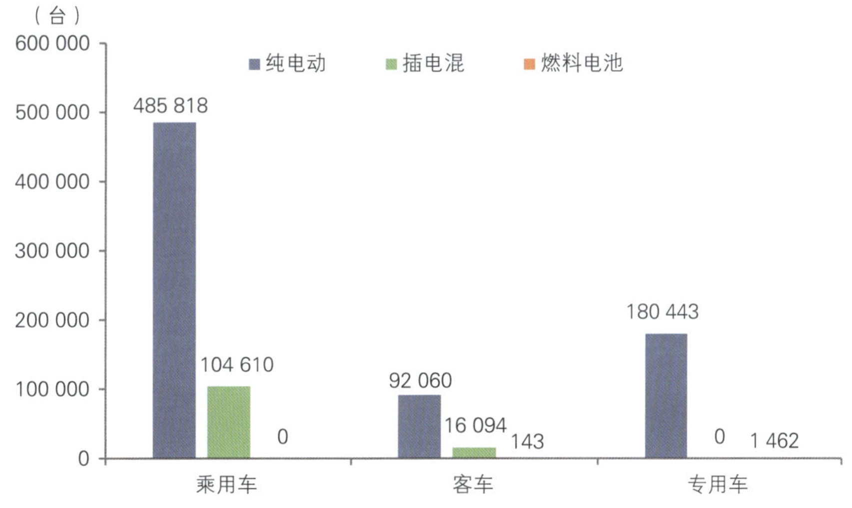

（来源：根据机动车整车出厂合格证统计）

图 8-5　2017 年驱动电机装机量

从驱动电机技术类型的角度进行分析，将驱动电机大致分为三大类：永磁同步电机、交流异步电机和其他类型电机。如图 8-6 所示，永磁同步电机 2017 年全年的装配量最大，在乘用车装备的驱动电机中，永磁同步电机装机量高达 43.25 万台，占乘用车所有类型驱动电机装机量的 73.3%。2017 年全年中国新能源汽车驱动电机装机量前 10 名企业见表 8-1 所列。

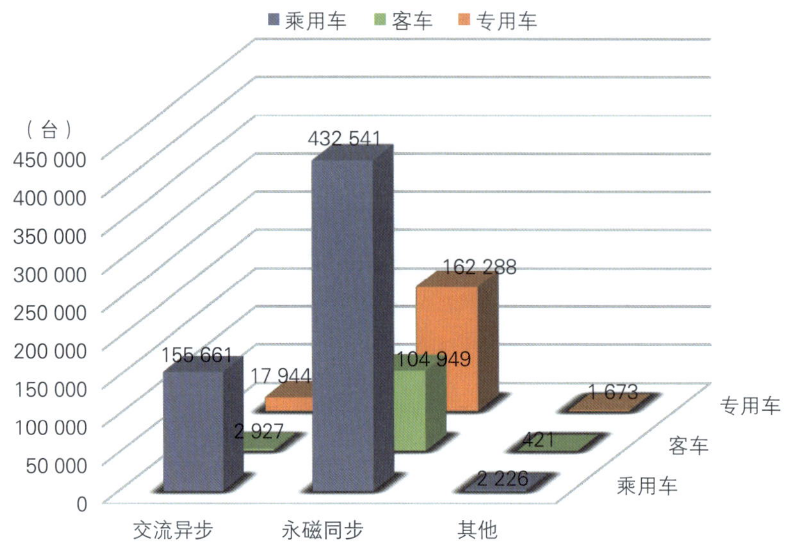

（来源：根据机动车整车出厂合格证统计）

图 8-6　2017 年驱动电机类别和数量

表 8-1　2017 年全年中国新能源汽车驱动电机装机量前 10 名企业

（来源：根据机动车整车出厂合格证统计）

序号	厂商	装机量（台）	主要配套车厂
1	比亚迪	106 289	比亚迪、北京华林
2	北汽新能源	102 664	北汽新能源、北汽股份、江西昌河
3	上海电驱动	42 886	吉利、御捷、荣成华泰、东南、重庆瑞驰、中通、奇瑞、一汽、万象、昆明客车
4	精进电动	42 421	吉利、东风、广乘、中通、长城、厦门金旅、苏州金龙、海马、河北红星
5	江铃集团	39 128	江铃控股、重庆长安
6	德洋电子	37 193	吉利、知豆、卡威
7	巨一自动化	35 451	奇瑞、江淮、云度、郑州日产、昆明客车
8	联合电子	32 484	上汽集团、陕西通家
9	宇通客车	25 653	郑州宇通、成都大运
10	浙江方正	22 894	上汽通用五菱、昌河、东风、山西成功、御捷、中兴、山东昊宇

对比 2016 年企业装机量排名，2017 年比亚迪、北汽新能源、上海电驱动仍然保持前三甲位置，我国新能源汽车驱动电机企业以东部沿海地区分布较为密集，基本覆盖了主流新能源汽车企业，值得注意的是，我国已有多家车企涉足了驱动电机领域，如比亚迪、北汽新能源、郑州宇通、江西江铃等，这些

企业主要为自身整车厂提供驱动电机配套。随着我国新能源汽车市场进入快速增长期，产业整合、国外企业加速抢占，车企及互联网企业等外来资本引入我国新能源汽车驱动电机市场现象越来越常见，可以遇见我国新能源汽车驱动电机市场竞争将更加激烈。

8.2.2 驱动电机技术现状

提高驱动电机功率密度以及提升电驱动总成的集成度仍将是技术发展方向。

截至 2017 年年底，从国内现有新能源乘用车的车型数量角度分析，纯电动乘用车约有 248 款，占新能源乘用车总车型数的 87.3%。248 款纯电动乘用车中轿车款型最多，高达 194 款，占比 78.2%。进一步细分分析，A00 纯电动轿车在纯电动轿车中车型数为 104，占纯电动轿车总车型数的 53.6%。因此，以各级别纯电动轿车为研究对象，分析匹配电机的峰值功率情况，如图 8-7 所示。

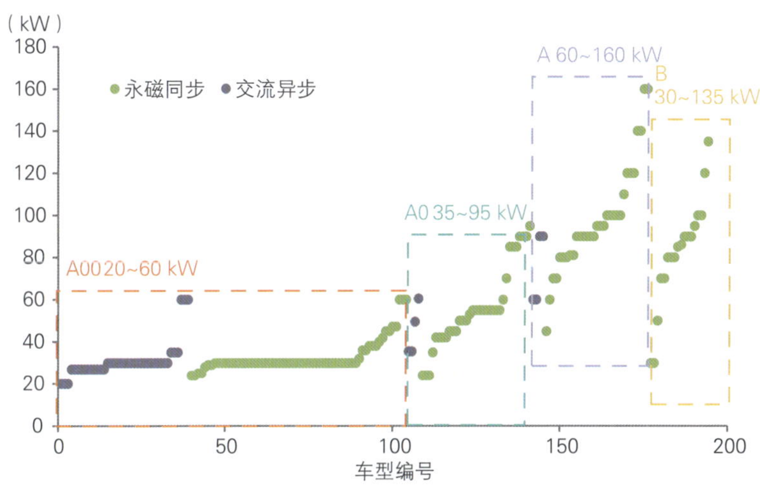

（来源：根据机动车整车出厂合格证统计）

图 8-7 各级别纯电动乘用电机峰值功率分布

在电机类型方面，纯电动轿车中除 B 级车全配备的是永磁同步电机外，其他级别车型既有装配永磁同步电机，也有装配交流异步电机的，但永磁同步电机占较大份额；在电机峰值功率方面，配备电机的最大峰值功率为 160 kW，为比亚迪 e5 和秦 EV。进一步分析发现，比亚迪的新能源车型配备电机的峰值功率均较高。

8.2.3 驱动电机技术趋势

我国驱动电机呈现高功率密度、高度集成化、高效化三大技术趋势。

高功率密度，通俗而言，即提高功率、降低电机的重量和体积，具体可采取两条路径：高速化和高转矩密度。高速化方案的典型代表为普锐斯的永磁同步电机，其最明显的特征是三代产品到四代产品的转速由 13 500 r/min 提升至 17 000 r/min，转矩由 207 N·m 下降至 163 N·m。在电驱动总成输出转矩和功率不变的情况下，采取提高驱动电机最高转速的方法，可降低驱动电机转矩的需求，从而降低驱动电机的重量，提高功率密度。但提高转速的同时，须综合考虑由此带来的风摩损耗高、高速轴承的润滑以及其寿命等问题。

高转矩密度有多种方法，比如通过谐波注入的方式，把电机三次、五次等谐波产生的谐波转矩利用起来，或者像普锐斯、宝马等提高磁阻转矩比例来实现，还可以提高单位体积的磁场能量，代表产品为盘式电机。盘式电机的磁场方向与转轴平行，磁场从轴向走，不但磁能密度大，而且交换能量的空间也大，因此电机的转矩密度比径向磁场有大幅提高。

新能源汽车的驱动系统将高度集成化。现有新能源车型大都为“二合一”（电机 + 减速器）集成，未来将形成“三合一”，甚至“多合一”等集成趋势，形成一个大动力总成。目前，有在该技术上全面布局研发车企的主要有比亚迪、上汽新能源、北汽新能源、爱驰汽车等。例如，比亚迪现有的“三合一”电驱动总成系统，动总成综合效率达 88%，最高效率达 91.9%，重量下降了 35%，功率密度提升了 40%，电机成本下降了 40%。

在驱动电机高效方面，目前更侧重于本体的指标高效方面，未来更需要从运行高效方面进行优化改进。具体而言，即为驱动电机装备在车辆上，结合车辆的实际运行情况，综合评估获得较高的平均效率。在此情境下，有可能需要对多个电机整体进行综合评估。对此有多种技术路线，比如采用高效区宽的电机，或基于车辆的主要使用路况，特定匹配电机，还可以采用多个电机搭配工作的模式，Prius2017 版的双电机驱动系统就是采用此种技术路线，但需要考虑成本。

8.3 电控系统

8.3.1 电控系统产业配套情况

电控系统自主化程度不断提高，核心部件国产化将大幅降低电控系统成本。

由于电力电子技术的应用，新能源汽车电气系统发生了巨大变化。从传统汽车低压辅助电气装置变成新能源汽车的节能环保、高效低噪的电力传动电气装置。新能源汽车电控系统主要包括电池管理系统、电机控制系统以及相关辅助系统。

电机控制器作为整车驱动系统的最重要组成部分，决定着新能源汽车能否安全可靠运行。其中，IGBT、DSP 等核心元器件的成本直接决定了电机控制器等总的成本下降空间。IGBT 在电动汽车中的应用与变频器国产化已经初步完成，但目前 IGBT 芯片和模块在国内尚未完全形成产业布局，高端市场占有率仍与外资品牌存在较大差异。

2017 年我国新能源汽车电机控制器的总装机量达 88.06 万台，供应商总数约为 255 家。2017 年电机控制器生产企业中，北汽新能源赶超比亚迪，以装机量 10.27 万台，位居榜首。相比 2016 年，跻身 2017 年排名前 10 的新面孔有上海电驱动、苏州汇川、民富沃能以及合肥巨一。具体见表 8-2 所列。

表 8-2　2017 全年中国新能源汽车电机控制器装机量前 10 名企业

（来源：根据机动车整车出厂合格证统计）

序号	厂商	装机量（台）	主要配套车厂
1	北汽新能源	102 664	北汽新能源、北汽股份、江西昌河等
2	比亚迪	101 210	比亚迪、北京华林
3	联合电子	63 700	上汽集团、吉利、长城、陕西通家、汉腾
4	上海电驱动	40 635	吉利、御捷、荣成华泰、重庆瑞驰、东南、中通、奇瑞、万象、昆明客车、一汽等
5	江铃集团	39 237	江铃控股、重庆长安
6	德洋电子	37 193	吉利、卡威
7	宇通客车	25 652	郑州宇通、成都大运
8	苏州汇川	20 607	东风、昌河、猎豹、湖北新楚风、东风裕隆、山西成功、东风股份、海马、源正等
9	民富沃能	18 664	中通客车、东风、湖北新楚风、成都大运、世纪中远、山东唐骏、申龙、东风特汽等
10	合肥巨一	18 326	奇瑞

BMS 作为电动汽车关键技术之一，近年来很多方面都已经进入实际应用阶段，但有些技术还不够成熟，尤其在数据的可靠性、SOC 的估算精度和安全管理等方面都有待进一步改进和提高。BMS 主要有 3 类参与者：专业 BMS 企业、动力电池企业和整车厂。专业 BMS 企业技术积累较深，参与者众多，但技术参差不齐，领先企业包括亿能电子、科列技术、冠拓等；动力电池企业主要是掌握整套电池系统技术的领先型企业，代表企业有宁德时代、比亚迪、普莱德、中航锂电、华霆动力等；整车厂主要是以比亚迪、长安、吉利、北汽为代表的车企，通过自主研发 BMS，掌握了一定的核心技术。2017 年 49% 的新能源车型 BMS 均由专业 BMS 供应商开发，47% 的车型 BMS 由电池企业配套提供，仅 4% 车型搭载整车企业自主开发的 BMS。从长远来看，整车厂和动力电池企业积极进行技术储备，未来在市场上将占据更多竞争优势。具体如图 8-8 所示。

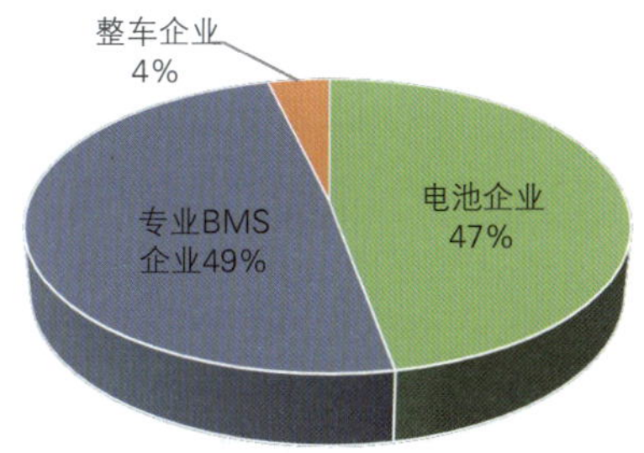

（来源：根据机动车整车出厂合格证统计）

图 8-8　各类 BMS 企业车辆配套量比例

8.3.2 电控技术发展趋势

电控系统集成化将成为未来发展趋势，一体化电控产品逐步投入应用。

随着微芯片在整车及总成控制中的应用逐步广泛，单一控制器将逐步被集成化“整车中央控制器”所取代。目前，部分“多合一”的电控产品已经在电动汽车中投入应用，同时集成了传统汽车分立的空调压缩机、转向助力电机、气泵电机控制器，以及混合动力车型中采用的 BSG/ISG 电机等。随着感应电机和永磁电机的大量使用，电控系统的复杂程度迅速上升，矢量控制技术和直接转矩控制技术成为电机控制技术的发展趋势。电动车的广泛推广对于电控系统的集成程度要求也越来越高。可以预见，未来电机电控一体化动力总成产品的广泛应用将有助于整车企业进一步降低整车成本，降低车重，优化整车布置，将具有更大的市场发展空间。

专题 9

热点技术专题研究

随着油耗和排放法规的不断加严，乘用车、商用车对车型产品的多样化布局在未来成为企业降低车辆排放、提高能量利用率的重要战略。近年来，替代燃料技术和动力电池技术受到行业内外的广泛关注，诸多高校和厂商在基础研究和技术应用方面均取得较大进展。本章邀请到行业内在此两项技术领域相对领先的高校和企业进行技术展示和分享，为行业技术发展提供参考和借鉴。

9.1 替代燃料技术

说明：本部分内容由天津大学内燃机燃烧学国家重点实验室姚春德课题组提供，作者为姚春德、潘望、危红媛、耿培林。姚春德教授主持国家、部委项目 13 项，与企业合作的横向课题数十项。获部委奖励 10 项，发表论文 340 余篇，其中 SCI/EI 检索论文超过 200 篇。国家授权的发明专利和实用新型专利近 49 件，软件著作权 6 件。姚春德教授领导的课题组长期专注于柴油 / 甲醇二元燃料燃烧理论研究，以及由该理论形成组合燃烧技术的科技成果转化。同时，还针对天然气、生物柴油、醇类等燃料在内燃机燃烧科学和技术方面有丰硕的研究成果。

内燃机燃烧学国家重点实验室于 1986 年经国家计划委员会（现为国家发改委）批准开始建设，1989 年建成并对外开放，是我国内燃机领域唯一的国家重点实验室。实验室以国家“能源、环境”战略需求为目标，围绕燃料及燃料燃烧，内燃机燃烧过程及其优化控制，内燃机有害排放物的生成及其对大气环境的影响以及后处理技术，内燃机节能新技术及低碳动力装置，动力机械结构强度、振动、噪声及润滑技术等问题，开展基础理论、新技术创新以及填补国家空白的系统集成创新的研究，在我国内燃动力工程领域发挥着“开拓和牵引”作用。

9.1.1 天然气汽车技术

天然气乘用车无论是整车厂商生产还是燃油车后期改装，其技术相对成熟，生产成本与燃油车相近，改装成本低。天然气乘用车主要面向出租车市场，个人家庭消费者对于天然气乘用车的接受度不高，非此类车型的主要受众群体。商用车占天然气汽车的绝大部分，且商用车市场大多是单燃料天然气发动机，受国际油价及国家减排政策等多方面因素影响，天然气商用车近期处于短期下滑阶段。

1. 天然气汽车技术特点及产品介绍

（1）天然气乘用车技术

天然气乘用车以两用燃料为主，在控制方式上，其电控系统可分为单一控制单元（ECU）系统和主从式双 ECU 系统。经过不断发展，缸内直喷、增压、VVT 等技术逐渐搭载于天然气发动机。天然气汽车的技术原理如图 9-1 所示。双主式 ECU 是中国汽研—凯瑞燃气汽车的自主创新技术，现已开发出成熟产品。该产品具有控制喷射量、喷射正时、点火提前及不同燃气组分等自学习控制策略，其中，ECU 根据 Lamda 传感器信号来判别气体性质，并由此对供气时间进行调整，可充分发挥天然气燃料的动力性、经济性，支持 VVT、涡轮增压、OBD 等功能，未来将成为气体燃料燃烧技术发展的重要方向。

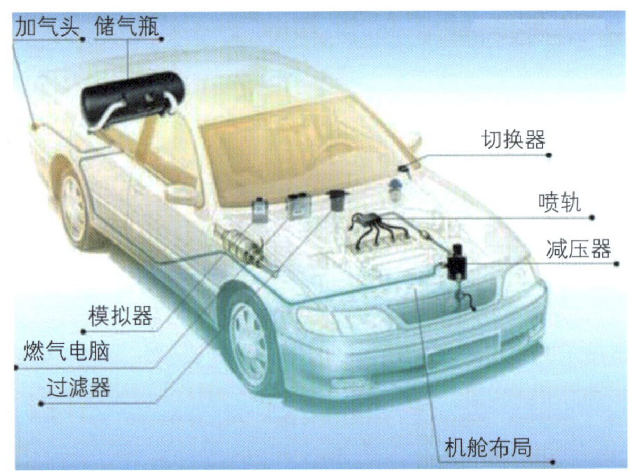

图 9-1　天然气汽车技术原理

（2）天然气乘用车产品

目前，国内大多数车型采用主从式系统，其搭载方便，可满足现有排放要求。成熟的技术为国内天然气汽车的推广奠定了坚实的基础。

2016 年 12 月，长安铃木第四代巡游出租车启悦在重庆国际会展中心正式交付，如图 9-2 所示，该车型是天然气乘用车的典型代表，搭载双主式系统，具备高效的协同控制，车辆性能显著超越前一代产品，并且结合轻量化技术，节省 17% 气耗，电控系统节气贡献率达 7%，成为天然气乘用车产品市场的有力竞争者。从目前启悦所在的紧凑级轿车市场来看，超低的油耗和出色的空间表现是它最显著的产品特点。

2017 年 2 月 22 日，启悦双燃料出租车在全国范围内上市。此车轴距长达 2 650 mm，后排纵向尺寸高达 950 mm，后排空间宽敞；高达 490 L 容积的后备厢远胜同级别车型，给予乘客更多放置行李的空间；其搭载享有“中国心十佳发动机”美誉的 G-INNOTEC 1.6 L 高效能发动机，最大功率达 90 kW，峰值扭矩达 158 N·m；百公里综合油耗最低仅为 5.3 L，相较竞品车型，启悦出租车一年可以在用车成本方面节省近万元，有效提升其营运收入。

启悦在空间、配置、能效等方面进一步升级，集宽敞空间、丰富配置、超低油耗、经久耐用等优势于一身。

图 9-2 长安铃木第四代出租车（启悦）批量上市

单一 ECU 产品最早由凯瑞燃气公司与德尔福公司合作开发完成，并在国内东风小康 K072 系列微车、吉利金刚轿车、力帆 620 轿车、北汽福田轻客等乘用车车型上实现搭载并批量投放市场。另一种单一 ECU 控制系统由 BOSCH 自主开发，搭载于新捷达 CNG 版，主要零部件全部采用德国 / 意大利进口。发动机最大输出功率为 70 kW（汽油 81 kW），配备 80 L 钢瓶，拥有 260~280 km 的续航里程。此外，在轻卡 / 微卡市场上，武汉菱电和华夏龙晖等自主企业也在研发单一 ECU 的两用燃料产品。

（3）天然气商用车技术

目前，商用车市场大多是单燃料天然气发动机。玉柴、潍柴等国内企业均采用稀薄燃烧方式达到国五排放标准，NO_x 控制主要依靠机内解决，采用超高能点火系统保障燃烧稳定性，同时，依赖贵金属含量较高的氧化型催化器（DOC）解决未燃碳氢问题。而上海柴油机公司采用当量比燃烧技术达到国五排放，重庆凯瑞燃气为江铃开发的 JE4N28 燃气发动机也采用当量比燃烧，排放指标已达到国六水平。

面对国六法规，国内各企业利用国外或自主技术不断探寻经济实用的技术线路，如当量比、稀燃 + SCR、柴油引燃均质燃烧等，其中当量比 + 三元催化的国六技术路线受到较多企业的青睐。

此外，在客车领域，天然气 / 电动混合动力系统获得市场关注。在这一细分市场上，玉柴动力的产品占据 50% 以上的份额，其插电式并联混合动力系统采用电控单点喷射燃气发动机 + 离合器 + 电机 + AMT 单轴并联的结构设计，配合电动空压机、电动转向泵和软件能耗策略，实现大扭矩、高节气率的技术特点。

此外，为加快实现柴油车燃气化，双燃料技术在商用车市场上获得大规模的推广。这是在保留原车柴油系统的基础上加装燃气系统，进而实现柴油—天然气掺烧的一种技术，同时，可采用纯柴油模式运行，续驶里程超过相应的天然气单燃料车和柴油车。

（4）天然气商用车产品

天然气商用车与柴油商用车在硬件整体结构上相近，在燃料存储罐体和发动机燃料喷射系统方面略有差别。本书将主要介绍商用车上天然气气体机的发展趋势。

2018 年 1 月 10 日，广西玉柴机器集团有限公司发布了 14 款车用国六发动机，其中 4 款为燃气发动机，功率覆盖范围为 100~650 马力（1 马力≈ 735 W），是国内首个发布产品系列达到国六排放标准的发动机企业。与国五发动机相比，玉柴国六发动机除了排放指标大幅降低外，产品在舒适性、轻量化、可靠性、经济性等方面均比国五发动机有显著提升。玉柴 K13 系列气体机如图 9-3 所示。

此系列柴油机采用天然气专用全套进口喷嘴、美国水冷废气涡轮增压器；重新设计发动机进排气系统和燃烧系统；ESI 单点喷射，稀薄燃烧；宽范围氧传感器精确控制空燃比；全工况闭环控制，氧化催化；发动机功率覆盖 120~440 马力。而它最新的 YC6JN–60 燃气发动机，则采用国际主流的当量燃烧 + EGR+ 三元催化转化技术，设计欧六气体机专用燃烧室、优化的配气系统、高效增压器等，大幅提升燃烧的效率和动力性，最低气耗仅为 197 g/kWh。

在 2017 年的上海车展上，潍柴展出 WP3N、WP4.1/WP4.1N 两款轻型柴油机和 WP10H、WP13（如图 9-4 所示）两款重型柴油机，全部达到国六排放标准。潍柴天然气发动机功率覆盖范围为 160~480 马力，采用领先的高压直喷压燃技术，增压中冷、稀薄燃烧、单点喷射 + 氧化催化处理。但由于高压直喷技术为国外企业掌握，还需要搭载进口喷射系统，价格高昂，因此该技术一直无法在国内得到推广应用。潍柴两款国六轻型机全部采用 EGR+DOC+DPF+SCR 技术路线。

图 9-3　玉柴 K13 系列气体机

图 9-4　潍柴 WP13 国六发动机

从燃料经济性角度来分析，天然气的质量低热值比汽油高 10%~20%（天然气为 48~50 kJ/g，汽油

2~43 kJ/g），但天然气气体燃料将导致缸内充量效率的下降，加上气门重叠扫气损失等因素，使得发动机热效率仅为 31%（汽油的约为 35%），仍有较大进步空间。

国内企业大量采用稀薄燃烧技术，实现国六排放。虽然发动机总成本较高，造成用户购买成本增加，但稀薄燃烧的燃油经济性具有一定优势。整机节省的燃料费在短期内即可弥补发动机技术升级的成本，同时采用稀燃技术路线，能耗可降低 2.4%，节能效果明显。

2. 天然气汽车市场现状

在 2016 年 12 月国家发改委发布的《天然气发展“十三五“规划》中提出：2020 年我国天然气消费占一次能源消费比例达 8.3%~10%。积极支持天然气汽车发展，包括城市公交车、出租车、物流配送车、载客汽车、环卫车和载货汽车等以天然气（LNG）为燃料的运输车辆，鼓励在内河、湖泊和沿海发展以天然气（LNG）为燃料的运输船舶。2020 年气化各类车辆约 1 000 万辆，配套建设加气站超过 1.2 万座，船用加注站超过 200 座。根据相关规划，2020 年车用气约 500 亿 m^3，约占消费总量的 14%，可支持规划中车辆用气的需求。按照《天然气发展“十三五“规划》中 1 000 万辆的目标值计算，“十三五”期间，天然气车市场将保持 15% 的年均增长率，每年新增天然气车 75 万 ~100 万辆。

根据生态环境部发布的《中国机动车环境管理年报（2018）》中的相关数据，2017 年全国汽车保有量中，汽油车有 18 526.2 万辆，占比为 89.0%；柴油车有 1 956.7 万辆，占比为 9.4%；燃气车有 333.1 万辆，占比为 1.6%。按照燃料类型划分的汽车保有量如图 9-5 所示。

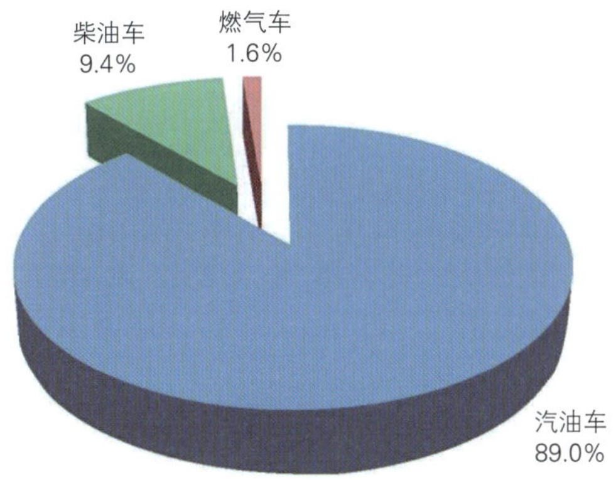

图 9-5　按燃料类型划分的汽车保有量构成

（1）天然气乘用车市场趋势

近 5 年来，天然气乘用车新车数量整体趋于稳定，见表 9-1 所列，其中年销量最高出现在 2014 年，达 13.1 万辆，随后则呈现逐年下降的趋势，2017 年降至 10.3 万辆。从细分的使用用途来看，受政策鼓励及燃料经济性等因素驱动，天然气乘用车在出租租赁市场年销量逐年上升，2017 年达 8.5 万辆，占当年天然气乘用车总销售量的 82.5%；非运营类天然气乘用车数量则连年下降，尤其个人购买的天然气乘用车数量已不到 2013 年的 10%，说明个人消费者对于天然气乘用车的接受度不高，非此类车型的主要受众群体。

表 9-1　2013—2017 年天然气乘用车分使用用途数量统计（万辆）

（来源：根据机动车上险量数据统计）

注：根据使用用途不同可划分为运营和非运营，运营类车辆主要为出租租赁汽车，非运营类车辆可根据所属权不同划分为单位购买和私人购买。

使用用途		2013 年	2014 年	2015 年	2016 年	2017 年
运营—出租租赁		6.6	8.0	8.3	8.8	8.5
非运营	单位	0.8	1.1	1.4	1.6	1.3
	个人	4.2	4.1	1.7	0.7	0.4
总计		11.6	13.1	11.4	11.1	10.3

（2）天然气商用车市场趋势

经过 20 多年的发展，我国逐步掌握了天然气商用车中的关键技术，同时，我国的天然气汽车市场也快速发展成为全球第一市场。然而天然气商用车的市场发展对外部环境因素的变化较为敏感。

根据第一商用车网统计的天然气卡车的数据，如图 9-6 和表 9-2 所示，在经历 2016 年和 2017 年的爆发性增长后，天然气卡车产量在 2018 年出现下滑。从表 9-2 可知，2018 年 1~4 月，所有企业销量均下滑。其中，中国重汽累计生产 1 725 辆，同比下降 27%，市场份额为 24.2%。

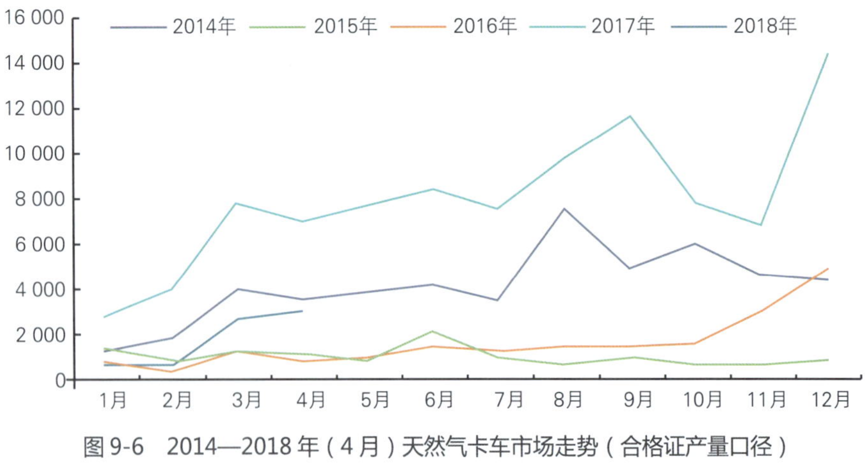

图 9-6　2014—2018 年（4 月）天然气卡车市场走势（合格证产量口径）

表 9-2　2018 年 1~4 月国内天然气卡车企业产量

卡车品牌	2018 年 4 月产量（辆）	2017 年 4 月产量（辆）	同比增长	2018 年累计产量（辆）	2017 年同期产量（辆）	累计增长	2018 年份额
市场合计	**3 056**	**7 042**	**-57%**	**7131**	**21 767**	**-67%**	**100.0%**
中国重汽	764	781	-2%	1725	2 379	-27%	24.2%
北汽福田	170	881	-81%	1061	1 798	-41%	16.9%
陕西重汽	530	1 312	-60%	912	4 113	-78%	12.8%
东风汽车	284	1 363	-79%	688	3 660	-81%	9.6%
一汽集团	276	1 139	-76%	602	4 432	-86%	8.4%
联合卡车	174	416	-58%	461	1 310	-65%	6.5%
包头北奔	101	110	-8%	207	269	-23%	2.9%
上汽红岩	61	107	-43%	195	393	-50%	2.7%
华菱汽车	75	166	-55%	92	804	-89%	1.3%
江淮汽车	45	45	0%	67	127	-47%	0.9%
吉利商用车	1	16	-94%	26	39	-33%	0.4%
大运汽车	0	601	-100%	0	2 023	-100%	0.0%
其他	575	105	448%	1095	420	161%	15.4%

分析天然气商用车产量下滑的原因，主要有 3 个方面。首先，公路运价持续下降，车辆严重饱和，导致牵引车整体市场持续低迷，天然气卡车以牵引车为主体车型，同样受到巨大负面影响。2017 年治超政策所导致的市场提前透支，导致 2018 年的牵引车市场一路下滑。其次，2017 年年底的“气荒”潮和停运潮，极大地影响了大量 LNG 卡车用户的信心，即使 2018 年 3 月至今 LNG 价格一路下降，甚至达到了比 2017 年“气荒”之前还要低的水平，同时，柴油价格还有所上涨，很多卡车用户仍然对天然气商用车的使用便利性和可行性持严重的怀疑态度。再次，随着“蓝天保卫战”的持续推进，政策方面逐步禁止公路运输煤炭，同样让 LNG 重卡市场需求受挫。

9.1.2　甲醇汽车技术

1. 甲醇汽车技术发展趋势

（1）甲醇汽车新技术发展

甲醇汽车发展主要有两种技术路线：一是采用双燃料的方法，用汽油或柴油启动，待发动机冷却水温度达到一定温度后，自动切换为甲醇燃料模式或者二元燃料模式，即正常使用，国内吉利汽车公司已经应用该方案开发出甲醇乘用车，天津大学已开发柴油 / 甲醇二元燃料商用车；二是甲醇燃料中掺入易挥发的低沸点组分，易挥发组分占甲醇燃料体积的 10% ~ 30%，提高燃料的挥发性，第二种方法多应用在乘用车上。

柴油/甲醇二元燃料燃烧技术由天津大学提出，它以柴油引燃甲醇混合气的二元燃烧方法为基础，以智能电控为手段，以满足动力、环保、可靠和经济要求的双燃料发动机为目标，实现甲醇在柴油机上稳定可靠运行。此成果已纳入工信部的“四省一市”甲醇车试点工作，在陕西榆林得到应用，效果良好。由于甲醇为单碳化合物，其燃烧无烟无焰，应用在柴油机上可以同时降低碳烟和 NO_x 排放，因此，搭载柴油/甲醇双燃料技术的重型货车加上简单的后处理即可满足国五排放标准。

（2）国内外甲醇汽车技术发展方向

目前，甲醇汽车在国外正在复苏，一些国家根据其国情加大对甲醇的发展力度。20 世纪 80 年代末国外甲醇生产和应用热情大幅度下降的主要原因：一是“石油危机”解除带来石油价格回落，导致后来甲醇的价格要高于汽油，随之就失去了经济性；二是甲醇燃料具有一定腐蚀性，需要专门的零部件以及存储和加注设施，导致市场运行的甲醇汽车又都改烧汽油，甲醇汽车行业发展陷于停顿。

国内目前已经攻克甲醇的腐蚀性、高温气阻和冷启动等难题，动力性和排放特性都与燃油汽车水平基本一致。同时，我国的甲醇主要产自煤炭和焦炉气，生产甲醇的煤炭多为高硫、高灰分的劣质煤，因此国内甲醇的价格不到汽柴油的 1/3，具有很好的价格优势。但是国内甲醇汽车的发展仍处于起步阶段，仍需要加大技术研发，推动建立成熟的甲醇汽车产业链。

A. 乘用车技术发展方向

① 设计制造甲醇燃料专用发动机：目前甲醇汽车是在汽油车的基础上更换燃料供给和控制系统来满足燃油甲醇的车辆，其发动机结构并不做改动和优化。相对于汽油，甲醇的辛烷值更高，抗爆性能更优秀，可适应更高压缩比下的发动机，因此甲醇燃料发动机可将压缩比提高至 10 以上，进而提高发动机输出功率，提高发动机动力性及燃烧效率。

② 优化后处理三效催化器：甲醇是一碳含氧化物，汽车燃用甲醇燃料的常规污染物一氧化碳（CO）、碳氢化合物（HC）、NO_x 排放均明显低于汽柴油。但在甲醇不完全燃烧的情况下，甲醇汽车将排放甲醇和甲醛，对环境造成较大污染。因此，需要针对甲醇和甲醛开发适用性更强的尾气催化转化器。

B. 商用车技术发展方向

目前甲醇应用在商用车上的技术主要有两种：一是来自天津大学提出的柴油/甲醇组合燃烧技术，二是单一甲醇燃料的点燃式技术，以山西靖烨发动机公司和吉利汽车公司为代表。围绕上述的商用车用甲醇发动机，需要开展的工作包括：需要一套单独的供醇系统和控制系统与原有的柴油供给系统相配合，以控制甲醇在进气道内的喷射和混合；需要发展满足国六排放法规的技术路线，天津大学正与华菱星马进行合作开发不加装 SCR 的甲醇 +EGR+DOC+DPF 的国六排放路线。

2. 甲醇燃料汽车市场现状

国内甲醇燃料的发展与德国和美国等欧美国家同步，随着甲醇汽车各方面的发展都趋于成熟，我国生产甲醇汽车的企业也逐渐增多，目前发布甲醇汽车产品公告的汽车生产企业主要有浙江吉利、浙江豪情、上海华普、中国重汽集团济南卡车、陕西重型汽车、山西成功汽车和郑州宇通。除此之外，一汽轿车、一汽解放、华晨汽车等生产企业也先后研制了 M85 甲醇轿车和 M100 甲醇商用车、灵活燃料轿车工程样车和功能样车。

目前甲醇在乘用车上的应用形式主要是甲醇汽油掺混合纯甲醇，2015—2017 年不同企业甲醇汽车产量数据见表 9-3 所列。在商用车上的应用主要是双燃料方式，其中天津大学姚春德课题组提出的柴油 / 甲醇组合燃烧技术在商用车上应用成熟。吉利汽车集团早在 2005 年便着手研发甲醇替代燃料，并成为我国目前唯一获得国家甲醇汽车产品公告的轿车企业。此外，吉利汽车对外宣布面向 2020 年的新能源战略“蓝色吉利行动”，力争在 2020 年前实现吉利汽车向新能源汽车公司转型。作为“蓝色吉利行动”的重要组成部分，吉利汽车投入大量资本用于研发甲醇燃料汽车的关键技术。迄今为止，在贵阳、山西、陕西和上海等试点区域投放的逾千辆吉利甲醇轿车已完成示范运营，单车最大行驶里程超过 30 万 km。吉利甲醇车在安全性、经济性、环保性和可靠性等方面各项指标达到或优于国家标准，取得良好的效果。

表 9-3 2015—2017 年不同企业甲醇汽车产量（单位：辆）

（来源：根据机动车整车出厂合格证统计）

企业名称	2015 年		2016 年		2017 年	
	乘用	商用	乘用	商用	乘用	商用
浙江豪情汽车制造有限公司	646	0	251	0	2 544	0
浙江吉利汽车有限公司	0	0	110	0	243	0
中国重汽集团济南卡车股份有限公司	0	0	0	1	0	0
山西成功汽车制造有限公司	1	0	0	0	0	0
总计	647	0	361	1	2 787	0

在重型车方面，搭载柴油 / 甲醇组合燃烧发动机的 5 辆陕汽商用车也参加了工信部于 2012 年开展的甲醇车试点工作，并在陕西榆林地区进行了长达 2 年多的运行。从 2006 年在山西完成第一辆柴油 / 甲醇双燃料改装车开始，现在柴油 / 甲醇组合燃烧技术已经在全国 14 个省市的超过 100 辆重型车上得到应用。用户的反馈数据表明，应用柴油 / 甲醇组合燃烧技术的重型柴油车能实现平均 30% 以上的甲醇替代率，替代等体积柴油的甲醇量比理论值低 30% 以上，每年能为用户节省 15% 以上的燃油成本。柴油 / 甲醇组合

燃烧技术的大规模推广应用对减少我国石油对外依存度以及降低重型柴油车排放具有积极的作用。

9.1.3 乙醇燃料技术

国际上制造燃料乙醇的原料可分为4类。第一类是淀粉质原料，主要有玉米、甘薯、木薯、马铃薯、大麦、大米、高粱等；第二类是糖质原料，主要是甘蔗、甜菜、糖蜜；第三类是纤维素原料，这是地球上最有潜力的乙醇生产原料，包括农作物秸秆、林业加工废料、甘蔗渣及城市垃圾中所含的废弃物；第四类是其他原料，如造纸厂的硫酸盐纸浆废液、淀粉厂的甘薯淀粉渣和马铃薯淀粉渣、奶酪工业的副产品。其中，以玉米、小麦和甘蔗为原料的生产技术最为成熟，巴西和美国已经有大规模的制造基地。

1. 乙醇汽油汽车国内外的研究进展

CEVIZ M A等人研究了燃用E0、E5、E10、E15和E20后50个循环的燃烧循环变动，结果表明：E10混合燃料有利于降低循环变动，从而改善发动机的燃烧和排放特性，提高发动机的动力性、经济性，并改善排放性能。YUCESU H S等人对燃用E0、E10、E20、E40和E60进行实验，发现E40和E60对减少尾气排放起到了重大的作用，在低转速下，CO的排放减少量最大，两种混合燃料平均分别减少11%和10.8%；与CO相比，HC的减少更加明显，在高转速下，燃用E60使得HC排放平均减少了16.45%，如图9-7所示[6]。

我国天津大学的研究团队[7]在一台电喷汽油机上燃用E0、E10和E30后发现：在怠速工况下，燃用混合燃料可显著降低CO、NO_x和总碳氢化合物（THC）的排放，E30的效果最明显；并且随着乙醇含量的增加，排气中乙醛和乙醇的浓度逐渐增大。在动力性和燃油经济性方面，研究表明：发动机燃用混合燃料后，不影响功率、扭矩等的使用性能，无须对发动机进行改装；掺烧乙醇后，有利于改善发动机的燃烧状况，降低能耗率。在排放物的催化转化方面发现，Pt/Rh催化剂对排气中的乙醇转化效率较低，而对乙醛表现出较高的转化效率。同时发现，普通三效催化器对排气中苯的平均净化效率约为87%，同时只在低速（1 600 r/min）时催化器前检测到甲醛，催化器后没有检测到甲醛，说明催化剂对甲醛的催化净化效果较好。

2. 乙醇柴油汽车国内外的研究进展

乙醇燃料的十六烷值很低，且汽化潜热很大，其自燃温度比柴油高得多，着火性能极差，所以很难直接应用到柴油机中。以往将乙醇类燃料应用到柴油机的方式同甲醇类似，经常采用辅助的方法，如火花助燃法、助燃添加剂法，目前最常用是醇类部分替代柴油的掺混方式、双喷嘴方式、乳化法和进气道喷射方式[8]。

6 CEVIZ M A, YUKSEL F. Effects of ethanol-unleaded gasoline blends on cyclic variability and emissions in an SI engine [J]. Applied Thermal Engineering, 2005, 25(5): 917-925.
7 何邦全，王建昕，郝吉明，等. 乙醇—汽油燃料电喷汽油机的排放及催化性能 [J]. 天内燃机学报, 2002, 6.
8 陈绪平. 柴油乙醇组合燃烧及其在发动机上应用的研究 [D]. 天津：天津大学, 2010.

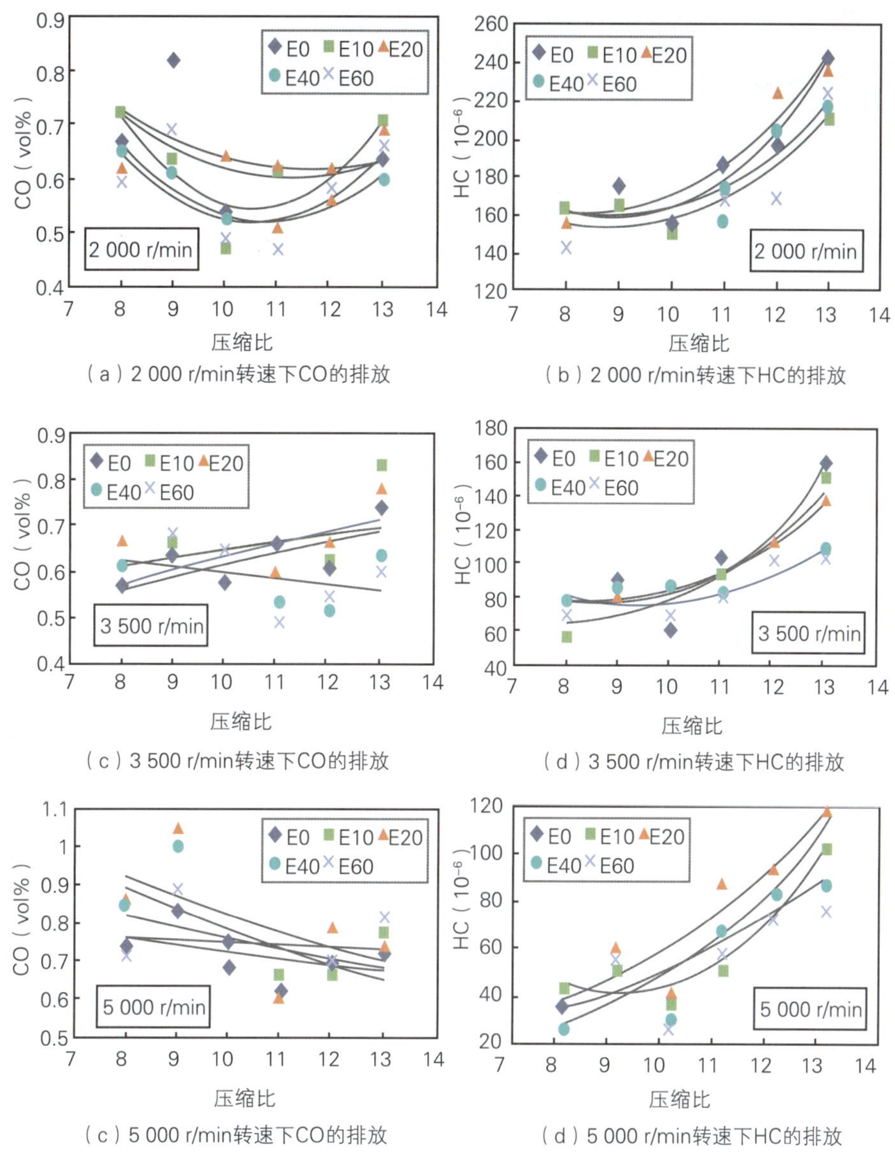

（a）2 000 r/min转速下CO的排放　（b）2 000 r/min转速下HC的排放

（c）3 500 r/min转速下CO的排放　（d）3 500 r/min转速下HC的排放

（c）5 000 r/min转速下CO的排放　（d）5 000 r/min转速下HC的排放

图 9-7　不同乙醇含量对发动机 CO 和 HC 排放的影响

（1）掺混燃烧方式

掺混燃烧方式，又称预混燃烧，即乙醇和柴油预先混合好后通过原供油系统供到气缸。预混燃烧不需要对现有的柴油机做过多的改造，是一种最简便易行的柴油机利用乙醇燃料的方式。美国清洁燃料公司研制的“Puranol”添加剂能保证含有 10%~15% 的乙醇柴油混合燃料长期不分层，并且这种燃料能分别使柴油发动机排放的 PM、CO 和 NO_x 减少 41% 、27% 和 5%。

（2）双喷嘴燃烧方式

双喷嘴燃烧方式，即在气缸盖上加装供醇喷嘴，此方法的缺点是改动气缸盖较为复杂，成本高，并且醇并未吸收进气管热量，无法提高充气系数。不过能更好地降低气缸燃烧室和壁面的温度，对降低 NO_x 有利。用此方法时的滞燃期较长，需要增大喷油提前角。此方法的优点是两个喷嘴各自都可以方便地调节喷油量和喷醇量。我国吉林大学方显忠等人也做了柴油醇双喷射的研究，结果表明，此方法能同时降低 PM 和 NO_x 的排放，但是同样带来了 HC 和 CO 的增加问题。

（3）乳化法

乳化法需要大量昂贵的乳化剂，虽然原机的结构不用改变，但却要增加乳化设备和互溶设备。同时乳化法的滞燃期增长，致使在大负荷工况下初期放热猛烈，因此，压力升高率过大，发动机的振动和噪声加剧，如图 9-8 所示。但使用这种方法，醇类对柴油的替代比例一般都不到 30%。

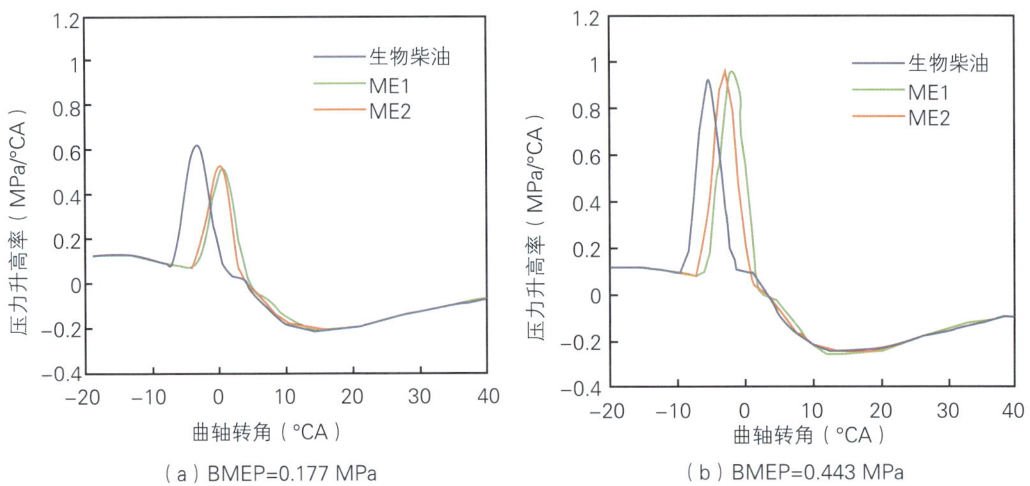

图 9-8　不同燃料燃烧的压力升高率曲线

（4）进气道喷射（熏蒸法）

目前研究最多的是直接在进气管上加装喷嘴，将乙醇类按时喷入进气管，从而使雾化的醇在进气管内吸热蒸发，并与空气混合，发动机最大功率和扭拒都有提高。在进气管上布置喷嘴比较方便，同时利用进气道和进气门壁上的余热汽化乙醇，有利于提高热效率。但是此方式存在冷启动和低负荷较多醛排放的问题。

（5）柴油 / 醇组合燃烧方式

天津大学姚春德教授提出的柴油甲醇组合燃烧模式，致力于在柴油机上柴油醇类组合燃烧和排放性能的研究，即在柴油机进气歧管上加装独立的醇供给系统，采用精确的进气道电控喷射，在缸内形成均质混合气，由柴油引燃。组合燃烧的核心是：在同一台发动机上，按照发动机最优性能需要而采用不同的燃烧模式：纯柴油模式和柴油醇组合模式。在启动、暖车及小负荷工作时，发动机以纯柴油工作实行扩散燃烧，以保证较好的冷启动性能和避免醇类的燃烧引起的过多的醛类排放；而在中高负荷时，在柴油机进气管喷射部分醇燃料，与进气形成均质混合气燃烧，以此实现高效燃烧，较大比例地替代柴油，并使柴油获得较低的 NO_x 排放，如图 9-9 所示[9]。

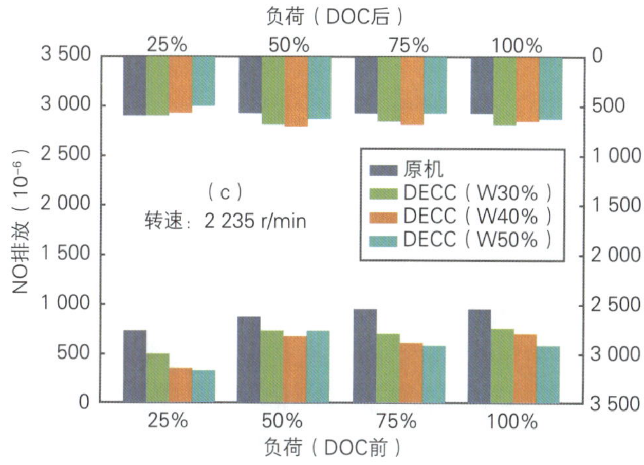

图 9-9　不同乙醇含量下 NO 的排放情况

3. 乙醇燃料发展趋势

对车用发动机而言，在众多的代用燃料方案中，乙醇作为一种现实的可再生的清洁燃料备受瞩目。在国内，国家发改委在“十五”规划中就在部分省市推行燃料乙醇试点项目，发布《变性燃料乙醇》和《车用乙醇汽油》两项国家标准，为乙醇的推广应用起到了技术保证作用，并陆续扩大试点范围，已取得初步成效。自 2002 年以来，我国相继有 9 个省市用含有 10% 乙醇的车用乙醇汽油代替普通汽油。据相关报道，在部分城市的比例甚至达 95%。2017 年 9 月由国家 15 个部委联合发文，要在 2020 年实现乙醇汽油在全国覆盖。重点解决我国陈化粮的问题。但是根据目前国内现有的乙醇产能看，2016 年仅生产 260 万吨左右，如果实现全覆盖，届时针对所需要的汽油使用量，乙醇的缺口至少有 700 万 ~800 万吨。如果不能实现乙醇生产的资源上突破，单纯依靠粮食来制作，则会有困难。

9　阳向兰 . 柴油乙醇组合燃烧对共轨发动机性能影响的研究 [D]. 天津：天津大学，2010.

9.1.4 生物柴油燃料技术

生物柴油（Biodiesel）是指以动植物油脂、微生物油脂、餐饮垃圾油等为原料，通过酯交换工艺制成的可替代石化柴油的液体燃料。生物柴油与柴油相容性好，能够混合使用，是典型的清洁、可再生“绿色能源”，是化石燃料的理想替代品之一。目前生物柴油在各个国家发展迅速，已经逐渐形成一定的产业规模。2005 年，全球生物柴油的产量仅为 340 万吨，而到 2016 年，全球的生物柴油产量则已超过 2 750 万吨，如图 9-10 所示。图 9-11 为欧洲生物柴油产量 2006—2017 年的变化情况[10]，目前欧洲的生物柴油份额已经占据成品油市场的 5% 以上，欧盟计划在 2020 年使生物柴油产量提高到 1 200 万吨。2006 年，美国生产生物柴油约为 30 万吨，到 2016 年超过 900 万吨。

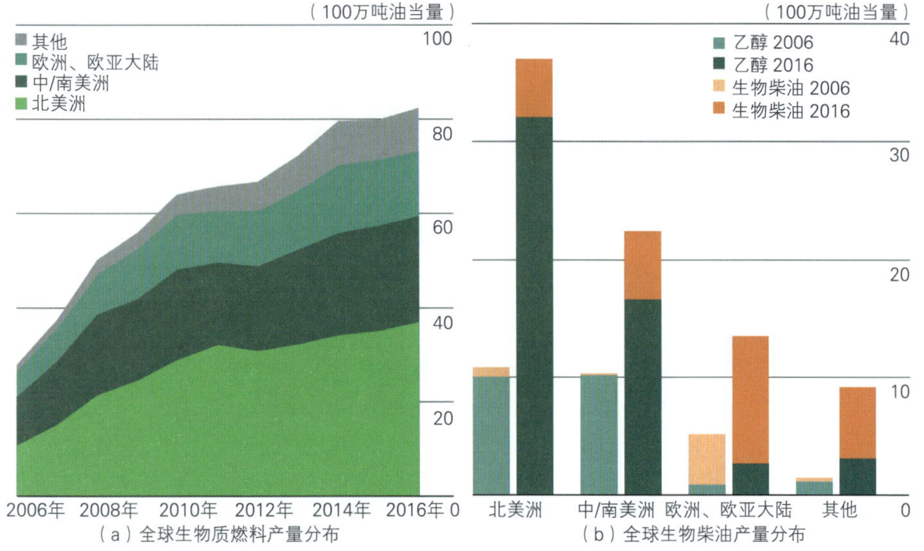

（a）全球生物质燃料产量分布　（b）全球生物柴油产量分布

图 9-10　全球生物质燃料、生物柴油的产量分布变化

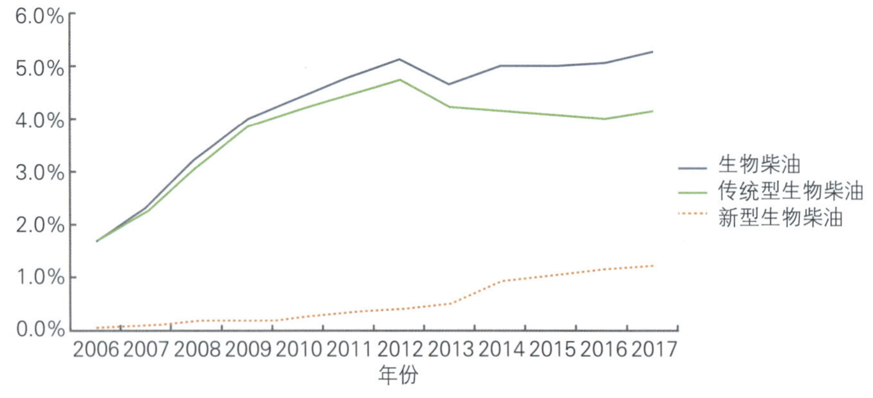

图 9-11　欧洲生物柴油占比变化

10　REFI P, CONSUMPIION C, TRADE P. BP statistical review of world energy June 2012[J]. Annex, 2012: 1-48.

2015 年，我国生物柴油的产能超过 300 万吨，产量约为 30 万吨。我国用于汽车燃料的生物柴油及生物柴油混合燃料（B5）已经有国家标准。除此之外，云南省制定了强制性地方标准《生物柴油调合燃料（B10）》和《生物柴油调合燃料（B20）》，上海市已制定团体标准《餐厨废弃油脂制生物柴油调合燃料（B10）》。

由于生物柴油和普通石化柴油的理化特性存在差别，因此生物柴油的燃烧特性，如滞燃期、着火温度以及喷雾的贯穿距都与普通石化柴油有所区别。总体而言，由于生物柴油具有相对较大的十六烷值，在柴油机中燃用生物柴油会使得滞燃期缩短，从而减少预混放热，并且由于燃料含氧，所以会促进扩散燃烧，进而可以减少燃烧持续期。与普通石化柴油类似，燃用生物柴油的主要排放物为 CO、HC、NO_x 和 PM（微粒、碳烟）排放。燃用生物柴油或者混入生物柴油之后，可以使 CO 最大降低 50% 左右，常规和非常规 HC 有所降低，PM 排放降低，燃烧效率略有改善。但是对 NO_x 排放有一定负面影响，相对于燃用普通柴油，NO_x 最大升高 13.1%。

由于使用生物柴油可以大幅减少温室气体和有害气体的排放，而且生物柴油是可再生燃料，因此，发展生物柴油在世界范围内已成为一种趋势。我国在 2004—2010 年也经历了生物柴油的快速增长，但目前主要生产的是第一代生物柴油，其存在致命缺陷：燃烧热值约为普通石化柴油的 87%，只能按比例添加，且调配比例不能过大；凝固点偏高，无法在冬季和高寒地区使用，且无法使用普通石化柴油的降凝剂来降低凝固点。受到国际油价下行和国内生产中原料难以保证、销售渠道不畅、扶持政策不够等多方面不利因素的影响，我国生物柴油产业发展陷入困境，大批企业停产。在困境中，国内生物柴油技术也发展到了第二代并投产，生物柴油由动 / 植物油脂“催化加氢裂解”得到，微藻技术也是燃料制取新的发展方向。第二代生物柴油在国际上被称为绿色柴油，其结构和性能接近石化柴油，能以大比例添加入柴油使用。同时，生物柴油的来源是动物和植物油脂，尤其是可以利用地沟油等废弃油脂，具有极大的社会和经济价值。

9.1.5 二甲醚燃料技术

二甲醚（Methoxymethane，或 Dimethyl Ether，DME，分子式为 CH_3OCH_3）又称作甲醚，是最简单的脂肪醚。它是二分子甲醇脱水缩合的衍生物，在室温下为无色、无毒、有轻微醚香味的气体或压缩液体。二甲醚一个重要的应用就是作为柴油和液化石油气的替代燃料。作为柴油替代品，二甲醚被认为是柴油发动机最洁净的替代燃料之一，可以降低氮氧化物的排放，实现无烟燃烧。二甲醚主要是由甲醇生产而来，因此其有较为广泛的生产来源，可以由煤、天然气、生物质等生产而来。

同时，二甲醚正在被开发成一种合成的第二代生物燃料（BioDME），它可以由木质纤维素生物质生产而来。目前，欧盟正在考虑将 BioDME 应用于生物燃料的混合，并在 2030 年进行推广。沃尔沃集团（Volvo）是欧洲共同体第七框架计划项目 BioDME 的协调员。其中，位于瑞典皮特奥的基于黑液气化 Chemrec 公司的 BioDME 试验工厂即将竣工。在我国，二甲醚的产量在 2008 年便已超过 200 万吨，到 2014 年产量一度超过 500 万吨，而之后有所下滑。目前二甲醚产量保持在 350 万吨左右。

近年来，二甲醚车辆在全球各地都有广泛的应用。在欧洲，沃尔沃集团正在开发其第三代的二甲醚发动机技术，并应用在公交车和卡车上。在瑞典，由于纸浆的生产过程中有大量的副产物可以用于生产二甲醚，因此被寄予了很好的前景。在日本，以五十铃（ISUZU）为代表的发动机生产厂家也测试了二甲醚作为柴油替代燃料的潜力。在中国，以上海交通大学黄震教授为代表的车用二甲醚研究团队在科技部的支持下，展开了广泛的科学研究和应用研究。目前在上海已经有超过 30 辆公交车使用二甲醚作为燃料，并预期在未来有进一步扩张，如图 9-12 所示。

（a）城市公交客车（欧洲）

（b）城市公交客车（日本）

（c）货车（韩国）

（d）城市公交客车（中国）

图 9-12　二甲醚车辆

国内外对二甲醚在柴油机上的应用研究，已经取得长足的进展。目前，国外已经有二甲醚车辆出现，如瑞典的沃尔沃、日本的五十铃和 NKK 公司等。在我国，上海交通大学联合上汽、上柴等多家公司，展开了大量的试验和应用研究。但是，由于二甲醚常温常压为气态的特性，使用中还存在诸如加注、零部件生产、燃料经济性等方面的不足，未来的应用前景尚不明朗。

9.1.6　丁醇燃料汽车技术

丁醇是目前具有应用前景的车用替代燃料。已有研究表明，作为车用替代燃料，丁醇比乙醇更具优势，其优点主要包括以下方面：丁醇的热值比乙醇的要高 30% 左右，因此相同质量的丁醇可比乙醇多输出约 1/3 的动力；丁醇的挥发性远低于乙醇，只有乙醇的 1/6 左右，且对水蒸气的适应性较高；丁醇的腐蚀性较小，可以使用现有的燃料供应和分销系统；此外，丁醇与汽油、柴油的相溶性较好，因此可以不必对现有的发动机结构做出大的改动，而且可以使用浓度近 100% 的丁醇燃料。丁醇和其他醇类物质以及商用汽油、柴油的燃料物性对比见表 9-4 所列。

表 9-4　丁醇与其他醇类物质以及汽柴油的物性对比

参数	甲醇	乙醇	丁醇	汽油	柴油
密度（20℃）（kg/L）	0.7920	0.7893	0.8109	0.72~0.78	0.82~0.86
沸点（℃）	64.5	78.4	117.7	40~210	180~370
汽化热（kJ/kg）	1088	854	430	310~340	250~300
液态粘度（20℃）（Pa·s）	0.61	1.20	3.64	0.28~0.59	3.00~8.00
闪点（℃）	11~12	13~14	35~37	45~38	65~88
辛烷值 RON	106~115	≈ 110	96	80~98	≈ 20
十六烷值 CN	3~5	8	25	5~25	45~65
Reid 法蒸气压（38℃）（kPa）	31.69	13.80	2.27	31.01	1.86

目前，丁醇汽车的发展还处于试验阶段。为了验证丁醇作为汽车燃料的可行性，美国能源部在 2005 年专门进行了一项以丁醇作为汽车唯一燃料的试验，穿越 10 个州，历时 1 个月，行程超过 16 000 km。在 10 个州的测定结果表明，1 L 丁醇完全可以代替 1 L 汽油。

国内的类似试验也有乐观的结果。华北制药集团与长城汽车股份有限公司技术研究院实验中心采用欧四国际标准，用 10%~75% 不同比例的生物丁醇进行了台架和道路等试验。试验结果表明，与 93 号汽油相比，生物丁醇无论在动力性、燃油消耗、最高车速、加速性、油耗还是尾气排放等方面，都具备更优异的性能。但作为燃料，丁醇不仅存在与现有燃油系统相兼容的问题，更重要的是其生产目前难以挣脱粮食为原料的瓶颈，以上问题都将影响丁醇作为燃料的应用。

9.1.7　PODE 和 ABE 燃料技术

1. PODE 燃料技术

PODE 作为醚类燃料的低聚物，聚甲氧基二甲醚（Polyoxymethylene Dimethyl Ethers，简称 $PODE_n$ 或 DMM_n）具有很高的十六烷值和含氧量，对降低柴油机 PM 有巨大潜力。$PODE_n$ 是分子式为 $CH_3O(CH_2O)_nCH_3$ 的一类醚类燃料，这里 $n \geqslant 2$。$PODE_n$ 可以用甲醇为原料通过聚合反应来合成，因此，包括煤、生物质等在内的可以生产甲醇的原料均可作为生产 $PODE_n$ 的原料。以甲醇、二甲醚煤基燃料制备 PODE，可获得聚合度为 2~8 的 PODE 混合物。

表 9-5 给出了混合物中各组分的部分理化参数[11]。图 9-13 所示为研究聚甲氧基二甲醚的主要机构[12]。

11　冯浩杰 . 聚甲氧基二甲醚 / 柴油混合燃料的燃烧与排放特性研究 [D]. 镇江： 江苏大学，2016.
12　邱坤 . 聚甲氧基二甲醚 / 柴油混配燃料性能研究 [D]. 西安： 长安大学，2017.

表 9-5 PODE 燃料中各组分的主要理化参数

组分	熔点（℃）	沸点（℃）	密度（kg/L）	十六烷值	含氧量
$PODE_2$	–69.5	105	0.96	63	45.3%
$PODE_3$	–42.5	156	1.02	78	47.1%
$PODE_4$	–9.8	202	1.07	90	48.2%
$PODE_5$	18.3	242	1. 10	100	48%
$PODE_6$	58	280	1.1 3	104	49.6%

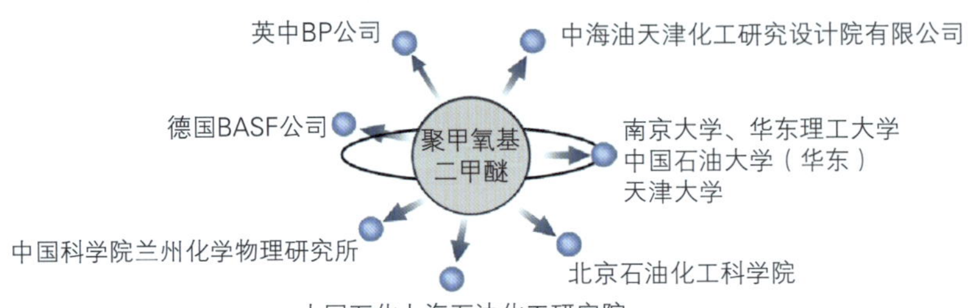

图 9-13 PODE 的主要研究机构

2. ABE 燃料技术

ABE（Acetone-Butanol-Ethanol，丙酮—丁醇—乙醇）是生物发酵制丁醇的中间产物，其中丙酮、丁醇和乙醇的含量分别占体积含量的 22%~33%、62%~74% 和 1%~6% ,比例大致为 3:6:1。丁醇含氧，与汽油和柴油的溶解性好，并且具有对发动机供油系统的腐蚀性小和吸水后不易分层等特点，因此，丁醇在替代汽油和柴油方面表现出了很多的优点。但丁醇一般是通过 ABE 发酵后经过分离和提纯后制取的，但是分离和提纯成本较高。鉴于丁醇的良好性质和高昂的提纯成本，目前科研学者开始关注直接将 ABE 作为汽油和柴油的替代燃料应用于发动机。目前 ABE 作为车用代用燃料还停留在试验阶段，相应的技术和产品仍不成熟，对应的政策和法规依旧空白，所以 ABE 离应用于汽车并商用化还很遥远。

PODE 和 ABE 作为内燃机燃料依然处于实验室研发阶段，距离产业化还需要时间和市场的考验。

9.2 动力电池技术

说明：本章内容由奥地利 AVL 李斯特公司提供。

全球汽车市场对纯电动的需求正在快速增长，尤其是纯电动轿车可通过采用低位运动座椅提供更好的舒适性和更强的性能。本节研究对象是纯电动汽车（BEV），其将电池集成到指定的有限安装空间，以提供传统轿车或跑车的驾驶舒适性。同时将介绍一个总高度为 80 mm 的电池模组和电池系统。本节的结论将对电池的选择给出建议，其中涉及对热管理、电气 / 电子组件和结构性电池设计等方面的内容。

9.2.1 技术背景

近年来，纯电动汽车技术发展迅速。过去电动汽车是一个小众市场，只有少数整车厂涉足其中，而且生产数量相对较少，这与目前电动汽车异军突起、越来越多的整车厂发布电动汽车车型形成鲜明对比。电动汽车的用途也不再限于短途行驶，不因其有限的承载能力而只被当作家庭备用车或仅用作市区通勤车，需要同时满足家庭用车和长途行驶的用户需求[13]。

因此，未来的纯电动驾驶必须通过降低成本才能够完成长途旅行，并确保提高出行效率。为实现此目标，对电动汽车，尤其是长续航里程电动汽车，在典型轿车布局中采用完全集成式电池系统则显得至关重要。图 9-14 所示为集成式电池系统的典型轿车布局。

图 9-14 典型轿车布局（采用集成式电池系统的白车身 AVL 公司）

用户对电动汽车性能、安装的电池容量、能效以及安装方法等各种要求对电动汽车的驾驶体验有极大的影响，而这些要求最终还需要权衡成本，成本又直接决定电池容量，进一步决定续航能力。

本节提出的技术和解决方案采用低高度、完全集成式电池系统，有利于电动汽车（特别是长续航里程电动汽车）实现更长的续航里程。这种低高度电池结构及其与车身的集成可支持扁平化设计，但也在电池选择、热管理解决方案、电气/电子零部件和电池结构设计乃至总装等若干领域提出一系列新的问题和挑战。

9.2.2 对未来动力电池系统的要求

作为电动车动力系统的主要组成部分，高压电池系统对多种车辆参数影响较大，如车辆的性能或续航。在最终客户和市场规范（如技术规范和标准）的推动下，必须对电池要实现的各种目标进行详细阐述、评估并转化为对电池系统的要求。这些系统目标并非相互独立，彼此之间存在协同或冲突的关系。研发人员可借助相关专业知识，在系统层面描述此协同作用和冲突，从而预测优先实现任何一个目标对其他目标造成的影响[14]。

13 BANDOW F , STAHLECKER H. Ableitung der Hauptabmessungen eines Fahrzeugs[J]. ATZ, 2001, 103(10): 912-921.
14 HENNIGE V, AVL. Complexity of batteries for electric vehicles and how to manage it![C]//Dresden Battery Days, 09-2015, Dresden, 2015.

1. 未来纯电动轿车的电池集成要求

目前，采用传统动力系统布局的轿车支持高度较低的座椅位置。座椅位置与对车顶和地板下安装空间的要求影响汽车的总高度，同时也决定着汽车的总体布局。试验结果表明，地板下的空间是安装和集成电池系统的最佳位置，也有利于改善整车重心。如今纯电动汽车（如雪佛兰 Bolt）的布局已将电池系统完全集成至上述空间中。在这种配置下，电池高度也对汽车高度有所影响。如图 9-15 所示，雪佛兰 Bolt 的高度 Z 为 140 mm，而特斯拉 Model S 电池系统的高度 Z 为 115 mm。

图 9-15　雪佛兰 Bolt 电池系统（AVL 系列电池对标）

通过分析动力电池单体技术和高度，以及随后电池、模组、热管理系统和支撑结构的集成情况，可设计电池系统高度。目前汽车架构主要是在 SUV 车型上以较高的座椅位置来解决集成问题，虽然这种集成电池系统设计更简单，但同时也降低了后排座椅的舒适性。在轿车结构中，位置较低的座椅会限制电池安装空间，电池系统必须降低到最低 80 mm 的电池高度。

2. 基于当前电池技术的重量和体积能量目标

现有的锂离子电池单体具有 3 种不同外形，即圆柱形、方形和软包，每种形式可以容纳不同的阳极材料和阴极材料。这些材料及其各自的电极设计可以在能量和电源电池上实现更高的比能量或功率密度。由于新型混合材料的使用，安全隔板、高精度组装工艺和生产质量的改进，过去几年锂离子电池的比能量密度和功率密度（Wh/kg 或 Wh/L）均有显著增加。图 9-16 所示为部分商用电池的历史比能量趋势及对 2025 年的比能量预测。

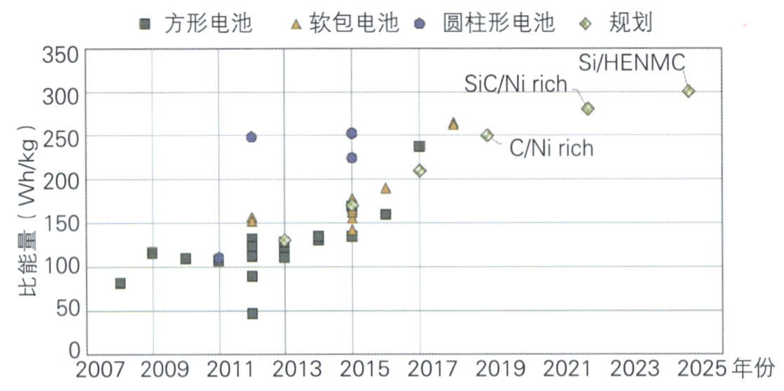

图 9-16　锂离子电池的历史演进及 2025 年的预测（AVL 系列电池对标）

随后电池单体会集成到电池模组中，模组再进行组合并集成至完整的电池系统中。在设计阶段，虽然电池对材料、化学性能和形状的选择至关重要，但是模组和电池系统的热、机械和电气性能也需要给予关注，而这些性能在整个电池系统层面上影响着动力电池的性能。采用紧凑的封装并充分利用给定的空间，可以设计出具有更高能量密度的电池系统。虽然圆柱形电池具有相对较高的能量密度，但由于方形和软包电池为立方体结构，与圆柱形结构相比，电池系统封装效率更高。表 9-6 对雪佛兰 Bolt 和特斯拉 Model S 85 的能量密度进行了比较[15]。

表 9-6　当前可用电池系统的体积和重量能量密度（AVL 系列电池对标）

汽车	体积能量密度（Wh/L）	重量能量密度（Wh/kg）	总能量（kWh）
雪佛兰 Bolt（软包）	187	125.6	64.5
特斯拉 Model S（圆柱形）	198	148.2	73.2

3．成本目标

动力电池的安全、性能和使用寿命等目标都需要与设定的成本目标保持平衡。AVL 通过与多个车型进行对标发现，电池单体约占纯电动汽车电池成本的 60%（如图 9-17 所示）。一方面，由于过去几年各类电池单体的成本已显著降低，所以能量密度虽然提高，但价格水平基本保持不变（以美元 /kWh 计）；另一方面，电子电气零部件、外壳部件和热管理系统等成本要素都采用现代生产工艺进行组装，有利于在技术设定初期阶段考虑降低成本的措施。

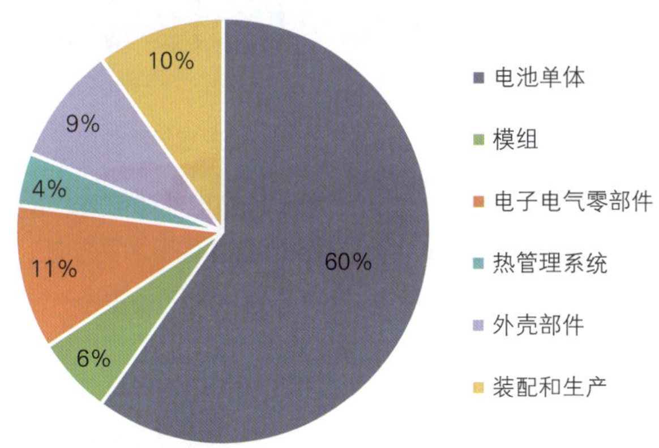

图 9-17　电池系统成本构成（AVL 系列电池对标）

9.2.3　高度较低的电池系统

鉴于前述的轿车目标，未来电池系统显然要朝着尽可能降低高度 Z 的方向发展。在此基础上，下面对降低高度的各种优化方法进行了详细阐述。

15　WIEDEMANN U. Pouch vs. Prismatic Cell Module Design[C]//The Battery Conference, 10-2015, Seoul, 2015.

1. 电池单体选择和模组的发展

作为电动汽车的储能装置，电池对整车的续航里程非常重要。尽管过去电池的成本、重量和体积效率已经取得巨大的进步，但此领域仍有望取得进一步的进展。其中一个主要进展是电池本身，即通过改进电池的化学成分，在保持能量不变的情况下，降低电池的重量和体积。另外，使用寿命、允许的温度范围和快速充电能力也在不断改进。本章将重点放在另一个方面，即将电池单体集成至电池模组和电池系统过程中的优化方法。

下面将以软包电池模组为例介绍各方面的改进。

图 9-18 所示为模组内的传统电池组的横截面。每节电池都安装在各自的外壳中。第一个优化步骤是使电池外壳可被替换。取而代之的是，电池组由两节电池组成，这两节电池用附加的压缩垫直接连接在一起。这种方法需要合适的粘合技术、电池的预先安装和特殊的组装工艺，其部件数量大大减少，高度和宽度都降低约 3%，对应 6% 的体积能量密度增加，每个模组节省重量约为 150 g。

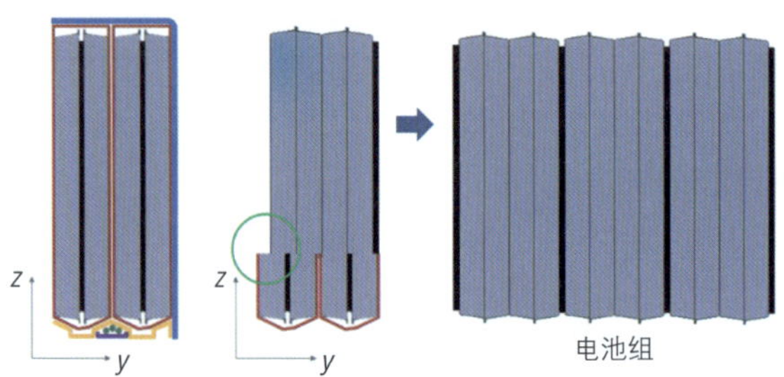

图 9-18 通过取消电池外壳改进模组封装

第二个优化步骤是优化软包电池散热。图 9-19 显示软包电池如何通过外壳侧面进行冷却。由于电池是层结构的，沿着层方向的散热（图 9-19 中为垂直层）显著优于水平方向上（垂直于由阳极、阴极和电解质组成电池层）的散热。

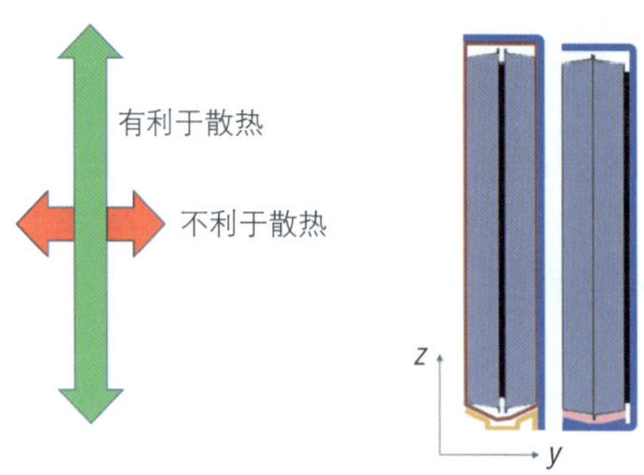

图 9-19 优化树脂的热连接

通过选用导热能力和粘合强度较好的合适树脂，AVL 开发模组中的电池可热耦合窄侧模组的外壳，两者可合并安装。此配置在模组下侧再现电池组轮廓，有助于减少所需的树脂量。正是得益于此类连接设计，外壳和传热片可取消搭载。

为了支持更高的封装密度，已有的电缆紧固箍在每个模组中被 3D-FPC（柔性印刷电路板）（如图 9-20 所示）所取代。除改进封装之外，FPC 在自动化模组制造时提供一项重要的简化。一方面，各种组件（例如电池电压测量传感线熔断器）可以直接安装在 FPC 上；另一方面，自动安装通常比需要手动干预的传统电缆紧固箍容易得多。

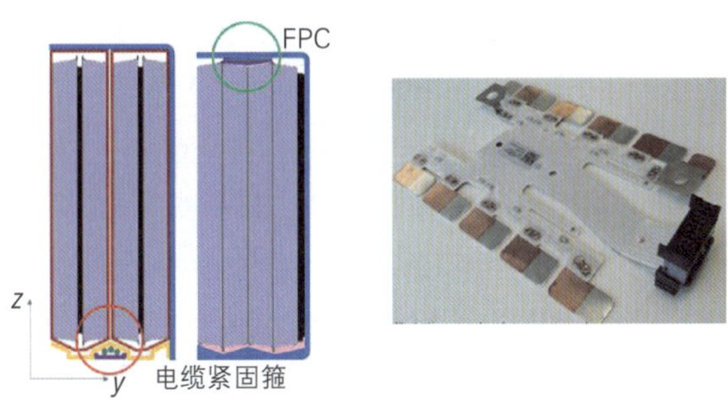

图 9-20　用 3D 柔性印刷电路替代传统电缆紧固箍

通过以上措施，在不改变电池或电池化学组成的情况下，模组的体积能量密度可提高约 20%，并且重量能量密度可优化约 25%。

2. 电池系统的发展

由于各种原因，特别是低重心的要求，电动汽车的电池通常安装在乘员舱的地板下。当前的电池高度可低至 110~140 mm，但研发人员的目标是开发高度仅为 80 mm 的地板下电池。这为总体车辆设计带来新的自由度，特别是对非 SUV 车型。

在整个开发过程中取得的进步不仅为这种扁平化电池提供优势，同时为传统电池节省了较多重量。

软包电池可用于 80 mm 电池系统，主要原因是与金属壳电池相比，软包电池的体积密度更高，且从生产角度看，软包电池相对容易缩小体积。软包电池排列成直立形式，可选用导热树脂来实现前文中所示的冷却连接，此类布局在“球撞击测试”中也具有优势。

图 9-21 所示为新开发的 80 mm 电池模块，其中选用文章介绍的 3 个优化步骤（取消单节电池的外壳，使用 FPC 和热树脂）。此外，模块设计不包括地板镶板和顶盖板，塑料端板可提供隔离，安装孔偏移以实现最佳封装。

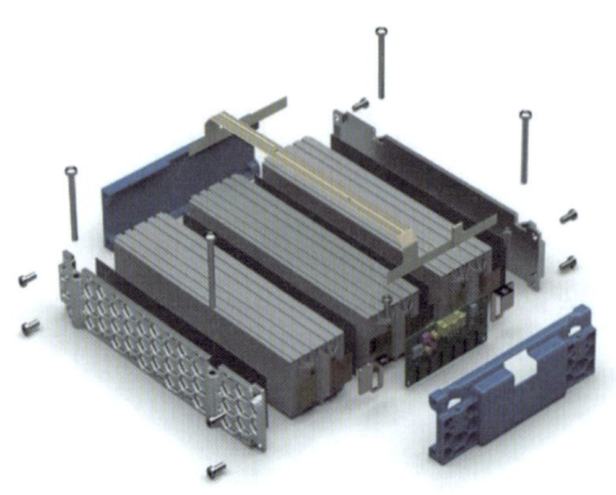

图 9-21 经空间优化后的电池模块

可实现总高度为 80 mm 的第二个主要原因是电池结构完全集成于车辆底盘。图 9-22 所示为电池系统的基本布局，支撑结构采用蜂窝结构，由侧面挤压铝型材与地板底盘结合而成，该蜂窝结构承担结构性功能并从下面确保抗穿刺性。地板底盘位于支撑结构上方，带有集成冷却通道，此结构由激光焊接金属板制成。

图 9-22 低高度电池系统（AVL）

采用导热树脂将上述 800 V 模组直接安装在此地板底盘上，模组的使用为电池提供了更好的扩展性。电池系统由一个薄塑料盖向上密封，以确保包装密封。一旦将电池集成到车辆底盘中，底盘将确保 EMC（电磁兼容）屏蔽和电池防火保护。一旦电池的集成可大规模应用，底盘的利用率将得到较大提升。

优化后的电池几何形状、模组结构以及电池高度和底盘集成，可使总电池高度保证在 80 mm 左右。模组结构和电池在底盘中的集成基本上适用于任何电池高度。此类设计导致整个电池系统的重量减少约 6%，体积密度增加约 5%。对容量为 95 kWh 的电池来说，相当于重量减少约 60 kg。

9.2.4 结论

本章介绍了高度为 80 mm 的电池系统优化方法。设计结果将成为进一步改进电池模组和电池系统开发的基础。80 mm 的电池系统的设计具有以下优点。

① 扁平化的储能单体为整体车辆设计提供了更多的自由度。降低电池单体的整体高度，即可以减轻电池重量，提升生产优势。

② 通过将储能单体紧密集成到汽车结构中（在汽车结构中储能单体与汽车底盘设计共享功能，例如车辆安全或车身刚度的某些方面），可以最大限度地提高电池体积能量密度。

③ 全新的设计理念和材料可减轻车辆重量，在保证车辆刚度和安全性的同时降低重心。

能耗评价篇

摘要

为进一步引导汽车绿色消费文化，发挥市场主体对汽车节能发展的促进作用，本篇章第一部分构建了一套完整的节能竞争力评价体系，对主要类别乘用车节能效果进行评价排名，对于先进节能车型进行展示。该排名规避了单一油耗评价的片面性，从更为科学的角度去评价车辆的节能技术水平，给行业、企业以及广大消费者提供更为直观的信息参考。

另一方面，消费者普遍感知官方公示油耗与真实油耗差异较大，且呈现逐年增大的趋势。本篇章第二部分对认证油耗与真实油耗的差异展开评价分析，意在揭示乘用车使用过程中的真实油耗水平，分析产生油耗差异的原因，为相关部门进一步完善乘用车节能管理体系提供信息支持。

专题 10

乘用车产品节能竞争力评价

目前，国内常用的汽车燃油经济性水平指标有市区工况油耗、市郊工况油耗、综合工况油耗、90 km/h 等速油耗等几项指标。由于乘用车燃油经济性与整备质量、功率、外部尺寸等有较强的相关性，因此，仅基于汽车整备质量、空间或者尺寸来进行车辆之间节能水平的比较就显得较为片面，需要构建综合指标体系评价汽车产品的节能竞争力。本章将建立一套完整的乘用车产品节能竞争力评价体系，从燃油经济性、动力性能、空间属性等方面对 2017 年在产的传统能源乘用车节能竞争力进行综合评价。

10.1 节能竞争力评价的目的和意义

汽车节能问题既关系到国家的能源安全，也关系到消费者的切身利益。目前市场产品多样化，新车型层出不穷，同时汽车产品的节能由于涉及诸多技术参数，单车燃料消耗量这一指标已无法满足消费需求。在此背景下，如何选择构建合理的评价方法，科学合理引导消费者绿色环保消费成为本章要解决的问题。

本章通过因子分析的方法，找到乘用车各技术参数背后隐含的节能因子、实用性因子、动力性因子。节能因子就是乘用车节能竞争力评价的关键指标，代表了乘用车的能耗水平。这一指标可以有效规避单一工况油耗指标评价的局限性，将处于不用整备质量、不同功率、不同尺寸的乘用车放在一起综合比较整车能耗水平。

10.2 乘用车产品节能竞争力评价体系构建

因子分析是目前应用范围非常广泛的一种数据降维分析方法，旨在挖掘表面数据背后隐含的因子信息，并通过这些隐含因子对相应研究对象进行评价排名。将因子分析引入乘用车节能竞争力评价是极具可操作性的。

10.2.1 因子分析数据指标体系

本评价体系将以汽油为主要燃料的乘用车作为研究对象，从车辆的整体性能角度出发，从空间实用性、燃油经济性、车辆动力性 3 个方面选取 12 项数据指标，即整车整备质量、长、宽、高、空间体积（以

“长 × 宽 × 高”作为近似替代）、综合工况油耗、市区工况油耗、市郊工况油耗、最高车速、扭矩、功率、比功率[16]等，具体见表 10-1 所列。

表 10-1　乘用车产品节能竞争力评价指标体系

	一级指标	二级指标
节能评价指标体系	实用性	整车整备质量（质量）
		长
		宽
		高
		长 × 宽 × 高（空间）
	经济性	综合工况油耗（综合）
		市区工况油耗（市区）
		市郊工况油耗（市郊）
	动力性	最高车速（车速）
		扭矩
		额定功率（功率）
		比功率

根据 2017 年企业上报的燃料消耗量数据管理系统数据，以车辆型号[17]为单位汇总产量数据，依据市场占有率，保留年产量大于 1 000 辆的轿车车辆型号和年产量大于 500 辆的 SUV 及 MPV 车辆型号，并分车型分别进行因子分析得到节能因子排名。交叉型乘用车由于年产量较小且呈现明显的下滑趋势，故不在本次评价考虑范围之内。

10.2.2　节能竞争力评价方法简介

在车辆型号层面对国产汽油乘用车分轿车、SUV 和 MPV 这 3 个车型进行因子分析，先采用正态标准化将各车型 12 个维度的数据标准化。

（1）因子分析模型结构

计 $\boldsymbol{X}=(X_1, X_2,\cdots,X_{12})^{\mathrm{T}}$ 是所选取汽车的 12 个维度数据标准化后的向量[18]，且

$$\mathrm{E}(\boldsymbol{X})=\boldsymbol{\mu}=(\mu_1, \mu_2,\cdots,\mu_{12})^{\mathrm{T}} \tag{10-1}$$

16　此处比功率 = 额定功率 / 整车整备质量。

17　对于车辆型号的详细定义见国家标准 GB9417-88《汽车产品型号编制规则》。2001 年后，有关国家标准停止使用，但汽车企业和产品大多数仍按照原国家标准的规定进行型号的编制。

18　黑色斜体字表示向量或者矩阵。

$$Var(X)=\Sigma=(\sigma_{ij})_{12\times12} \tag{10-2}$$

则构建因子分析模型的基本形式为

$$X=\mu+AF+\varepsilon \tag{10-3}$$

其中，$F=(f_1,f_2,f_3)^{\mathrm{T}}$ 为公共因子，$\varepsilon=(\varepsilon_1,\varepsilon_2,\cdots,\varepsilon_{12})^{\mathrm{T}}$ 为特殊因子，$A=(a_{ij})_{12\times3}$ 为因子载荷矩阵，也就是说 $Cov(X,F)=A$，即因子载荷 a_{ij} 是第 i 个变量与第 j 个公共因子的相关系数。

通常假设，$E(F)=0$，$Var(F)=I_m$，$E(\varepsilon)=0$，$Var(\varepsilon)=D=diag(\sigma^2_1,\sigma^2_2,\cdots,\sigma^2_{12})$，$Cov(F,\varepsilon)=0$。

（2）因子分析流程

对正态标准化数据的线性相关矩阵进行极大似然估计，得到因子载荷矩阵。因子载荷矩阵经过正交旋转，得到方差最大因子载荷矩阵。通过方差最大因子载荷矩阵和线性相关矩阵，即可得到各因子得分。因子分析流程如图 10-1 所示。

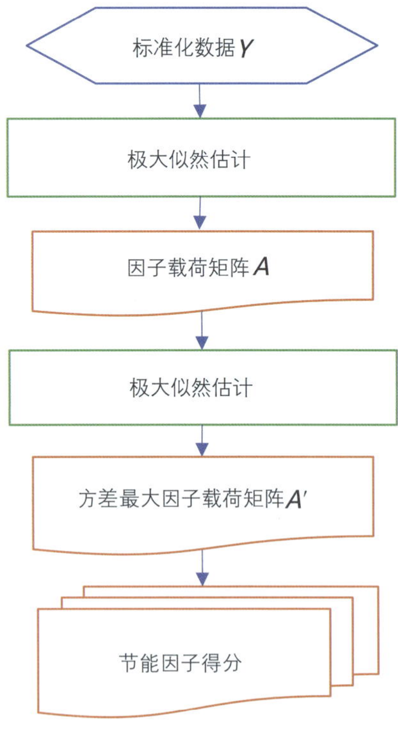

图 10-1　因子分析流程

（3）评价因子含义

由于因子分析模型是建立在相关性基础上的，轿车、SUV、MPV 车型之间差异明显，因此分为 3 个独立的体系构建因子分析模型，下面以轿车为例介绍评价因子的含义。

轿车的方差最大因子载荷矩阵见表 10-2 所列。

表 10-2　轿车方差最大因子载荷矩阵

	因子 1	因子 2	因子 3
质量	0.817	0.444	0.363
长	0.681	0.389	0.273
宽	0.773	0.313	0.262
高	–0.124	0.096	–0.123
空间	0.734	0.421	0.259
综合	0.298	0.938	0.163
市区	0.226	0.928	0.136
市郊	0.385	0.830	0.204
车速	0.636	0.146	0.636
扭矩	0.612	0.249	0.701
功率	0.519	0.363	0.771
比功率	0.159	0.195	0.960

因子 2 与综合工况油耗、市区工况油耗、市郊工况油耗相关性较大，定义为节能因子。轿车节能因子的因子得分系数见表 10-3 所示。

表 10-3　轿车节能因子得分系数

	节能因子系数
质量	0.343
长	0.004
宽	0.011
高	–0.002
空间	0.006
综合	–1.150
市区	–0.088
市郊	–0.036
车速	0.018
扭矩	0.028
功率	0.098
比功率	–0.031

将 12 个维度标准化后的数据经过节能因子得分系数计算，即可得到各车型的节能因子得分。依据各车型的节能因子得分，对乘用车的节能竞争力进行评价排名，具体排名结果详见 10.3 节。

10.3 节能竞争力评价排名

10.3.1 轿车节能竞争力评价排名

排名前 10 的车型中，三缸机技术节能效果凸显。

根据节能竞争力因子得分对 2017 年量产轿车车型进行排名，排名前 10 的轿车车型见表 10-4 所列。共计 173 个通用名称中 557 个车辆型号纳入了轿车节能竞争力评价范围。其中，节能竞争力排名前 10 的轿车中，欧系车有 5 款车，美系和日系各有 2 款车型。荣威 i6 搭载三缸发动机等先进节能技术，节能竞争力排名位居第一。轿车排名前 10 的车型中，有 9 款应用涡轮增压技术，6 款应用三缸发动机。

表 10-4 轿车节能竞争力评价排名前 10 的车型[19]

排名	车型	车型图片	节能因子
1	荣威 i6 2017 款 1.0T		1.945
2	思域 2016 款 1.0T		1.854
3	朗行 2017 款 1.2T		1.726
4	标致 408 2018 款 1.2T		1.665

19 轿车、SUV 和 MPV 这 3 类车型数据经过正态标准化，各项因子得分之和均为 0，值大于 0 表明该得分大于平均水平，值小于 0 表明该得分低于平均水平。排名表中红色字体表示该通用名称 2016 年未进入榜单，是 2017 年榜单新增车型。

（续表）

排名	车型	车型图片	节能因子
5	标致 308 2018 款 1.2T		1.665
6	英朗 2018 款 1.0T		1.634
7	阅朗 2018 款 1.0T		1.538
8	轩逸 2018 款 1.6L		1.500
9	宝来 2018 款 1.4T		1.492
10	朗境 2018 款 1.4T		1.486

10.3.2 SUV 节能竞争力评价排名

日系、自主、欧系技术应用水平接近，占据前 10 名全部席位。

根据节能竞争力因子得分对 2017 年量产 SUV 车型进行排名，排名前 10 的 SUV 车型见表 10-5 所列。共计 197 个通用名称中 719 个车型纳入了 SUV 节能竞争力评价范围。在前 10 名中，日系、自主、欧系分别占据了 4 席、3 席、3 席。相比于 2016 年，SUV 排名变化幅度较大，有 5 个新入榜单车型。

表 10-5 SUV 节能竞争力评价排名前 10 车型

排名	车型	车型图片	节能因子
1	思威 2017 款 1.5T		1.899
2	宝沃 BX5 2017 款 1.4T		1.868
3	比速 T5 2017 款 1.5T		1.809
4	锋驭 2015 款 1.6L		1.807
5	雪铁龙 C3-XR 2017 款 1.2T		1.708
6	沃尔沃 XC60 2017 款 2.0T		1.597
7	维特拉 2016 款 1.4T		1.593
8	荣威 RX3 2018 款 1.6L		1.560
9	宝马 X1 2016 款 1.5T		1.555
10	劲客 2017 款 1.5L		1.522

10.3.3 MPV 节能竞争力评价排名

在排名前 10 的车型中，自主品牌占据 8 席，节能技术应用水平有限。

根据节能竞争力因子得分对 2017 年量产 MPV 车型进行排名，排名前 10 的 MPV 车型见表 10-6 所列。共计 67 个通用名称中 177 个车型纳入了 MPV 节能竞争力评价范围。MPV 领域合资车型有限，自主品牌占据 8 个席位，第一名途安连续 3 年占据榜首，全新车型美系别克 GL6 节能技术应用效果较好。MPV 排名中自主车型均采用自然进气发动机。

表 10-6　MPV 节能竞争力评价排名前 10 的车型

排名	车型	车型系别	节能因子
1	途安 2018 款 1.4T		1.689
2	风行 S500 2017 款 1.5L		1.240
3	开瑞 K60 2018 款 1.5L		1.150
4	幻速 H2 2016 款 1.5L		1.118
5	伽途 ix7 2017 款 1.5L		1.107
6	开瑞 K50 2017 款 1.5L		1.059

（续表）

排名	车型	车型系别	节能因子
7	别克 GL6 2018 款 1.3T		1.056
8	昌河 M50 2018 款 1.5L		1.026
9	伽途 ix5 2016 款 1.5L		1.019
10	伽途 im8 2018 款 1.5L		1.001

专题 11

乘用车真实油耗与认证油耗差异评价

近年来，随着我国经济持续快速发展，原油的消费量不断提高，2017 年原油对外依存度已攀升至 68.4%，再创历史新高。2017 年我国汽车保有量达 2 亿辆，带动石油资源消费量逐年攀升，预计很长一段时期，我国机动车保有量仍将持续增长，由此带来的能源紧张问题将更加突出。

为缓解能源和环境压力，推动汽车产业可持续发展，欧、美、日等传统汽车工业强国均采取措施，建立了完善的汽车燃料消耗量 /CO_2 排放管理体系，提高区域汽车燃油经济性水平。我国也相应建立了乘用车燃料消耗量管理体系，先后发布燃料消耗量试验方法、限值及油耗标识等多项强制性国家标准，2013 年工信部出台《乘用车企业平均燃料消耗量核算办法》，对企业平均燃料消耗量实行全面管理；2016 年 1 月 1 日正式实施乘用车燃料消耗量四阶段标准，要求 2020 年行业乘用车平均燃料消耗量达 5.0 L/100km。

从世界范围内看，各国政府大都采取单车油耗限值与企业平均油耗管理相结合的管理模式，新生产的乘用车产品平均油耗值逐年下降。但在社会大众普遍认知中，认证油耗参考价值低，真实油耗与认证油耗间的油耗差异逐年增大，在此背景下，真实油耗的分析与评估十分必要，汽车节能政策实施效果需要从更加客观的角度进行评价。

11.1　我国油耗差异评价背景

11.1.1　认证油耗

通过特定测试规程和循环工况在实验室中测得的油耗认证值，广泛用于世界各国汽车工业节能管理。

从 2010 年开始，我国实施《轻型汽车燃料消耗量标识管理规定》，要求所有在中国境内销售的能够燃用汽油或柴油燃料的、最大设计总质量不超过 3 500 kg 的 M1 类、M2 类和 N1 类车辆的汽车生产企业和进口经销商，在其汽车产品销售时均需要粘贴“汽车燃料消耗量标识”（俗称黄标签），该制度是我国汽车产品节能管理的基础之一，是建立汽车节能长效管理机制的重要措施，也是燃料消耗量信息公开的官方渠道，保障了消费者的权益，引导大众购买低油耗节能汽车，提高全社会对汽车节能水平的认知。目前“汽车燃料消耗量标识”已成为社会大众评判车型油耗的重要参考。

“汽车燃料消耗量标识”所标注的油耗包括市区油耗、市郊油耗以及综合油耗，消费者在选购车辆时可以根据车辆的预期使用情况选择不同工况下的燃料消耗量作为主要参考，油耗数值是根据GB/T 19233《轻型汽车燃料消耗量试验方法》测定获得的。我国现行的油耗测试方法采用 NEDC 循环工况，分市区、市郊两部分，分别模拟车辆在城市市区道路和市区以外其他典型道路条件下的行驶状态。通过测量车辆在上述工况下的 CO_2、CO 和 HC 的排放量，计算得出市区、市郊和综合燃料消耗量。

综合工况燃料消耗量被用于汽车强制性产品认证、产品公告目录申报、企业平均燃料消耗量管理等政策，是我国汽车行业节能管理体系的重要内容。

11.1.2 真实油耗

真实油耗为消费者在日常实际驾驶时的整车燃料消耗量，受交通状况、驾驶习惯、气候条件等多方面因素影响。

通过固定的试验工况测试，获取汽车产品的认证油耗，从而为监管部门提供汽车节能管理的基础数据，是世界各国通用的做法，目前欧、美、日等国均依据各自实际路况制定了相应的测试工况和测试规程，旨在公平地考察各车型产品在同一测试尺度下的燃料消耗量，我国借鉴欧盟汽车工业法规要求，目前针对乘用车油耗测试采用 NEDC 循环工况和测试规程，而欧盟已于 2017 年 9 月开始逐步切换为 WLTP 工况测试。

但是，任何实验室试验和道路试验都不能完全模拟所有驾驶者的实际驾驶状态。由于气候条件、道路状况、油品质量、车载电器使用、交通拥挤程度以及驾驶习惯等方面的差异，消费者实际驾驶中的燃料消耗量会与“汽车燃料消耗量标识”上标示的认证油耗存在一定的差异。

我国国土幅员辽阔，覆盖高原、沙漠、丘陵等多种地理特征，南北气候差异巨大，同时由于地域发展差异较大，沿海与内陆城市面临截然不同的用车环境，对全国范围内真实油耗与认证油耗差异的研究，需要全国各地驾驶员产生的大样本量实际油耗数据作为支撑。

随着乘用车保有量逐年增加以及燃油价格的攀升，消费者对汽车油耗的认识不断提高，节能减排的观念逐渐深入人心。结合互联网技术的发展，各个汽车网站、论坛、软件等均设立了上传真实油耗的板块，越来越多的消费者开始记录自己在实际驾驶中产生的油耗，大量真实油耗数据的积累为研究油耗差异提供了基础。

11.1.3 油耗差异评价的目的和意义

通过真实油耗差异研究，准确评估汽车节能政策以及油耗法规的实施效果，对后续政策调整与制定提供支撑。

为深入贯彻我国节能减排政策，降低交通领域碳的排放水平，有关部门基于认证油耗建立了由油耗限值、油耗公示、企业平均燃料消耗量目标管理等措施组成的汽车行业节能管理体系。但如前文所述，认证油耗不能反映车辆在使用过程中的真实油耗水平，因此了解车辆的实际油耗水平，不仅为评估已有政策实施效果以及对社会节能减排的贡献提供了更为贴近现实的途径，而且为后期修订或制定相关政策以达到既定节能减排目标提供支撑。

国外相关研究机构持续跟踪真实油耗数据。欧盟 2001—2015 年乘用车认证油耗与实际油耗的差异从 9% 上升至 42%，欧洲相关机构与各国政府据此展开一系列措施，包括引入 WLTP 工况和测试方法、改革整车型式认证体系等。美国则由 EPA（美国国家环境保护局）建立真实油耗数据网站，收集由消费者上传的真实油耗数据并向社会公示，同时引入真实油耗影响因子测算方程，对认证油耗进行修正。

无论是基于车型和品牌层面，还是基于社会和国家层面，车辆真实油耗与认证油耗差异客观存在且不可忽视。该差异一定程度上影响了我国节能减排目标的实现，无论是社会舆论压力还是行业管理客观需要，均对现行油耗测试方法提出改进要求。分析不同年份车型油耗的差异水平，归纳不同因素对差异的影响，将有助于为政府调整和制定节能减排相关政策提供参考。

11.2 研究方法与数据基础简介

11.2.1 研究方法

研究对象以 M1 类乘用车为主，车型涵盖 2010—2017 年款汽油、柴油、混合动力等多种燃料类型的车型，所有车型均为在中国境内生产并销售的汽车产品。

研究多维度间车辆的综合认证油耗与实际油耗的差异，包括从年份、地域、技术、品牌等方面进行分析，其中综合认证油耗来源于乘用车燃料消耗量数据管理系统，真实油耗数据来自于多家汽车网站、论坛等，通过消费者上传的实际驾驶油耗数据。

11.2.2 数据来源及样本介绍

收集真实油耗数据主要通过两类网站：一是“汽车之家”类型的综合性汽车网站，以车主自行填报的油耗数据为准；二是具有手机软件背景的网站，如小熊油耗通过持续跟踪消费者实际加油量与行驶里程进行真实油耗测算。

通过对国内主流汽车网站的分析，筛选了部分具有较多数据样本的网站，同时采用多种方法收集了2010—2017 年车型真实油耗数据样本。对数据进行处理，删除缺失字段与无效数据，同时剔除油耗异常值，得到有效样本 47.5 万个。具体见表 11-1 所列。

表 11-1　真实油耗数据样本分布

（来源：根据汽车网站数据统计）

年份	合资	自主	总计	占比
2010 年	3 328	1 932	5 260	1.11%
2011 年	14 353	3 799	18 152	3.82%
2012 年	30 111	16 331	46 442	9.77%
2013 年	73 019	28 060	101 079	21.27%
2014 年	67 966	33 448	101 414	21.34%
2015 年	65 215	42 274	107 489	22.62%
2016 年	32 134	25 422	57 556	12.11%
2017 年	21 068	16 697	37 765	7.95%
总计	307 194	167 963	475 157	100.00%

总体来看，数据样本覆盖 112 家企业，其中合资与自主企业比例约为 1:1。各类型和级别车型样本量均较为充足，能切实反映我国乘用车真实油耗与认证油耗的差异。

11.3　油耗差异分析

11.3.1　整体油耗差异

车型油耗差异呈现逐年扩大的趋势，常规与插电式混合动力车型油耗差异均高于传统汽油车。

依据数据样本计算各年份车型平均认证油耗与真实油耗，可见两者呈现相背离的趋势，认证油耗逐年降低，而真实油耗逐年攀升，如图 11-1 所示。行业平均真实油耗与综合认证油耗的差异呈现逐年扩大趋势，从 2010 年的 13.56% 扩大至 2017 年的 23.34%，年均增幅约为 22%，而 2010—2017 年年均油耗差异达 22.30%。值得注意的是，2016 年行业油耗差异达到峰值 26.06%，但 2017 年的差异较 2016 年有所下降，仅为 23.34%，降幅超过 2%，为近 5 年来乘用车油耗差异首次出现下降的情况。

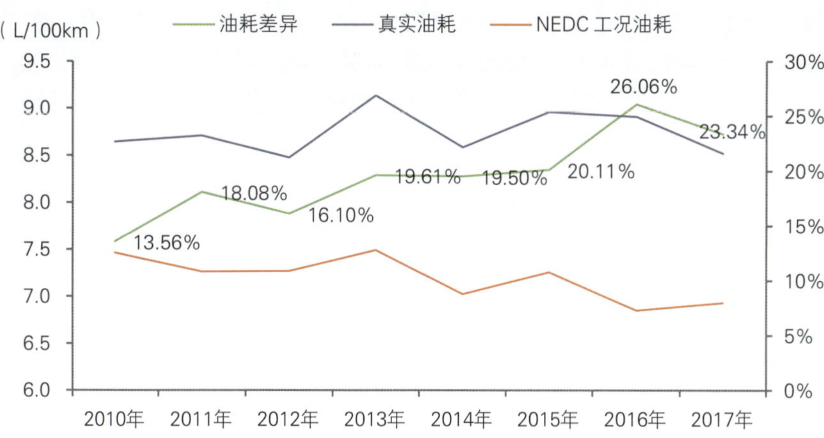

（来源：根据汽车网站数据、“乘用车燃料消耗量数据管理系统”统计）

图 11-1　行业平均油耗与油耗差异变化趋势

从燃料类型看，非插电式混合动力车型平均差异为 35.16%，为各传统能源车型中差异最大的车型，汽油车平均油耗差异为 22.77%，柴油与双燃料车型平均差异为 13.26% 和 20.29% 左右。值得注意的是，插电式混合动力车型油耗差异高达 196.70%，远高于其他车型，其油耗差异主要来自于现行的认证油耗计算方式，以及消费者实际使用过程中纯电动模式使用比例较低等因素影响。具体如图 11-2 所示。

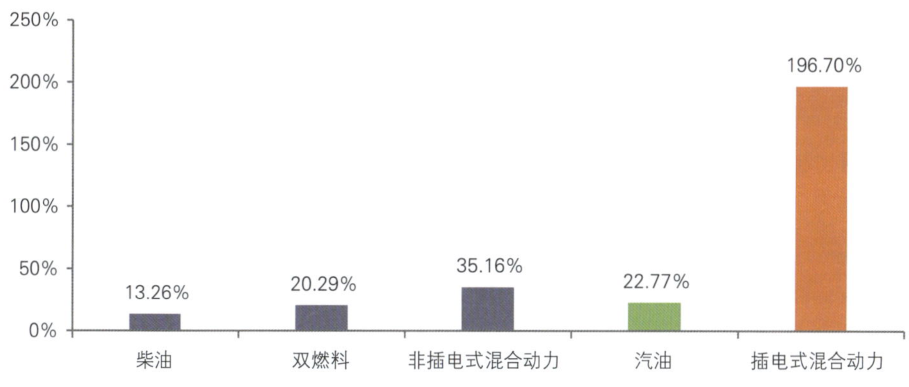

（来源：根据汽车网站数据、“乘用车燃料消耗量数据管理系统”统计）

图 11-2　2017 年分燃料类型车型油耗差异变化趋势

11.3.2　地域油耗差异

地域差异包含各地气候、地理、道路状况等因素差异，使得各地区车辆道路行驶环境差异较大，总体来说，油耗差异呈现北方高于南方、沿海高于内陆、一线城市高于其他城市的特征。

通过分析全国各地消费者提交的真实油耗数据，对各省油耗差异进行加权统计可以得出，气候条件、地理环境及城市化程度差异均对油耗产生显著影响。

受气候寒冷、暖风空调使用频次高等因素的影响，东北地区的黑、吉、辽3省油耗差异位居全国之首。上海、浙江、广东由于城市化水平高，交通拥堵情况多，油耗差异紧随其后。受高原气候影响，西藏、宁夏、云南等省份油耗差异低于行业平均值，西藏真实油耗与认证油耗差异仅为6.9%，为全国最低。

综合来看，东北地区车型油耗差异最大，平均值为26.44%；西部地区油耗差异最小，平均值为16.77%；东部地区和中部地区油耗差异平均值分别为20.6%和20.21%，地域差异明显呈现北方高于南方、沿海高于内陆的特点。按照城市等级区分，一线城市油耗差异为22.67%，二线和三线城市分别为21.12%和19.84%，四线及以下城市为18.09%，可见油耗差异与城市化水平和道路拥堵状况成正相关。具体如图11-3所示。

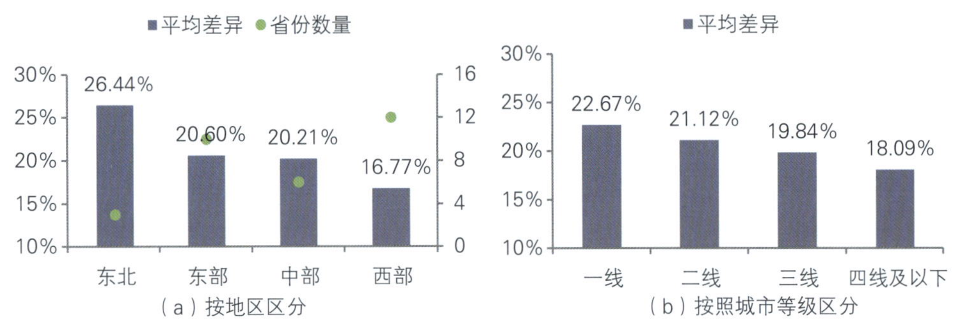

（来源：根据汽车网站数据统计）

图11-3　分地区与城市等级油耗差异趋势

11.3.3　技术油耗差异

采用新型动力总成及节能技术将导致油耗差异增加，其中自动挡相较手动挡车型，涡轮增压相较自然吸气车型，以及搭载怠速启停技术的车型，油耗差异均更高。

1. 变速箱类型差异

自动挡车型油耗差异较手动挡高，自2010年以来，自动挡与手动挡车型油耗平均差异逐渐扩大，2017年自动挡车型和手动挡车型真实油耗与综合工况差异幅度约为14%，如图11-4所示。

近几年随着变速箱技术的发展，手动挡和自动挡在动力供给方面的差距逐步缩小，甚至可以忽略，油耗差异大多是不同驾驶技术与习惯造成的。此外，自动变速箱在油耗试验时可通过工程师进行专门标定应对固定的测试工况，以获得一个最为理想的认证油耗，同时双离合等先进变速箱使用规模扩大，也导致自动挡车型油耗差异增大。具体如图11-5所示。

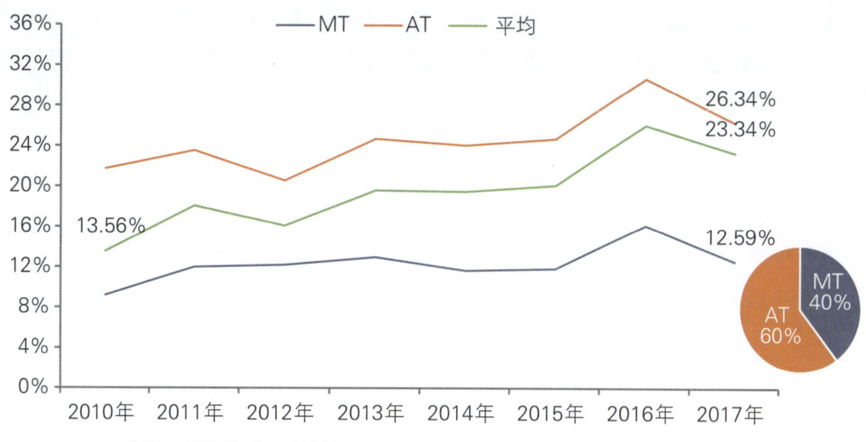

（来源：根据汽车网站数据、“乘用车燃料消耗量数据管理系统”统计）

图 11-4 手动挡车型与自动挡车型油耗差异变化趋势

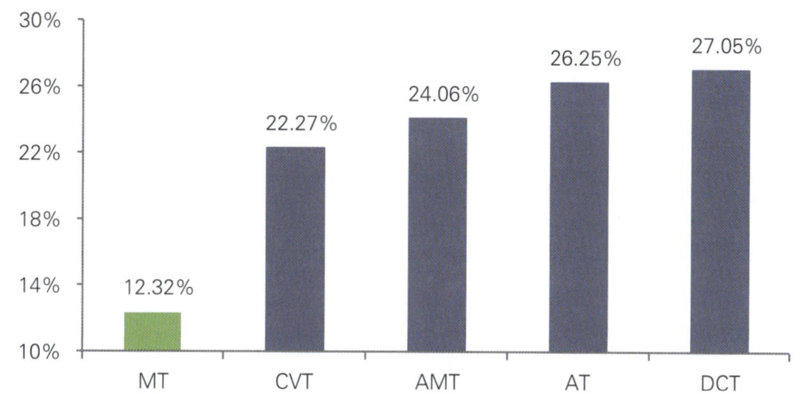

（来源：根据汽车网站数据、“乘用车燃料消耗量数据管理系统”统计）

图 11-5 细分变速箱种类车型油耗差异

从细分变速箱种类车型的油耗差异来看，搭载双离合变速箱的车型油耗差异高达 27.05%，为自动挡车型中差异最大的变速箱；油耗差异最小的自动变速箱类型为无级变速箱，约为 22.27%。

2. 进气形式差异

近年来，受世界各国油耗法规加严的影响，小排量涡轮增压发动机搭载率逐步升高，其中以大众品牌最为典型。大众于 2012 年在国内引入型号为 EA111 的 1.4T 发动机，大规模布局高尔夫、速腾等畅销车型，取得良好市场反响，随后各国厂商纷纷积极布局小排量涡轮增压发动机。增压发动机较同排量的自然吸气机型，具有体积更小、重量更轻、动力更强等优势，且小排量增压发动机在稳态工况下油耗测试效果更好，在以排量划段的消费税等方面也更具优势。因此，虽然有涡轮迟滞等缺点，依然深受企业和消费者的青睐。

2010—2011 年涡轮增压车型较少，主要为通用及大众的少量车型。2010—2017 年涡轮增压车型平均油耗差异较自然吸气车型约高 10%，2017 年自然吸气车型真实油耗与认证油耗差异为 19.37%，而涡轮增压车型则达 25.93%，如图 11-6 所示。

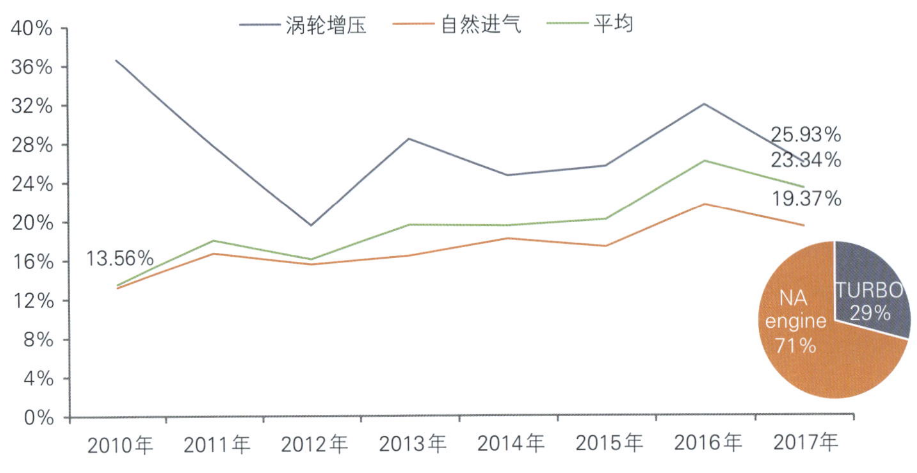

（来源：根据汽车网站数据、“乘用车燃料消耗量数据管理系统”统计）

图 11-6　涡轮增压与自然吸气车型油耗差异变化趋势

3. 怠速启停技术导致的差异

怠速启停作为一项较为常规的节能技术，目前正在各类车型上实现大规模普及，旨在城市拥堵路况占比较多、车辆怠速时间较长的使用情景下，提供更好的节油效果以及用户体验。该项技术是在长时间怠速时将发动机熄火以实现节油，因此在实际驾驶路况中，怠速时间的占比将是影响该项技术实际节油效果的重要因素。由于频繁怠速启停会影响乘坐舒适性，部分驾驶者倾向于将该功能关闭，导致其实际节油作用降低。在业界也有关于现行测试工况是否客观反映该技术实际节油效果的争议。

国内怠速启停技术引入较晚，2012 年起部分车型开始搭载怠速启停技术，从 2012—2017 年车型来看，搭载怠速启停技术车型的油耗差异较未应用该技术车型油耗差异高 15%。以 2017 年为例，未应用怠速启停车型的真实油耗与认证油耗差异为 17.80%，而搭载怠速启停车型的油耗差异则达 33.03%，如图 11-7 所示。

从结果看，搭载怠速启停技术的车型真实油耗与认证油耗偏差更大，其节油效果在油耗认证试验中被放大。

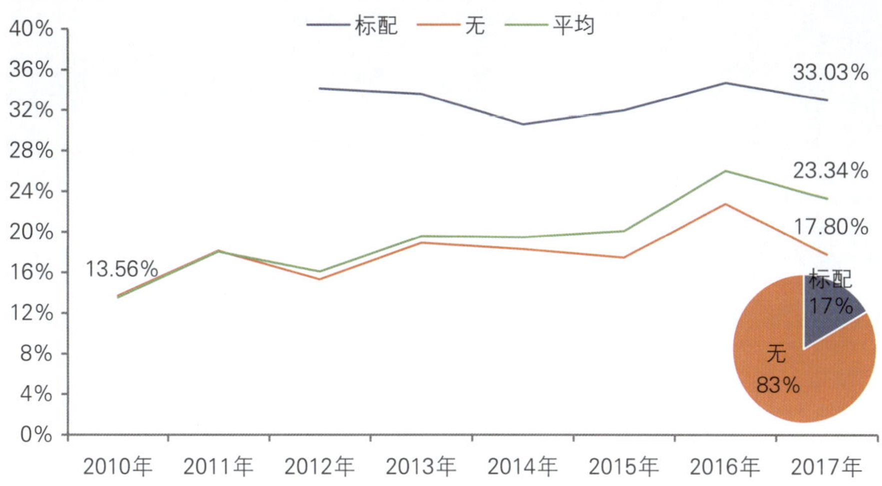

（来源：根据汽车网站数据、“乘用车燃料消耗量数据管理系统”统计）

图 11-7　是否装载怠速启停车型油耗差异变化趋势

11.3.4　品牌油耗差异

各企业车型油耗差异总体呈现波动中上升的趋势，自主企业整体油耗差异较合资企业更小，豪华车品牌油耗差异相对更大。

自主与合资企业油耗差异差距较为明显，除 2012 年各企业大量投放新产品导致自主与合资企业油耗差异集中在 16% 左右之外，其余年份油耗差异均呈现合资企业高于自主企业的趋势，2012—2017 年自主企业平均油耗差异为 15.86%，合资企业为 21.39%。

2017 年，行业油耗差异快速增长，自主企业和合资企业油耗差异分别为 18.59% 和 25.84%，同比增幅均超过 5%。具体如图 11-8 所示。

统计的所有企业可划分为 50 个品牌进行分析，油耗差异高于平均水平的品牌数为 15 个，其中合资品牌有 10 个；以 2017 年车型为例，油耗差异最大的 5 家企业依次为奔驰（52%）、沃尔沃（47%）、奥迪（45%）、捷豹路虎（44%）、宝马（40%）；油耗差异最小的 5 家企业依次为江淮（11%）、北汽（12%）、长安（16%）、上汽（17%）、广汽（18%）。油耗差异较大的企业多以大中型车和豪华型车为主，由于排量较大，若消费者存在激烈驾驶的习惯，则极易导致此类车型真实油耗远超认证油耗。同时，油耗差异较小的品牌，其产品结构主要以微型车、小型车和紧凑型车为主，且手动变速箱车型比例较高。典型合资企业油耗差异变化趋势如图 11-9 所示。

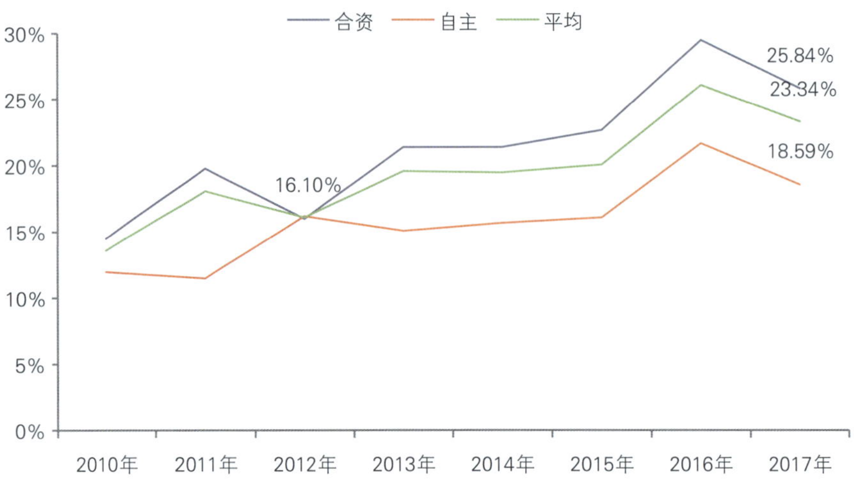

（来源：根据汽车网站数据、“乘用车燃料消耗量数据管理系统”统计）

图 11-8　2010—2017 年分车型油耗差异变化趋势

各品牌技术路径以及车型投放年份的差异，对油耗差异影响较大，部分企业呈现出较大波动，如大众在 2012 年大规模引入 1.4T 发动机后，油耗差异明显下降。但总体来说，各品牌油耗差异均呈现逐年扩大的趋势发展。值得注意的是，丰田的混合动力车型油耗差异比传统能源车小约 10%，随着此类产品产销量占比的提升，油耗差异将有所降低。

自主品牌油耗差异较低，但部分企业油耗差异逐年扩大，2017 年多家自主品牌油耗差异达 20% 以上，与合资企业平均水平持平。典型自主企业油耗差异变化趋势如图 11-10 所示。

11.4　真实油耗与认证油耗差异评价结论

11.4.1　油耗差异评价总结

乘用车实际油耗与认证油耗的差异是由油耗测试方法的固有局限性决定的，我国油耗差异发展趋势与国外相同，呈现逐年扩大的趋势。

1. 车型真实油耗与 NEDC 认证油耗差异逐年增长

从 2010 年开始，车型平均真实油耗与认证油耗差异逐年扩大。受油耗法规加严的影响，企业在降低认证油耗方面投入大量精力和财力，但在消费者实际使用过程中，真实油耗下降速率有限。

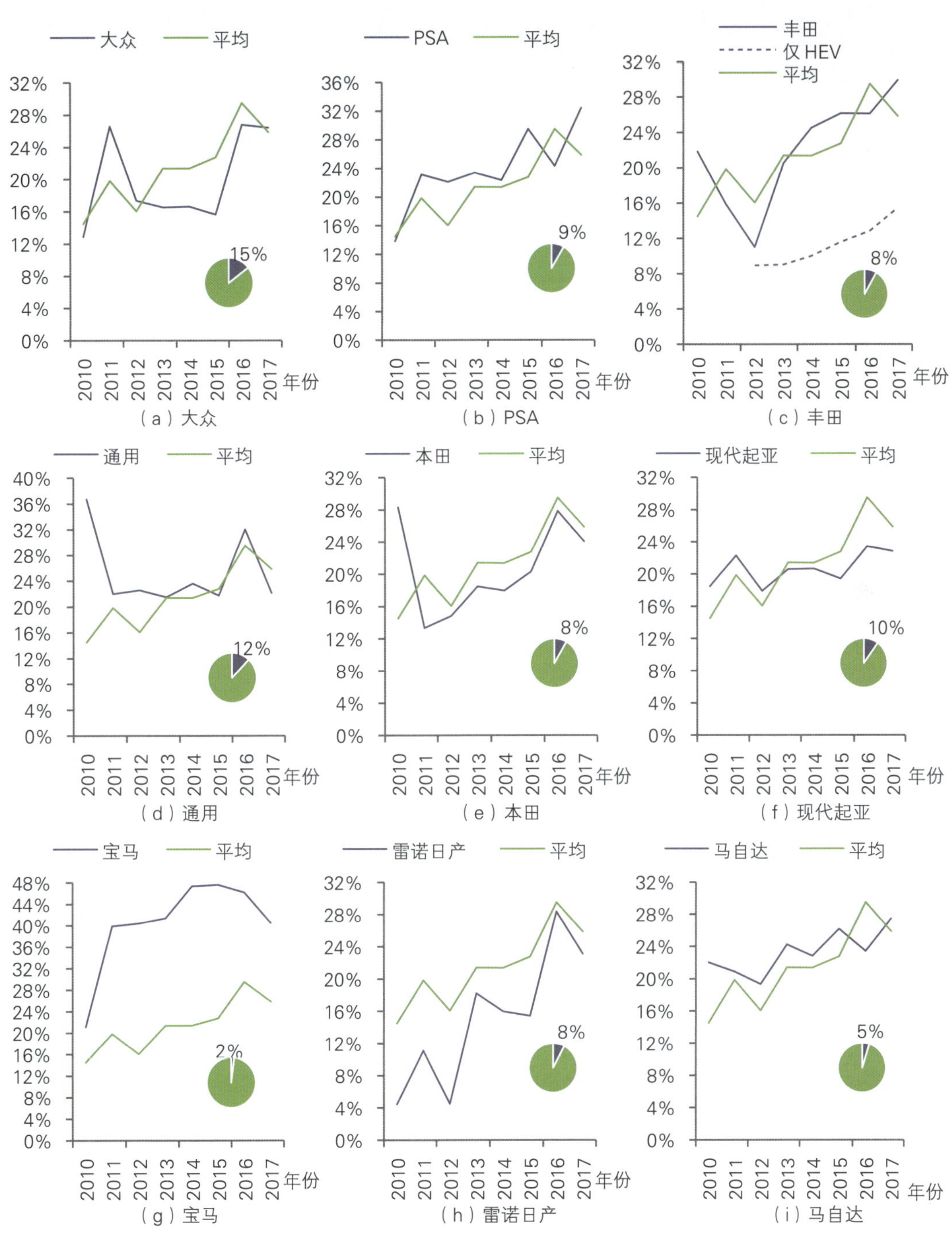

（来源：根据汽车网站数据统计）

图 11-9 典型合资企业油耗差异变化趋势

（来源：根据汽车网站数据统计）

图 11-10 典型自主企业油耗差异变化趋势

2. 地区油耗差异明显

从各地区油耗差异可看出，地理、气候、城市拥堵情况等因素都将带来显著的油耗差异。由于气温影响，北方城市油耗差异高于南方城市；东部沿海地区、中部地区、西部高海拔地区油耗差异依次减小；典型拥堵城市如北京和上海等一线城市，油耗差异水平较高。以上结果表明车辆冷启动、低温下车内空调使用和高海拔等因素对油耗差异影响较为显著。

3. 运用新技术往往带来油耗差异增加

采用先进的发动机技术及变速箱，理论上可提高燃烧和传动效率，使整车动力性能更强，节油效果更好。但真实油耗与认证油耗差异表明，各项技术对降低真实油耗的作用通过认证试验被夸大，NEDC 工况测算油耗下降速率远高于真实油耗下降速率。

4. 自主品牌整体油耗差异更小

自主品牌平均油耗差异比合资品牌小 7% 以上，其中大排量豪华车品牌油耗差异比其他品牌更大。

11.4.2 油耗差异产生原因分析

油耗差异主要来自循环工况、测试规程、节能技术以及驾驶者主观因素等。

对于真实油耗与认证油耗差异产生的原因，国内外已达成部分共识，结合前文分析，总结以下 4 类原因。

1. 循环工况因素

我国现行油耗测试工况源于欧盟 20 世纪 70 年代定型的 NEDC 循环工况，该工况由市区和市郊两段测试工况组成，其中主要包括怠速、匀加减速、匀速等多段稳态测试工况，但是 NEDC 测试工况过于简单，与当前我国消费者复杂的实际用车环境差距甚远。

2. 油耗测试规程带来的误差

油耗测试是按照统一的测试规程，在底盘测功机上进行测试，部分条件未能按照真实驾驶情况进行测试，如道路负载、沉浸温度、空气阻力等，与实际驾驶环境存在较大差异。

3. 新型节能技术的运用

政府针对汽车节能管理政策体系均以认证油耗为基准，企业在立项、研发、开发等过程中，均是以降低认证油耗为主要目标，引入的各项节能技术和相关措施均以油耗标准合规“应试”为主要目的，忽视了实际使用环境对油耗的影响，因此从最终结果看，大量采用各种新型节能技术的车型反而真实油耗差异更大。

4. 驾驶者主观因素

不同驾驶者有不同的驾驶习惯，同时气候、地理、道路状况等差异导致空调、座椅加热、大灯等车载电器使用频率有差别，车载电器使用频率更高的车主油耗相对更高，也是影响油耗差异的原因之一。

11.4.3 汽车节能管理政策建议

世界各汽车强国针对缩小油耗差异采取了一系列措施，我国也将于油耗五阶段管理周期内对测试方法进行改进，使油耗认证值更加贴近真实水平。

认证油耗是各国型式认证车辆油耗的基础，具有公平性和权威性，采用固定的测试工况和试验流程进行测试获得认证油耗是世界通用的做法。因此认证油耗与真实油耗的差异无法完全消除，只能通过改进测试方法，尽量模拟实际驾驶环境，以期减少差异。

世界各汽车强国针对缩小油耗差异，采取了相关措施，如美国设置了 5 种循环工况，补充了激烈驾驶、使用空调、低温驾驶等用车情景，分别对各个工况进行试验并对油耗进行加权计算，获得该车型的认证油耗。还建立了真实油耗数据平台，由消费者自行填报真实油耗数据，并向社会公开。同时设置相关换算公式，将认证油耗转化成真实油耗参考值，并在油耗标签上标识全部五认证油耗，为消费者提供参考。

欧盟在 2017 年已正式引入 WLTP 工况和测试方法，该工况相较于 NEDC 工况多了多个瞬态运行的区间，以提高与实际驾驶环境的相似性，同时受柴油车“排放门”的影响，除排放测试外，未来或考虑在油耗测试引入 RDE 测试规程；同时计划对汽车产品型式认证体系进行改革，打破检测机构对于企业资金和实验室资源的依赖。

根据以上研究成果，建议有关部门进一步完善乘用车节能管理制度，具体提出以下建议。

1. 继续修订完善乘用车油耗测试标准

现有的 NEDC 测试工况对于企业而已过于宽松，无法模拟真实的驾驶环境，我国在五阶段油耗测试标准制定时，应将 NEDC 工况切换为更为严格的中国工况（CATC）或 WLTC 工况。其中中国工况是基于全国 41 个城市的工况测试与采集，借鉴了 WLTP 工况制定过程中数据采集以及处理的相关经验。目前中国工况国家标准已形成征求意见稿，向社会公开征求意见。

欧盟的相关研究成果显示，2020 年由 NEDC 工况转换成 WLTP 工况后，预计欧盟新车真实与认证的碳排放差异（等同油耗）将从 49% 下降至 23%，得到显著改善。中国工况与 WLTP 工况在短行程与怠速区间等方面相一致，具有相同的特征，预计五阶段我国油耗测试由 NEDC 工况切换至新工况后，无论是中国工况还是 WLTP，真实油耗差异都将得到明显改善。

除了测试工况外，还需要对测试流程和要求进行完善，如测功机参数设置、道路载荷的计算、滑行试验等方面，同时还需要将消费者在实际驾驶中使用空调的情景纳入测试流程中。更重要的是测试流程中的每一个细节都应尽可能的明确，以减少厂商在油耗测算中“钻空子”的可能性。

2. 将实际道路测试环节纳入油耗认证

实际道路测试（Real Driving Emissions，RDE）目前主要用于机动车排放测试中，该测试采用便携式排放监控系统（PEMS）设备作为检测工具，在实际道路行驶过程中测试，与之前的实验室理想条件测试完全不同。受“排放门”等事件的影响，欧盟切换 WLTP 工况测试流程后，同步引入了 RDE。

我国于 2016 年 12 月发布的国六排放标准中，也纳入了 RDE，并要求于 2023 年 7 月后正式实施。固定工况测试更多体现了“应试思维”，即使切换 WLTC 或中国工况，也难以克服其固有弊端，相对于固定工况测试，RDE 随机性更强，更贴近消费者实际使用情况。因此建议效仿排放法规，在油耗测试中同样引入 RDE 流程，通过设置符合性因子对企业进行约束，且 RDE 结果也可认定为代表各车型实际油耗水平，更加方便有关部门开展行业管理。

3. 汽车能耗标识信息应新增真实油耗内容

近期工信部完成了对汽车能耗标识标准的修订，新版标准于 2017 年 5 月正式发布，2018 年 1 月 1 日正式实施。在最新版标识标准中，采用了连续比较标识方案，针对相同限值要求下的最优车型产品所形成的油耗领跑值进行对比，并注明了油耗认证值与对应限值要求相差幅度，相较老版标准有较大的改进。

目前消费者广泛认为认证油耗比实际水平低，油耗标签所显示的相关信息难以体现实际使用中车辆综合油耗水平，对实际驾驶的参考价值较低。建议有关部门对油耗标识进行进一步修订，在标识中应明显地体现该车型实际使用油耗的平均水平，给予消费者以参考。实际油耗数据可参考美国交通部管理模式，通过对认证油耗通过某种换算关系得到；或参考上文提及的 RDE 方法，获取各车型真实油耗平均值；在条件允许的情况下，也可通过主管部门要求企业通过售后等相关渠道收集消费者真实油耗数据，并上报给相关部门进行管理，如此可获得更加精确的消费者实际油耗信息。

国外发展篇

摘要

随着全球气候变化加剧和汽车技术的飞速进步，全球主要国家和地区都在加快推进节能与新能源汽车产业的发展。部分国家为加快推动电动汽车发展，除进一步限制传统汽车的排放污染以及油耗水平外，还相继提出了“燃油车禁售”的时间表。2018 年 5 月，欧盟委员会正式提出了欧盟首个重型车 CO_2 排放标准草案，旨在减少交通领域油耗使用成本，维持欧盟汽车制造企业在技术领域的领导力。对国外燃油车禁售、欧盟重型车油耗法规进行研究，将为我国未来汽车节能法规制定、产业转型升级提供重要参考。

专题 12

国外燃油车禁售研究

自 2015 年 12 月国际零排放汽车联盟发布声明承诺在 2050 年前推动零排放汽车销售以来，以欧洲为主的一些国家或地区纷纷发布了停止汽油和柴油车型的生产销售计划或做出相关口头表态，大部分国家禁售计划主要针对乘用车。总体来看，提出禁售燃油汽车计划的主要国家，均面临着日益严苛的碳排放法规要求。从提出禁售的形式与时间来看，禁售主张多为议会提案或官员表态，提出的背景多数在国际会议时或召开前夕；提出禁售的时间节点多数是在新能源汽车国内市场占比达到一定比例（40% 以上）的基础上进行，后续并未形成具有法律效力的文件，也未提出具体实施计划。因此，该类国际禁售主张可以理解为一种支持新能源汽车发展形式上的表态，也不排除是出于塑造国际形象、竞选拉票等政治目的。

12.1 国外禁售传统汽车计划概述

各国禁售传统汽车的计划始于 2015 年国际零排放汽车联盟的一项声明。2015 年 12 月 3 日，在巴黎召开的第 21 届联合国气候变化大会（COP21）上，由美国加利福尼亚州、康涅狄格州、马里兰州、马萨诸塞州、纽约州、俄勒冈州、罗得岛州、佛蒙特州，加拿大魁北克省，以及德国、荷兰、挪威和英国 13 个国家或地区组成的国际零排放汽车联盟（International Zero-Emission Vehicle Alliance，简称 ZEV 联盟）发布声明，一致承诺在 2050 年前，推动所辖范围内所有销售的乘用车均为零排放汽车（按照该文件表述，“零排放汽车”与中国“新能源汽车”范围相同）。为响应该提议，一些成员国纷纷发布了停止汽油和柴油车型的生产与销售的计划。

2016 年 7 月，挪威发布了《2018—2029 年国家交通计划》（Nasjonal Transport Plan 2018—2029）。该计划中指出，到 2030 年，交通领域的 CO_2 排放量须减少到当今排放量的一半。为达到该目标，从 2025 年开始，新销售的乘用车、公交车和轻型商用车必须为零排放汽车。到 2030 年，重型货车、75% 的长途汽车和 50% 的新销售卡车必须为零排放。

2016 年 10 月，德国联邦参议院通过了一项关于 2030 年禁止销售燃油汽车的倡议书（Eine Europäische Strategie für Emissionsarme Mobilität），并向欧盟各国呼吁：欧盟应该制定财政补贴和免税政策以实现从 2030 年开始新销售的汽车全部为零排放汽车。

2016 年 4 月，荷兰众议院通过了荷兰劳工党 (LabourPVdA) 的倡议，要求尽一切可能来确保自

2025 年开始，荷兰国内只出售零排放的汽车。

2016 年 6 月，印度能源部部长 Piyush Goyal 在印度建筑业协会 2017 年会上表示，到 2030 年，没有一辆内燃汽车会被允许在印度销售。

2017 年 7 月，在 G20 峰会前，法国生态部部长 Nicolas Hulot 宣布在 2040 年前停止销售传统汽车；英国环境大臣 Michael Gove 也表示英国将于 2040 年起停止销售汽油和柴油汽车来减少空气污染，到 2050 年，行驶在英国道路上的汽车将全部实现零排放。主要国家禁售传统汽车计划见表 12-1 所列。

表 12-1　主要国家禁售传统汽车计划

提出地区	提出时间	提出形式	禁售节点	禁售车型	内容及进展
荷兰	2016 年 4 月	议案	2025 年	纯汽油 / 柴油汽车	已由荷兰议会二院（下院）通过，仍需议会一院（上院）通过才能成为法案
德国	2016 年 10 月	议案	2030 年	装备有内燃机的汽车	该议案仅为一项倡议，德国交通部长 Alexander Dobrindt 评论说 2030 年禁售内燃机车不具备可行性
挪威	2016 年 7 月	国家交通计划	2025 年	纯汽油 / 柴油汽车	虽然国家计划中提及，但挪威议会表示并不会通过禁售的形式，而是以污染者付费的方式实现目标达成
巴黎、马德里、雅典、墨西哥城	2016 年 11 月	签署协议	2025 年	柴油车	4 位市长签署了有关协议，但尚未发布具体行动方案
印度	2017 年 6 月	口头表态	2030 年	纯汽油 / 柴油汽车	仅为能源部部长 Piyush Goyal 口头表态，但尚未发布具体行动方案
法国	2017 年 7 月	口头表态	2040 年	纯汽油 / 柴油汽车	仅为生态部部长 Nicolas Hulot 口头表态，但尚未发布具体行动方案
英国	2017 年 7 月	口头表态	2040 年	纯汽油 / 柴油汽车	仅为环境大臣 Michael Gove 口头表态，但尚未发布具体行动方案

12.2　典型国家汽车产业发展现状分析

当前提出禁售传统汽车计划的国家中，荷兰和挪威由于汽车保有量和年度销量均较小，其禁售传统汽车政策和新能源汽车发展规划，对于中国参考价值不大。因此，将德国、英国和法国 3 个国家作为典型国家进行重点研究。

12.2.1　德国汽车产业发展现状及新能源汽车发展环境

从汽车市场规模来看，根据德国交通部（KBA）数据统计，德国 2016 年德国乘用车销量为 335 万辆，其中新能源汽车销量为 2.5 万辆，占比为 0.74%；截至 2016 年，德国乘用车保有量超过 4 500 万辆，其中新能源乘用车为 7.5 万辆，占比为 0.17%。根据 2009 年 9 月德国发布的《国家电动汽车发展计划》（Regierungsprogramm Elektromobilität），到 2020 年，德国电动汽车（纯电动汽车、插电式混合动力汽车、增程式电动汽车）保有量达 100 万辆；到 2030 年，电动汽车达 500 万辆；到 2050 年非石化燃料驱动的城市交通将占据绝对优势地位。

从电力结构来看，根据德国联邦统计局数据，截至 2016 年，德国褐煤及硬煤发电占比为 40.3%，可再生能源发电占比为 29%，核电占比为 13.1%，天然气发电占比为 12.4%，其他能源发电占比为 5.2%。

从基础设施建设上看，根据德国国家电动汽车平台 (NPE) 预测，若达到 2020 年 100 万辆的保有量目标，则需要在私人领域建设 102.2 万个充电桩，在公共和半公共领域建设 17.3 万个充电桩。对此，德国政府计划在 2020 年前拨款 3 亿欧元用于公共领域充电设施建设。

12.2.2 英国汽车产业发展现状及新能源汽车发展环境

根据英国汽车制造商和交易商协会数据统计，2016 年英国乘用车注册量为 269.2 万辆，其中新能源乘用车注册量为 3.5 万辆，占比为 1.31%；汽车保有量超过 3 350 万辆，其中新能源汽车保有量为 8.3 万辆（2011 年 1 月—2016 年 12 月），占比为 0.25%。

从电力结构来看，根据英国国家统计局数据，截至 2016 年，英国天然气发电占比为 40.55%，可再生能源发电占比为 23.54%，核电占比为 20.29%，煤炭等其他能源发电占比为 15.61%。

从基础设施建设情况来看，根据 Chargemap 数据，2016 年年底英国累计建成 4 000 个公共充电点、12 136 个公共充电桩。

12.2.3 法国汽车产业发展现状及新能源汽车发展环境

根据法国汽车制造商协会（CCFA）数据统计，2016 年法国乘用车销量为 201.5 万辆，其中新能源汽车销量为 2.7 万辆，占比为 1.34%；截至 2016 年，法国乘用车保有量超过 3 200 万辆，其中新能源汽车保有量为 11.6 万辆，占比为 0.36%。

从电力结构来看，根据法国电力传输网络（RTE）数据，截至 2016 年，法国核电占比为 72.28%、可再生能源发电占比为 19.09%、油、煤炭及天然气发电占比为 8.63%。

从基础设施建设情况来看，根据 Chargemap 数据，2016 年底法国累计建成 7 766 个公共充电点、33 423 个公共充电桩。

12.2.4 典型国家碳排放减排计划分析

德国、英国和法国提出禁售传统汽车和新能源汽车发展计划，其主要原因是为了应对欧盟日益严苛的碳排放要求。欧盟于 2008 年通过“气候行动和可再生能源一揽子计划”（EU Climate and Energy Package），规定到 2020 年实现温室气体排放量相比 1990 年水平减少 20%；2014 年通过“气候能源框架”（Climate & Energy Framework），规定到 2030 年实现温室气体排放量相比 1990 年水平减少 40%。为实现这一目标，2009 年欧盟新乘用车及轻型商用车开始实施强制性 CO_2 排放标准，到 2015 年，欧盟新乘用车 CO_2 排放不得超过 130 g/km（相当于 5.6 L 汽油 /100km 或 4.9 L 柴油 /100km），2021 年，不得超过 95 g/km（相当于 4.1 L 汽油 /100km 或 3.6 L 柴油 /100km）。如果汽车制造商无法达到上述标准，超出碳排放标准的车辆将受到处罚。2019 年之前，该标准见表 12-2 所列。2019 年开始，超标处罚金额将从 95 欧元开始计算。

表 12-2　欧盟乘用车 CO_2 排放超标处罚规则

处罚范围	处罚金额
超标小于 1 g/km	每 g/km 5 欧元
超标 1~2 g/km	每 g/km 15 欧元
超标 2~3 g/km	每 g/km 25 欧元
超标大于 3 g/km	每 g/km 95 欧元

在欧盟总体排放框架下，各国也出台了本国碳排放相关法案。

德国在 2007 年通过了能源和气候法案（Eckpunkte für ein Integriertes Energie-und Klimaprogramm），规定到 2020 年实现温室气体排放量相比 1990 年水平减少 40%。为此 2016 年德国倡议从 2030 年开始新销售的汽车全部为零排放汽车。

英国在 2011 年制定了本国的碳计划（Carbon Plan），规定到 2025 年实现温室气体排放量相比 1990 年水平减少 50%，2050 年实现温室气体排放量相比 1990 年水平减少 80%。为此，英国低排放汽车办公室（OLEV）提出：若达到该目标，2040 年左右每辆新销售汽车应全部为低排放汽车（ULEV，CO_2 排放不得超过 75 g/km 的汽车）。

法国于 2015 年颁布了能源改革法案（Loi de Transition Energétique Pour la Croissance Verte），规定到 2030 年实现温室气体排放量相比 1990 年水平减少 40%，2050 年实现温室气体排放量相比 1990 年水平减少 75%。在该法案的行动计划中强调，2013 年法国交通领域温室气体排放占总排放的 28%，成为排放占比最高的领域。为此，2025 年之前所有新购置公交必须为低排放汽车。

可以看出，典型国家的禁售传统汽车计划及新能源汽车发展规划，是与欧盟及各国 CO_2 排放的总体目标密切相关的，同时也符合本国汽车产业发展现状及未来目标。一方面，受欧盟碳排放约束及本国碳排放计划影响，需要通过禁售传统汽车的方式，来满足碳排放合规要求；另一方面，虽然英法德 3 国新能源汽车市场存量占比并不具备突出优势，但是其具有禁售传统汽车、发展新能源汽车的基础。由此可见，对于禁售传统汽车政策的判断，需要结合多项目标要求和发展现状等依据。具体见表 12-3 所列。

表 12-3　典型国家温室气体排放目标与配套情况

国家	碳排放量目标				
	2020 年	2025 年	2030 年	2040 年	2050 年
欧盟	比 1990 年减少 20%		比 1990 年减少 40%		
	目标：2021 年起新乘用车 CO_2 排放不得超过 95 g/km				
德国	比 1990 年减少 40%				
	目标：2030 年开始新销售的汽车全部为零排放汽车（新能源汽车）。				
	汽车市场概况：截至 2016 年，汽车保有量超过 4 500 万辆，其中新能源乘用车为 7.5 万辆，占比为 0.17%（德国交通部）。				
	存量市场结构：880 款德国市场车型 CO_2 排放约为 130 g/km；500 余款国外市场车型 CO_2 排放低于 120 g/km（德国联邦外贸与投资署报告）。				
	当前电力结构：煤电（40.3%）、可再生能源发电（29%）、核电（13.1%）、天然气发电（12.4%）、其他能源发电（5.2%）				
英国		比 1990 年减少 50%			比 1990 年减少 80%
	目标：2040 年起新乘用车 CO_2 排放不得超过 75 g/km。				
	汽车市场概况：截至 2016 年，汽车保有量超过 3 350 万辆，其中新能源汽车保有量为 8.3 万辆，占比为 0.25%（英国汽车制造商和交易商协会）。				
	存量市场结构：2011 年 32% 新车 CO_2 排放超过 140 g/km；63% 左右新车 CO_2 排放为 100~140 g/km；5% 新车 CO_2 排放小于 100 /km（OLEV 办公室报告）。				
	当前电力结构：天然气发电（40.55%）、可再生能源发电（23.54%）、核电（20.29%）、煤炭等其他能源发电（15.61%）				
法国			比 1990 年减少 40%		比 1990 年减少 75%
	目标：2040 年前停止销售传统汽车。				
	汽车市场概况：截至 2016 年，汽车保有量超过 3 200 万辆，其中新能源汽车保有量为 11.6 万辆，占比为 0.36%（法国汽车制造商协会）。				
	当前电力结构：核电（72.28%）、可再生能源发电（19.09%）、油、煤炭及天然气发电（8.63%）				

与此同时，根据 ICCT 对于主要国家新能源汽车市场渗透的研究，如图 12-1 所示。可以看出，在发布禁售传统汽车计划的国家中，法国（2040 年）、英国（2040 年）宣布禁售的时间节点新能源汽车当

年的市场占比约为 90%；德国（2030 年）、挪威（2025 年）宣布禁售的时间节点新能源汽车当年的市场占比约为 50%；荷兰（2025 年）宣布禁售的时间节点新能源汽车当年的市场占比约为 40%。

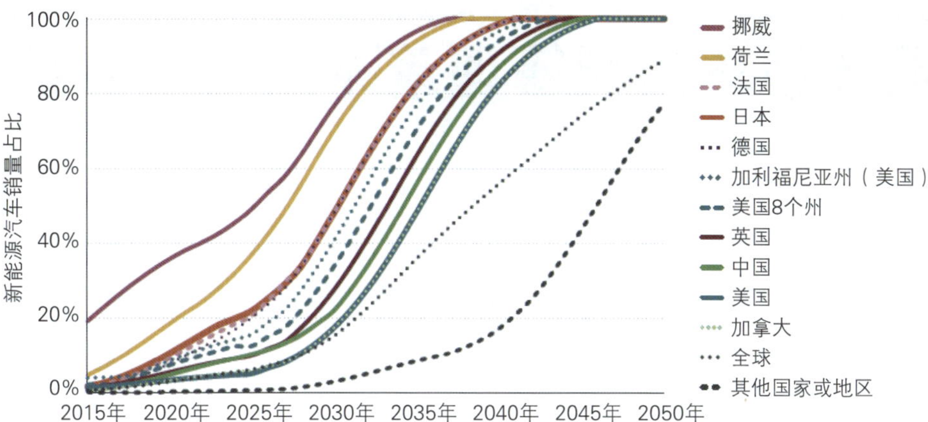

图 12-1　ICCT 对于主要国家新能源汽车市场渗透率的预测

专题 13

欧盟重型车油耗管理策略及法规方案

欧盟在 2009 年起开始对轻型车的企业平均 CO_2 水平进行管理，目前已取得了阶段性的成效，2017 年欧盟乘用车新车平均油耗为 118.5 g/km，远低于 2015 年的 130 g/km 的行业目标值。同时，占欧盟整体 CO_2 排放总量的 6% 的货车与客车于 2018 年 5 月 17 日正式迎来了欧盟首个重型车 CO_2 排放法规提案。

13.1 欧盟 2020 年节能减排的政策体系

欧盟通过制定具有约束力的组合型政策保障 2020 年节能减排目标的实现。节能减排政策组合需要实现 3 个主要目标：温室气体排放需要降低至 1990 年水平的 80%，欧盟可再生能源需要占 20%，能源利用效率需要提升 20%。

以上 3 个节能减排目标由欧盟领导人在 2007 年提出并在 2009 年予以明确立法，同时也是欧盟 2020 年实现智能化、可持续和集约型发展战略的首要目标。为实现这些目标，欧盟正在多个领域采取以下措施。

1. ETS 碳排放交易系统

欧盟碳排放交易系统是欧盟减少工业领域中大型设施、工厂等温室气体排放的重要手段。碳排放交易系统已经覆盖到欧盟全部温室气体排放的 45%。碳排放交易系统要求到 2020 年应从各领域中相比 2005 年水平减少 21% 的碳排放。

2. 国家碳减排目标

国家碳减排目标领域不与碳排放交易系统的管控领域重叠，占据了剩余 55% 的碳排放领域，包括家庭、农业、废弃物和交通（不包括航空领域）。欧盟的成员国为实现 2020 年的节能减排目标，分别在各领域设定了减排年度目标。减排目标的严格程度取决于成员国的贫富程度，即最富有的成员国家需要减少较 2005 年水平 20% 的碳排放，而“经济条件差”的成员国将允许较 2005 年水平的碳排放增加最多 20%（但是这些国家仍需要制定相应限制排放的政策）。每年欧盟委员会对减排目标的执行情况进行监管，所有成员国必须按年度上报碳排放情况。

3. 可再生能源发展的国家目标

欧盟成员国需要根据“可再生能源指令”的要求，在 2020 年以前提升可再生能源在能源利用中的比例，达到各成员国所设定的国家目标。由于各成员国可再生能源的产能和发展程度有所不同，因此各成员国的目标设定也不同，比如要求马耳他的可再生能源利用占比达 10%，而瑞典则需要达到 49% 的目标。预计整体的政策效果将使欧盟整体 2020 年可再生能源利用比例达 20%（预计达到 2010 年 9.8% 水平的 2 倍），交通领域可再生能源的利用比例达 10%。

4. 创新研发的支持

欧盟支持低碳技术的研发，如欧盟委员会、欧洲投资银行与各成员国联合发起的 NER300 项目，旨在对碳排放交易体系中使用创新低碳技术或可再生能源的设施给予财政补贴。此外，欧盟对提高能源效率方面制定了能源效率规划以及能源效率指令。

实现 2020 年欧盟的节能减排目标，首先有助于维护欧盟的能源安全，减少对进口能源的依赖。其次，节能减排可以创造就业机会，实现绿色发展提升欧盟竞争力。

13.2 欧盟重型车 CO_2 排放管理历程

根据欧洲汽车工业协会的数据显示，交通领域产生的 CO_2 排放约占欧盟 CO_2 排放总量的 25%，其中道路运输占总量比例为 17.8%，货车与客车占欧盟整体 CO_2 排放总量的 6%。

为此，欧盟制定了重型车 CO_2 减排计划，公布了近期和中期举措，整体计划清晰，目前正在全力推进中期节能工作。

短期措施聚焦于测量方法和报告。2014 年 5 月，欧盟正式通过了重型车 CO_2 减排战略，涉及重型载货汽车和客车。在此之前，欧盟已经制定了乘用车和轻型商用车的 CO_2 排放法规。虽然燃料消耗量对重型车至关重要，但迄今为止，欧盟对重型车 CO_2 排放的测量和报告仍属于空白。因此，短期举措聚焦于重型车 CO_2 排放的认证、报告和监督检查工作，这也是限制 CO_2 排放工作的第一步。欧盟对于重型商用车 CO_2 排放的测量采用模拟计算方法，欧盟委员会开发了模拟计算工具（Vehicle Energy Consumption Calculation Tool，VECTO），欧盟委员会于 2017 年提出相关法规草案，该草案将规定重型商用车的新车如何开展 CO_2 排放的认证、报告和监督检查工作，此举有利于增加市场透明度，提高节能产品的竞争力以及节能技术的应用。

中期进一步措施与乘用车和轻型商用车相类似，设定重型车的企业平均 CO_2 排放限值。其他措施还包括：促进替代燃料（包括新能源）重型车基础设施的发展、基础设施使用的科学定价、有效合理的车辆税收政策和其他市场机制。

2018 年 5 月 17 日欧盟委员会正式在官网上发布为欧盟重型车拟定的 2020—2030 年 CO_2 排放标准草案（Proposal for a Regulation Setting CO_2 Emission Performance Standards for New Heavy-duty Vehicles），内容概括如下。

1. 时间和目标

2025 年，欧盟货车新车的 CO_2 排放水平较 2019 年降低 15%。

自 2025 年起，欧盟开始考核企业平均的目标值（即 2025 年之前不做考核，不处罚）。

2030 年，欧盟货车新车的 CO_2 排放水平较 2019 年降低 30%（暂定，2022 年会根据实际情况重新评估这一目标）。

2. 管理范围

法规中所指的重型车是指满足以下条件的 N2 和 N3 类车辆（不包括特殊用途车辆，如垃圾车和工程车辆，不包括 M2 和 M3 类车辆）。

① 驱动型式为 4×2 的普通货车（Rigid Lorry，无半挂车设计）且可承载的最大装载质量超过 16 吨。

② 驱动型式为 6×2 的普通货车。

③ 驱动型式为 4×2 的半挂牵引车（Tractor）且可承载的最大装载质量超过 16 吨。

④ 驱动型式为 6×2 的半挂牵引车。

3. 目标值计算

欧盟委员会将符合法规管理范围的重型车分为九类，每种类别的车对应的目标值在计算时的系数不同。重型车能耗的具体数值是通过 VECTO 计算得出的，企业上报的数据均为 VECTO 的计算结果。

4. 计算单位

重型车 CO_2 排放的单位为 g/tkm。

5. 处罚

自 2025 年起开始考核后，企业年度实际值与目标值每超过 1 单位 CO_2 排放单位的，处以 6 800 欧元的罚款，即每超过 1 g/tkm=6 800 欧元。

6. 创新的灵活性措施

为鼓励零排放和低排放重型车发展，对生产该类型车的企业在核算时予以“超级积分”的鼓励措施。

① 每一辆零排放汽车核算时按照两辆计算。
② CO_2 排放不超过 350 g/km 的低排放重型车可根据计算公式最多予以不超过两辆的核算优惠。

7. 引入积分的概念

2019—2025 年企业提前达标则可积累 CO_2 排放正积分，正积分可以存储并用于 2025 年当年达标使用，2025 年后产生的正积分同样可以存储并使用。负积分只能在 2025—2029 年产生，且企业负积分数量有上限，例如，某企业的负积分数量最多不超过企业当年度重型车总数量与 CO_2 目标值乘积的 5%。

13.3 欧盟重型车 CO_2 法规方案编译

本节内容节选自 2018 年 5 月 17 日欧盟委员会公示的 COM/2018/284—Proposal for a Regulation Setting CO_2 Emission Performance Standards for New Heavy-duty Vehicles 文件，国内尚无标准译本，仅供学习和参考使用。

1. 第一条：主体和目标

为了完成欧盟设定的 2030 年较 2005 年温室气体排放水平降低 30% 的目标，以及履行巴黎协定的承诺，确保欧盟内部市场的正确运转，本法规设定了重型车新车 CO_2 排放标准，以期欧盟重型车新车整体的 CO_2 排放水平达到以下水平。

① 自 2025 年 1 月 1 日起，到 2029 年 12 月 31 日，CO_2 排放水平降低 15%。
② 自 2030 年 1 月 1 日起，根据第十三条，CO_2 排放水平降低 30%。

2. 第二条：适用范围

本法规适用于 N2 和 N3 类的新车，且应满足以下条件。

① 驱动型式为 4×2 的普通货车（无半挂车设计）且可承载的最大装载质量超过 16 吨。
② 驱动型式为 6×2 的普通货车。
③ 驱动型式为 4×2 的半挂牵引车且可承载的最大装载质量超过 16 吨。
④ 驱动型式为 6×2 的半挂牵引车。

本条第一段中所指的车辆是指某一自然年的新注册重型车，新车是指首次在欧盟注册的且未在欧盟以外地区注册过的车辆。在欧盟以外注册过且时间少于 3 个月的，即使后来在欧盟注册也不应纳入核算。

3. 第三条：定义

下列定义适用于本法规。

① 参考 CO_2 排放值，是指在不同组别中，2019 年行业新重型车的平均 CO_2 排放，不包括专用车。
② 具体排放值（实际值），是指每辆重型车的 CO_2 排放值。
③ 企业平均具体排放，是指某重型车企业在某一年度的重型车的平均具体排放值。
④ 具体排放目标（目标值），是指每个企业的目标值，用 g/tkm 表示，每年企业的目标值根据上年水平决定。
⑤ 非半挂牵引车，是指该牵引车从设计和构造上不具备拖拽半挂车功能的车辆。
⑥ 牵引车，是指该牵引车从设计和构造上仅为或主要为了拖拽半挂车的车辆。
⑦ 组别，是指根据附件定义的车辆分组，不同车辆组别具有明显的技术标准的差异，并据此决定 CO_2 排放和 油耗。
⑧ 专用车，是指非运送货物的重型车。
⑨ 汽车制造商，是指负责报送重型车相关数据的个体或组织，同时负责向欧盟委员会进行整车型式认证或独立型式认证的主体。
⑩ 零排放重型车，是指未装备内燃机或载有内燃机，但 CO_2 排放值小于 1 g/kWh（1 g/km）的重型车。
⑪ 低排放重型车，是指非零排放重型车，但 CO_2 排放实际值小于 350 g/km。
⑫ 任务描述，是指具有相同目标速度循环、载荷值、车身或挂车的配置以及其他参数的集合，可反映一辆车的具体用途，并在此基础上确定其官方的 CO_2 排放和油耗值。
⑬ 目标速度循环，是指对车辆速度的描述，即驾驶员想要达到或受交通条件限制的速度，是行程中所覆盖距离的函数。
⑭ 载荷，是指车辆在不同条件下所承载的货物或人的重量。

4. 第四条：企业平均排放

自 2020 年开始，在以后每一个历年，委员会应通过执行第十条第一款所述的行为，确定每一个汽车制造商在前一年的 g/tkm 的平均具体 CO_2 排放量，并考虑到下列情况。

① 根据（欧盟）第 XX 号规定…/2018[监测和报告 HDV] 所上报的数据，仅为汽车制造商在相关年份的新注册重型车辆，不包括专用车辆。

② 根据第五条的内容确定零排放和低排放汽车的系数。

5. 第五条：零排放和低排放重型车

① 自 2020 年起，欧盟委员会根据第十条的规定，确定每个汽车制造商上一年度零排放和低排放汽车的系数。零排放和低排放车系数应计入某汽车制造商的零排放和低排放重型车某一年度的数量和 CO_2 排放量，包括符合第二条第一部分的零排放汽车的种类以及零排放和低排放专用车。

零排放和低排放车系数的计算应根据附件确定。

② 零排放和低排放重型车应按照以下规定计算。

- 一辆零排放重型车应在核算时按照两辆计算。
- 一辆低排放重型车应在核算时根据其实际值和 350 g/km 水平的函数，按照最多两辆计算。

③ 零排放和低排放系数对企业平均 CO_2 排放水平降低的影响最多不得超过 3%，其中零排放重型车的种类参考第二条的规定，对企业平均 CO_2 排放水平降低的影响最多不超过 1.5%。

6. 第六条：企业 CO_2 排放目标值

自 2026 年起，欧盟委员会根据第十条的规定确定每家汽车制造商上一年度的企业平均 CO_2 排放目标值。具体的目标值应包含所有汽车组别以下数值。

① 参考第一条所规定的 CO_2 减排目标。

② CO_2 参考排放值。

③ 汽车制造商所有车辆在每个重型车组别的占比情况。

④ 适用于每个组别的年度里程和载荷的系数。

具体的排放目标值应根据附件计算确定。

7. 第七条：排放正积分和负积分

为了确定汽车制造商在 2025—2029 年的目标值合规情况，在核算时采用计入排放积分和负积分的方法，即用当年度新注册重型车数量乘以以下数值之差（不包括专用车）。

① 若企业平均 CO_2 目标值与企业平均 CO_2 排放值的差额为正，则产生排放正积分。
② 若差额为负，则为负积分。

排放正积分在 2019—2029 年都可以获得，但是在 2019—2024 年期间所获得的正积分仅能用作 2025 年企业合规。

2025—2028 年所获得的排放正积分和负积分可结转到下一年度，最多可结转到 2029 年，在 2029 年所有的负积分都应被抵消。

8. 第八条：排放目标值的合规

① 若自汽车制造商 2025 年起，其实际值超过本条第二段所规定的目标值，欧盟委员会应根据以下计算公式对超额排放的汽车制造商征收超额排放费用：超额排放费 = 超排量 ×6 800 欧元 / gCO_2/tkm。

② 满足以下任何一种情况则汽车制造商将被视为超额排放。

- 在 2025—2028 的任一年度，企业的排放负积分总数与正积分总数之差超过负积分最大限制，参考第七条。
- 2029 年，企业负积分总数大于正积分总数。
- 2030 年及以后，若汽车制造商的企业平均 CO_2 排放超过其目标值的。

某一年度的超额排放费应根据附件计算。

③ 欧盟委员会应根据第一段的内容对不合规的企业采取行动，征收超额排放费。该征收行为应符合第十四条中的审查程序。
④ 超额排放费的金额应视为欧盟总预算收入。

9. 第九条：监控数据的确认

① 型式认证机构应及时向欧盟委员汇报。若在产重型车 CO_2 排放值出现变化，与产品一致性证书不同，应参考欧盟委员会 595/2009 法规的第五条进行处理。

② 为准确计算企业平均 CO_2 排放的实际值，欧盟委员会应将所有误差或变化情况计入。

③ 当上报的数据出现偏差时，欧盟委员会应当采取具体的应对程序，这些应对程序应按照第十四条所述的审查程序执行。

10. 第十条：数据和企业合规情况的公示

欧盟委员会应于每年度的 10 月 31 日通过执行法规，公布包含以下信息的清单。

① 自 2020 年起，每个汽车制造商的上一年度企业平均 CO_2 排放实际值，参考第四条的要求。

② 自 2020 年起，零排放和低排放系数，参考第五条。

③ 自 2026 年起，每个汽车制造商上一年度的企业 CO_2 排放目标值，参考第六条。

④ 从 2020 到 2030 年，每个汽车制造商的 CO_2 减排信息、正积分数量，自 2026 年开始的前一年度的负积分数量，参考第七条。

⑤ 自 2026 年起，每个汽车制造商在上一年度的超额排放量，参考第八条。

⑥ 自 2020 年起，上一年度所有新注册重型车的 CO_2 平均排放实际值。

上述所列清单用于 2020 年 10 月 31 日前公示，包括参照第一条中的 CO_2 排放参考值。

11. 第十一条：真实世界 CO_2 排放和能耗

① 根据欧盟法规 2017/2400，欧盟委员会应监控并评估真实世界 CO_2 排放和油耗值的代表性。应确保公众被告知真实世界 CO_2 排放和油耗的代表性是如何改进的。

② 为了实现上述目的，欧盟委员会应确保制造商或国家当局（视情况而定）提供可靠的关于现实世界中 CO_2 排放和重型车辆能源消耗的非个人数据。

③ 参考本条第一段和第二段的内容，欧盟委员会可通过根据第十四条的审查程序采取行动。

附录

2017 年节能与新能源汽车政策汇总

（1）国家政策汇总

附表 1　国家政策汇总

政策类别	发布时间	政策名称	文件字号	出台单位	主要内容
标准建设	2017/6/13	国家车联网产业标准体系建设指南（智能网联汽车）（2017 年）（征求意见稿）	—	工信部办公厅、国家标准化管理委员会办公室	到 2020 年，初步建立能够支撑驾驶辅助和低级别自动驾驶的智能网联汽车标准体系；到 2025 年，系统形成能够支撑高级别自动驾驶的智能网联汽车标准体系
标准建设	2017/12/28	关于实施 GB 7258-2017、GB 13094-2017、GB 11567-2017 三项强制性标准相关工作的通知	中机函〔2017〕586 号	中机车辆技术服务中心	包括对 GB 7258-2017《机动车运行安全技术条件》、GB 13094-2017《客车结构安全要求》和 GB 11567-2017《汽车及挂车侧面和后下部防护要求》3 项强制性标准《公告》管理的相关实施工作
产业规划	2017/12/14	促进新一代人工智能产业发展三年行动计划（2018—2020 年）	工信部科〔2017〕315 号	工信部	到 2020 年，建立可靠、安全、实时性强的智能网联汽车智能化平台，形成平台相关标准，支撑高度自动驾驶（HA 级）
充电设施	2017/1/13	关于加快单位内部电动汽车充电基础设施的通知	国能电力〔2017〕19 号	国家能源局、国有资产监督管理委员会、国家机关事务管理局	到 2020 年，公共机构新建和既有停车场要规划建设配备充电设施比例不低于 10%；中央国家机关及所属在京公共机构比例不低于 30%；在京中央企业比例力争不低于 30%
共享经济	2017/7/3	关于促进分享经济发展的指导性意见	发改高技〔2017〕1245 号	国家发改委、中央网络安全和信息化委员会办公室、工信部、人力资源社会保障部、税务总局、工商总局、国家质量监督检验检疫总局、国家统计局	要合理界定不同行业领域分享经济的业态属性，分类细化管理。避免用旧办法管制新业态，破除行业壁垒和地域限制，进一步取消或放宽资源提供者市场准入条件限制。探索建立政府、平台企业、行业协会以及资源提供者和消费者共同参与的分享经济多方协同治理机制

（续表）

政策类别	发布时间	政策名称	文件字号	出台单位	主要内容
行业管理	2017/10/27	关于印发公平竞争审查制度实施细则（暂行）的通知	发改价监〔2017〕1849 号	国家发改委、财政部、商务部、工商总局、国务院法制办	行政机关等具有管理公共事务职能的组织，在制定市场准入、产业发展、招商引资、招标投标、政府采购、经营行为规范、资质标准等涉及市场主体经济活动的规章、规范性文件和其他政策措施时，应进行公平竞争审查，评估对市场竞争的影响，防止排除、限制市场竞争
行业管理	2017/11/3	关于 2016 年度、2017 年度乘用车企业平均燃料消耗量管理有关工作的通知	工信部联装〔2017〕266 号	工信部	2016 年度平均燃料消耗量负积分的企业，可用 2017 年度自身产生的平均燃料消耗量正积分、新能源汽车正积分，或参照《积分办法》规定的关联企业转让、购买新能源汽车正积分等方式于 2017 年度积分考核时抵偿归零。2016 年度、2017 年度企业平均燃料消耗量负积分不能抵偿归零的，应向工信部提交其生产或者进口调整计划，使预期产生的正积分能够抵偿其尚未抵偿的负积分；在其负积分抵偿归零前，对其燃料消耗量达不到《乘用车燃料消耗量评价方法及指标》车型燃料消耗量目标值的新产品，不列入《道路机动车辆生产企业及产品公告》
行业管理	2017/4/5	汽车销售管理办法	令 2017 年第 1 号	商务部	国家鼓励发展共享型、节能型、社会化的汽车销售和售后服务网络，加快城乡一体的汽车销售和售后服务网络建设，加强新能源汽车销售和售后服务网络建设，推动汽车流通模式创新
行业管理	2017/8/8	关于促进小微型客车租赁健康发展的指导意见	交运发〔2017〕110 号	运输服务司	总体要求、夯实安全管理基础、提升服务能力、鼓励分时租赁发展、营造良好发展环境共 5 部分 13 条内容
行业管理	2017/9/28	乘用车企业平均燃料消耗量与新能源汽车积分并行管理办法	2017 年第 44 号令	工信部、财政部、商务部、海关总署、质量监督检验检疫总局	对乘用车企业实施平均燃料消耗量和新能源汽车积分并行管理的举措。传统能源乘用车年度生产量或进口量不满 3 万辆的企业，不设定新能源汽车积分比例要求；达到 3 万辆以上的，2019 年度、2020 年度，新能源汽车积分比例要求分别为 10%、12%。2021 年度及以后年度的新能源汽车积分比例要求，由工信部另行公布

（续表）

政策类别	发布时间	政策名称	文件字号	出台单位	主要内容
行业管理	2017/01/16	新能源汽车生产企业及产品准入管理规定	2017 年第 39 号令	工信部	明确了新能源汽车生产企业及产品准入的条件、程序和期限，简化了审批程序，进一步规范了检测活动
宏观政策	2017/1/5	国务院关于印发“十三五”节能减排综合工作方案的通知	国发〔2016〕74 号	国务院	到 2020 年，节能环保、新能源装备、新能源汽车等绿色低碳产业总产值突破 10 万亿元，成为支柱产业
宏观政策	2017/10/30	工业和信息化部关于印发产业关键共性技术发展指南（2017 年）的通知	工信部科〔2017〕251 号	工信部	共提出优先发展的产业关键共性技术 174 项，其中，汽车方面有 5 项，包括电驱动系统技术、智能网联汽车技术、动力电池能量存储系统技术、动力电池全自动信息化生产工艺与装备、汽车节能技术；在固体废弃物处理方面，包括废旧电池回收技术
宏观政策	2017/11/20	关于印发增强制造业核心竞争力三年行动计划（2018—2020 年）的通知	发改产业〔2017〕2000 号	国家发改委	制定了智能汽车等 9 个重点领域关键技术产业化实施方案
宏观政策	2017/3/7	营运客车安全技术条件	交办运〔2017〕31 号	交通运输部运输服务司	从整车、主要总成、安全防护装置等方面，对运营客车安全性能和结构配置提出了最基本的安全技术要求
宏观政策	2017/3/8	企业投资项目核准和备案管理办法	中华人民共和国国家发展和改革委员会令第 2 号	国家发改委	地方企业投资建设的项目，可以分别通过项目所在地省级政府投资主管部门、行业管理部门向国务院投资主管部门、国务院行业管理部门转送项目申请报告
宏观政策	2017/4/25	汽车产业中长期发展规划	工信部联装〔2017〕53 号	工信部、国家发改委、科技部	2020 年，新能源汽车产销达 200 万辆，动力电池单体能量密度达到 300 Wh/kg 以上，力争实现 35 0300 Wh/kg，系统比能量力争达到 260 Wh/kg，成本降至 1 元 /Wh 以下
宏观政策	2017/5/12	交通运输部办公厅关于开展汽车维修电子健康档案系统建设工作的通知	交办运〔2017〕69 号	交通运输部办公厅	2017 年年底，基本完成部级汽车维修电子健康档案验证系统建设；完成 6~10 个省市的系统建设试点。2018 年年底，开展部级汽车维修电子健康档案系统建设；初步完成全国各省（区、市）及新疆生产建设兵团各省级系统建设，实现对各省市 80% 一类维修企业、70% 二类维修企业的覆盖，并积极扩展覆盖 3 类维修企业。建立汽车生产企业的维修数据上传机制及顺畅协调机制

（续表）

政策类别	发布时间	政策名称	文件字号	出台单位	主要内容
基础设施	2017/7/17	住房城乡建设部办公厅关于开展城市停车设施规划建设督查工作的通知	建办城函〔2017〕495 号	住房和城乡建设部办公厅	城市电动汽车充电基础设施规划建设情况；居住（小）区改造建设停车场及建设充电设施情况；小微型客车租赁停车场地设置、公共停车场等为分时租赁车辆停放提供便利情况；自行车交通网络、互联网租赁自行车停车设施规划建设情况
技术研发	2017/11/23	关于调整 GB/T 31467.3—2015 审查技术要求的通知	中机函〔2017〕501 号	中机车辆技术服务中心	对 GB/T 31467.3-2015《电动汽车用锂离子动力蓄电池包和系统第 3 部分：安全性要求与测试方法》审查技术要求进行调整，新申报的汽车产品自 2018 年 1 月 1 日（公告第 304 批）开始执行
技术研发	2017/3/20	锂离子电池工厂设计规范（征求意见稿）	建标工征〔2017〕21 号	住房城乡建设部	锂离子电池工厂设计建设的标准化规范化
技术研发	2017/6/6	关于批准发布 GBT 31467.3—2015 电动汽车用锂离子动力蓄电池包和系统第 3 部分：安全性要求与测试方法第 1 号修改单的公告	2017 年第 14 号	国家标准化管理委员会	国家标准化管理委员会批准 GB/T 31467.3-2015《电动汽车用锂离子动力蓄电池包和系统第 3 部分：安全性要求与测试方法》第 1 号修改单，自 2017 年 7 月 1 日起实施
建议提案复文公开	2017/10/25	关于对十二届全国人大五次会议第 9121 号建议的答复	工信建议〔2017〕163 号	工信部	结合代表建议，对新能源汽车产业已完成工作和下一步工作计划进行了答复
汽车租赁	2017/6/1	关于促进汽车租赁业健康发展的指导意见	—	交通运输部、住房和城乡建设部	对汽车租赁的各个方面提出了具体要求，其中专门强调，要鼓励分时租赁规范有序发展
人工智能	2017/7/20	国务院关于印发新一代人工智能发展规划的通知	国发〔2017〕35 号	国务院	到 2020 年，人工智能总体技术和应用与世界先进水平同步，人工智能产业成为新的重要经济增长点，人工智能技术应用成为改善民生的新途径；到 2025 年，人工智能基础理论实现重大突破，部分技术与应用达到世界领先水平，人工智能成为我国产业升级和经济转型的主要动力，智能社会建设取得积极进展；到 2030 年，人工智能理论、技术与应用总体达到世界领先水平，成为世界主要人工智能创新中心

（续表）

政策类别	发布时间	政策名称	文件字号	出台单位	主要内容
认证监管	2017/5/18	国家认监委关于调整汽车产品强制性认证依据标准的公告	国家认监委 2017 年第 13 号公告	国家认证认可监督管理委员会	为加强汽车产品质量监管，确保强制性产品认证有效性和公信力，国家认证认可监督管理委员会决定将 GB18352.6（轻型汽车污染物排放限值及测量方法（中国第六阶段））及新能源汽车产品相关标准纳入强制性认证实施
税收优惠	2017/12/26	关于免征新能源汽车车辆购置税的公告	财政部公告 2017 年第 172 号	财政部、税务总局、工信部、科技部	自 2018 年 1 月 1 日至 2020 年 12 月 31 日，对购置的新能源汽车免征车辆购置税
投资管理	2017/6/12	关于完善汽车投资项目管理的意见	发改产业〔2017〕1055 号	国家发改委	规范新能源汽车企业投资项目条件。申请新建纯电动乘用车企业（包括现有商用车企业生产纯电动乘用车）投资项目，应符合《新建纯电动乘用车企业管理规定》（国家发改委工信部 2015 年第 27 号令）的要求
推广应用	2017/11/8	关于调整汽车贷款有关政策的通知	银发〔2017〕234 号	中国人民银行、中国银行业监督管理委员会	自用新能源汽车贷款最高发放比例为 85%，商用新能源汽车贷款最高发放比例为 75%
推广应用	2017/12/07	交通运输部关于全面深入推进绿色交通发展的意见	交政研发〔2017〕186 号	交通运输部	到 2020 年，交通运输行业新能源和清洁能源车辆数量达 60 万辆
推广应用	2017/12/26	关于组织开展城市绿色货运配送示范工程的通知	交办运〔2017〕191 号	交通运输部办公厅、公安部办公厅、商务部办公厅	健全完善城市货运配送需求调查制度，科学确定并及时向社会公布配送车辆禁止、限制通行的区域和时间；对城市配送车辆依照规定发放通行证，并向社会公布通行证办理的条件和程序
推广应用	2017/8/24	交通运输部关于加快发展冷链物流保障食品安全促进消费升级的实施意见	交运发〔2017〕127 号	交通运输部	鼓励多温层冷藏车、冷藏集装箱、冷藏厢式半挂车、低温保温容器等标准化运载单元以及轻量化、新能源等节能环保冷藏保温车型在冷链物流中推广使用，提高冷链物流装备的专业化、标准化、轻量化水平
智能网联	2017/12/29	关于印发国家车联网产业标准体系建设指南（智能网联汽车）的通知	工信部联科〔2017〕332 号	工信部	到 2020 年，初步建立能够支撑驾驶辅助及低级别自动驾驶的智能网联汽车标准体系。到 2025 年，系统形成能够支撑高级别自动驾驶的智能网联汽车标准体系

（2）地方政策汇总

附表 2　地方政策汇总

省份	城市	发布日期	政策名称	文件字号	出台单位
安徽省	安徽省	2017/2/24	关于印发安徽省“十三五”汽车和新能源汽车产业发展规划的通知	皖经信规划〔2017〕46 号	安徽省经济和信息化委员会
安徽省	安徽省	2017/8/21	关于印发安徽省电动汽车充电基础设施建设规划（2017—2020 年）的通知	皖发改能源〔2017〕577 号	安徽省发改委
安徽省	安徽省	2017/8/24	安徽省关于印发支持新能源汽车产业创新发展和推广应用若干政策的通知	皖政〔2017〕110 号	安徽省人民政府
安徽省	合肥	2017/5/9	合肥市关于调整新能源汽车推广应用政策的通知	合政办〔2017〕35 号	合肥市人民政府办公厅
安徽省	合肥	2017/6/27	关于印发合肥市新能源汽车推广应用财政补助管理细则（2017 修订）的通知	合科〔2017〕63 号	合肥市科学技术局、财政局
安徽省	合肥	2017/11/30	合肥市综合能源发展规划 (2016—2030)	合发改能源〔2017〕1251 号	合肥市发改委
安徽省	合肥	2017/12/22	关于印发合肥市新能源汽车绿色出行实施方案（2017—2020 年）的通知	合政办〔2017〕87 号	合肥市人民政府办公厅
北京市	北京	2017/3/22	关于调整北京市示范应用新能源小客车相关政策的通知	京科发〔2017〕25 号	北京市科学技术委员会、北京市发改委、北京市经济和信息化委员会、北京市财政局、北京市交通委员会
北京市	北京	2017/7/14	关于印发北京市推广应用新能源商用车管理办法的通知	京科发〔2017〕123 号	北京市科学技术委员会

（续表）

省份	城市	发布日期	政策名称	文件字号	出台单位
北京市	北京	2017/7/25	关于进一步做好 2016 年度北京市推广应用新能源汽车市级财政补助资金兑付工作的通知	京经信委发〔2017〕48 号	北京市经济和信息化委员会、北京市发改委、北京市科学技术委员会、北京市财政局
北京市	北京	2017/8/9	关于印发实施北京市鼓励单位内部公用充电设施建设的办法（试行）的通告	京管发〔2017〕99 号	北京市城市管理委员会、北京市科学技术委员会、北京市财政局
北京市	北京	2017/8/20	关于进一步加强电动汽车充电基础设施建设和管理的实施意见	京政办发〔2017〕36 号	北京市人民政府办公厅
北京市	北京	2017/8/25	关于印发实施 2017 年度北京市单位内部公用充电设施建设补助资金申报指南的通知	京管发〔2017〕112 号	北京市城市管理委员会
北京市	北京	2017/9/11	北京市推广应用新能源商用车生产企业及产品备案管理细则	京经信委发〔2017〕61 号	北京市经济和信息化委员会、北京市发改委、北京市科学技术委员会、北京市城市管理委员会、北京市质量技术监督局
福建省	福建省	2017/9/23	关于印发福建省新能源汽车产业发展规划 (2017—2020 年) 的通知	闽政〔2017〕36 号	福建省人民政府
福建省	福建省	2017/9/26	关于加快全省新能源汽车推广应用促进产业发展的实施意见	闽政办〔2017〕110 号	福建省人民政府办公厅
福建省	福建省	2017/9/30	关于加快充电基础设施建设促进新能源汽车推广应用的实施方案的通知	闽发改能源〔2017〕649 号	福建省发改委、福建省住房和城乡建设厅
福建省	福州	2017/1/20	福州市新能源非公交汽车推广应用补助暂行办法	榕政办〔2017〕18 号	福州市人民政府办公厅
福建省	福州	2017/9/30	关于组织申报 2017 年第一批电动汽车充电基础设施建设省级补助资金的通知	—	福州市发改委、福州市经济和信息化委员会、福州市财政局
福建省	福州	2017/10/14	关于成立福州市新能源汽车推广应用和产业基地建设领导小组的通知	榕政办〔2017〕289 号	福州市人民政府办公厅

（续表）

省份	城市	发布日期	政策名称	文件字号	出台单位
福建省	福州	2017/11/13	关于印发福州市新能源公交车置换计划的通知	—	福州市新能源公交车置换工作领导小组办公室
福建省	福州	2017/12/5	关于加快新能源汽车推广应用促进产业发展实施方案的通知	榕政办〔2017〕341 号	福州市人民政府办公厅
福建省	泉州	2017/10/18	关于成立泉州市新能源公交车推广应用专门工作小组的通知	泉政办网传〔2017〕36 号	泉州市人民政府办公室
福建省	厦门	2017/7/4	厦门市 2017—2020 年新能源汽车推广应用财政补贴办法	厦经信能源〔2017〕374 号	厦门市经济和信息化局、厦门市发改委、厦门市财政局、厦门市交通运输局
福建省	厦门	2017/12/5	厦门市 2017—2020 年新能源公交车推广应用工作方案	厦府办〔2017〕213 号	厦门市人民政府办公厅
福建省	厦门	2017/12/13	厦门市加快新能源汽车推广应用促进产业发展实施意见	厦府办〔2017〕222 号	厦门市人民政府办公厅
福建省	厦门	2017/12/15	厦门市 2017—2020 年关于加快充电基础设施建设促进新能源汽车推广应用的实施方案	厦发改交能〔2017〕912 号	厦门市发改委
甘肃省	甘肃省	2017/4/7	甘肃省关于调整省级新能源汽车推广应用财政补贴政策的通知	甘财经一〔2017〕27 号	甘肃省财政厅、甘肃省工业和信息化委员会、甘肃省科技厅
广东省	东莞	2017/7/14	东莞市新能源汽车产业发展“十三五”规划	东府办〔2017〕96 号	东莞市人民政府办公室
广东省	东莞	2017/9/1	关于印发东莞市“十三五”电动汽车充电基础设施规划的通知	东发改〔2017〕492 号	东莞市发展和改革局
广东省	佛山	2017/9/1	关于公开征求佛山市电动汽车充电服务收费方案意见的公告	—	佛山市发展和改革局
广东省	佛山	2017/10/18	关于印发佛山市南海区促进新能源汽车产业发展扶持办法的通知	—	佛山市南海区人民政府

（续表）

省份	城市	发布日期	政策名称	文件字号	出台单位
广东省	佛山	2017/11/1	佛山市发展和改革局关于电动汽车充电服务收费有关问题的通知	佛发改价〔2017〕31 号	佛山市发展和改革局
广东省	佛山	2017/12/12	关于开展 2016 年度新能源汽车推广应用专项核查的通知	—	佛山市发展和改革局、佛山市财政局
广东省	广东省	2017/5/13	关于印发实施珠三角规划纲要 2017 年重点工作任务的通知	粤府函〔2017〕121 号	广东省人民政府
广东省	广东省	2017/11/29	关于开展 2016 年度新能源汽车推广应用专项核查的通知	粤发改产业函〔2017〕6271 号	广东省发改委、广东省财政厅
广东省	广州	2017/4/1	关于印发进一步加强电动汽车充电基础设施建设运营管理的通知	穗工信规字〔2017〕2 号	广州市工业和信息化委
广东省	广州	2017/7/5	关于广州市 2016、2017 年新能源汽车购置地方财政补贴标准的通知	穗新能源汽车办〔2017〕2 号	广州市发改委
广东省	广州	2017/10/25	关于印发广州市新能源汽车发展工作方案（2017—2020 年）的通知	穗府办函〔2017〕263 号	广州市人民政府
广东省	惠州	2017/2/24	惠州市关于电动汽车充电服务费标准的通知	惠市发改（价）〔2017〕18 号	惠州市发展和改革局
广东省	惠州	2017/8/10	关于惠州市电动汽车充电基础设施专项规划（2016—2020 年）的公示	—	惠州市发展和改革局
广东省	惠州	2017/12/29	惠州市关于开展 2016 年度新能源汽车推广应用专项核查的通知	惠市发改函〔2017〕1746 号	惠州市发展和改革局
广东省	深圳	2017/7/18	关于印发深圳市 2017 年新能源汽车推广应用财政支持政策的通知	—	深圳市财政委员会、深圳市发改委

（续表）

省份	城市	发布日期	政策名称	文件字号	出台单位
广西壮族自治区	广西壮族自治区	2017/2/8	广西新能源汽车产业发展“十三五”规划	—	广西壮族自治区工业和信息化委员会
广西壮族自治区	广西壮族自治区	2017/11/23	关于印发广西新能源汽车专用号牌推广应用工作方案的通知	桂政办发〔2017〕165 号	广西壮族自治区人民政府
广西壮族自治区	广西壮族自治区	2017/12/28	关于印发广西汽车产业新跨越行动方案的通知	桂政办发〔2017〕195 号	广西壮族自治区人民政府
广西壮族自治区	南宁	2017/9/15	关于印发南宁市车辆停放服务收费管理办法的通知	南府规〔2017〕28 号	南宁市人民政府
贵州省	贵阳	2017/2/27	关于修订市人民政府办公厅关于促进贵阳市推广应用新能源汽车的实施意见相关条款的通知	筑府办函〔2017〕21 号	贵阳市人民政府办公厅
贵州省	贵阳	2017/7/31	关于印发贵阳市“十三五”控制温室气体排放工作实施方案的通知	筑府发〔2017〕16 号	贵阳市人民政府
贵州省	贵阳	2017/8/31	贵阳：关于加快电动汽车充电基础设施建设确保完成 2017 年度建设目标的通知	筑府办函〔2017〕143 号	贵阳市人民政府
贵州省	贵州省	2017/2/28	关于印发贵州省“十三五”新兴产业发展规划的通知	黔经信技质〔2017〕9 号	贵州省经济和信息化委员会
贵州省	贵州省	2017/4/14	关于印发“十三五”控制温室气体排放工作实施方案的通知	黔府发〔2017〕6 号	贵州省人民政府
贵州省	贵州省	2017/7/20	关于调整我省新能源汽车推广应用补助政策的通知	黔经信装备〔2017〕24 号	贵州省经济和信息化委员会、贵州省财政厅、贵州省科学技术厅、贵州省发改委

（续表）

省份	城市	发布日期	政策名称	文件字号	出台单位
贵州省	贵州省	2017/9/10	关于印发贵州省支持电动汽车充电基础设施加快建设若干政策措施的通知	黔府办发〔2017〕45 号	贵州省人民政府办公厅
海南省	海南省	2017/2/16	海南省电动汽车充电基础设施建设运营省级补贴实施暂行办法	琼发改交能〔2017〕349 号	海南省发改委、海南省财政厅
海南省	海南省	2017/3/20	关于印发海南省“十三五”能源发展规划的通知	琼府办〔2017〕51 号	海南省人民政府办公厅
海南省	海南省	2017/4/1	海南省：关于开展新能源汽车企业备案的通知	琼商建〔2017〕109 号	海南省商务厅、海南省工业和信息化厅
海南省	海南省	2017/4/25	关于印发 2017 年海南省新能源汽车推广应用重点工作任务的通知	琼府办〔2017〕72 号	海南省人民政府办公厅
海南省	海南省	2017/10/15	关于印发海南省新能源汽车推广应用省级财政补贴实施办法的通知	琼财建〔2017〕1587 号	海南省财政厅、海南省工业和信息化厅、海南省公安厅
海南省	海南省	2017/11/27	海南省物价局关于电动汽车用电实行扶持性电价政策有关问题的通知	琼价价管〔2017〕668 号	海南省物价局
海南省	海南省	2017/12/20	海南省物价局关于电动汽车充换电服务收费有关问题的通知	琼价价管〔2017〕749 号	海南省物价局
海南省	海南省	2017/12/29	关于印发海南省加快推进物流降本增效促进实体经济发展实施方案的通知	琼府办〔2017〕221 号	海南省人民政府
海南省	三亚	2017/4/21	关于印发三亚市电动汽车充电基础设施管理暂行办法的通知	三府〔2017〕106 号	三亚市人民政府
海南省	三亚	2017/5/31	关于印发三亚市电动汽车充电基础设施建设规划（2016—2020 年）的通知	三府〔2017〕154 号	三亚市人民政府

（续表）

省份	城市	发布日期	政策名称	文件字号	出台单位
河北省	保定	2017/10/26	保定市人民政府办公厅关于印发保定市新能源汽车充电基础设施专项规划（2016—2025 年）的通知	—	保定市人民政府办公厅
河北省	河北省	2017/12/13	河北省关于调整电动汽车充电服务费标准等有关事项的通知	冀价管〔2017〕179 号	河北省物价局
河南省	河南省	2017/1/6	关于印发河南省“十三五”战略性新兴产业发展规划的通知	豫政办〔2017〕11 号	河南省人民政府办公厅
河南省	河南省	2017/9/26	关于组织开展 2017 年第二批充电设施运营商目录管理工作的通知	豫发改办能源〔2017〕98 号	河南省发改委
河南省	洛阳	2017/8/24	洛阳市中心城区电动汽车充电设施专项规划	—	洛阳市城乡规划委员会
河南省	郑州	2017/5/22	郑州市加快电动汽车充电基础设施建设实施方案（2017—2020 年）	郑政办〔2017〕65 号	郑州市人民政府
河南省	郑州	2017/12/29	郑州市人民政府关于实施机动车限行措施的通告	郑政通〔2017〕42 号	郑州市人民政府
黑龙江省	哈尔滨	2017/11/24	关于我市电动汽车充电服务费收费标准有关事项的通知	哈发改价费〔2017〕364 号	哈尔滨市发改委
黑龙江省	哈尔滨	2017/12/18	关于促进哈尔滨市新能源汽车推广应用和产业发展的若干政策规定	哈政规〔2017〕47 号	哈尔滨市人民政府
黑龙江省	黑龙江省	2017/5/12	关于印发黑龙江省新能源公交车推广应用省级补助资金管理办法的通知	黑财规审〔2017〕9 号	黑龙江省财政厅、黑龙江省交通运输厅、黑龙江省工业和信息化委员会
黑龙江省	黑龙江省	2017/6/14	关于加快电动汽车充电基础设施建设的意见	黑发改电力〔2017〕240 号	黑龙江省发改委、黑龙江省工业和信息化委员会、黑龙江省财政厅、黑龙江省科技厅、黑龙江省住房和城乡建设厅、黑龙江省物价监督管理局

（续表）

省份	城市	发布日期	政策名称	文件字号	出台单位
黑龙江省	黑龙江省	2017/7/7	黑龙江省电动汽车充电基础设施建设运营管理暂行办法	黑发改规〔2017〕2 号	黑龙江省发改委
黑龙江省	黑龙江省	2017/12/25	黑龙江省人民政府关于推动新能源汽车产业创新发展的意见	黑政规〔2017〕33 号	黑龙江省人民政府
湖北省	湖北省	2017/2/28	湖北省新能源汽车及专用车产业“十三五”发展规划	鄂经信规划〔2017〕9 号	湖北省经济和信息化委员会
湖北省	湖北省	2017/10/28	省人民政府关于印发湖北省能源发展“十三五”规划的通知	鄂政发〔2017〕51 号	湖北省政府
湖北省	武汉	2017/4/6	武汉市新能源汽车充电基础设施补贴实施方案	武发改能源〔2017〕192 号	武汉市发改委
湖北省	武汉	2017/8/31	关于印发武汉市新能源汽车推广应用和产业化工作实施方案（2017—2020 年）的通知	武政规〔2017〕42 号	武汉市人民政府
湖北省	武汉	2017/9/3	武汉市关于加快新能源汽车推广应用若干政策的通知	武政规〔2017〕43 号	武汉市经济和信息化委员会
湖北省	武汉	2017/12/23	武汉市碳排放达峰行动计划（2017—2022 年）	武政〔2017〕36 号	武汉市人民政府
湖北省	襄阳	2017/9/15	关于印发襄阳市“十三五”全民节能行动计划的通知	襄发改环资〔2017〕517 号	襄阳市发改委
湖北省	襄阳	2017/12/27	关于襄阳市 2017 年新能源汽车推广应用财政支持政策的通知	—	襄阳市汽车产业办公室、襄阳市财政局、襄阳市科技局
湖南省	湖南省	2017/2/22	关于下达新能源汽车充电设施建设奖励资金的通知	湘财建指〔2017〕23 号	湖南省财政厅
湖南省	湖南省	2017/7/31	关于开展 2016 年度新能源汽车推广应用省级奖补资金清算工作的通知	湘经信装备〔2017〕553 号	湖南省经济和信息化委员会、湖南省财政厅

（续表）

省份	城市	发布日期	政策名称	文件字号	出台单位
吉林省	吉林省	2017/1/25	吉林省“十三五”控制温室气体排放工作方案的通知	吉政办发〔2017〕13 号	吉林省人民政府办公厅
吉林省	吉林省	2017/8/14	吉林省电力发展“十三五”规划	—	吉林省能源局
江苏省	常州	2017/4/17	常州市关于申报 2016 年度新能源汽车充电设施省、市两级财政补贴资金的通知	常经信产业〔2017〕87 号	常州市经信局、常州市财政局
江苏省	常州	2017/8/31	2017 年常州市新能源汽车推广应用地方财政补贴实施细则	常财工贸〔2017〕49 号	常州市财政局、常州市经济和信息化委员会
江苏省	江苏省	2017/1/3	关于做好新能源汽车推广应用安全监管工作的通知	苏经信产业〔2017〕2 号	江苏省经济和信息化委员会
江苏省	江苏省	2017/4/11	关于做好 2017 年新能源汽车推广应用地方财政补助工作的通知	苏财工贸〔2017〕13 号	江苏省经济和信息化委员会
江苏省	江苏省	2017/4/28	关于印发江苏省“十三五”能源发展规划的通知	苏政办发〔2017〕62 号	江苏省人民政府办公厅
江苏省	南京	2017/6/23	关于印发 2017 年南京市新能源汽车推广应用财政补贴实施细则的通知	宁财企〔2017〕460 号	南京市交通运输局
江苏省	南京	2017/8/29	关于印发南京市“十三五”新能源汽车推广应用实施方案的通知	宁政办发〔2017〕156 号	南京市人民政府办公厅
江苏省	南通	2017/5/31	2017 年南通市新能源汽车推广应用地方财政补贴实施细则	通财综〔2017〕6 号	南通市财政局
江苏省	苏州	2017/1/25	关于做好新能源汽车推广应用安全监管工作的通知	苏经信产投〔2017〕2 号	苏州市人民政府
江苏省	苏州	2017/4/18	关于转发 2016 年苏州市新能源汽车推广应用市级财政补贴实施细则的通知	苏府办〔2017〕122 号	苏州市人民政府

（续表）

省份	城市	发布日期	政策名称	文件字号	出台单位
江苏省	苏州	2017/6/1	关于下达 2017 年新能源汽车推广应用目标的通知	苏新汽工办〔2017〕3 号	苏州市新能源汽车推广应用工作领导小组办公室
江苏省	苏州	2017/9/20	关于苏州市新能源汽车推广应用市级财政补贴等实施细则的补充规定的通知	苏府办〔2017〕271 号	苏州市人民政府办公室
江苏省	苏州	2017/10/9	关于开展新能源汽车推广应用财政补贴申报市级工作的通知	苏经信产投〔2017〕35 号	苏州市人民政府
江苏省	苏州	2017/11/1	关于转发 2017 年苏州市新能源汽车推广应用市级财政补贴实施细则的通知	苏府办〔2017〕317 号	苏州市人民政府
江苏省	无锡	2017/1/23	无锡市关于做好新能源汽车推广应用安全监管工作的通知	锡新办发〔2017〕1 号	无锡市新能源汽车推广应用工作领导小组办公室
江苏省	无锡	2017/3/28	关于印发无锡市电动汽车充电设施布局规划（2016—2020 年）的通知	锡政办发〔2017〕53 号	无锡市人民政府法制办公室
江苏省	无锡	2017/5/31	2017 年无锡市新能源汽车推广应用财政补贴实施细则	锡财工贸〔2017〕33 号	无锡市经济和信息化委员会
江苏省	无锡	2017/8/30	2017 年无锡市新能源汽车推广应用实施方案	锡政办发〔2017〕169 号	无锡市人民政府办公室
江苏省	徐州	2017/8/2	2017 年徐州市新能源汽车推广应用财政补贴实施细则	—	徐州市经济和信息化委员会
江苏省	扬州	2017/5/3	关于继续执行电动汽车充电服务价格的通知	扬价工〔2017〕36 号	扬州市物价局
江苏省	扬州	2017/11/15	2017 年扬州市新能源汽车推广应用地方财政补助实施细则	—	扬州市财政局、扬州市经济和信息化委员会
江苏省	扬州	2017/12/29	扬州市市区机动车停放服务收费管理实施办法	扬价规〔2017〕1 号	扬州市物价局、扬州市公安局

（续表）

省份	城市	发布日期	政策名称	文件字号	出台单位
江西省	江西省	2017/5/17	2017 年江西省新能源汽车推广应用财政补助和奖励方案	赣车办字〔2017〕4 号	江西省新能源汽车推广应用办公室
江西省	江西省	2017/12/25	关于江西省各级国家机关、事业单位、社会团体补录 2018 年度传统动力及新能源汽车政府采购协议供货有关事宜的通知	赣财购〔2017〕72 号	江西省财政厅
江西省	南昌	2017/9/30	关于印发 2017 年南昌市新能源汽车推广应用财政补助和奖励方案的通知	洪新汽办〔2017〕6 号	南昌市新能源推广应用工作协调小组办公室
江西省	南昌	2017/11/6	关于做好 2016 年度我市省级和市级电动汽车充电基础设施补贴资金申请工作的通知	洪发改能源字〔2017〕57 号	南昌市发改委
江西省	南昌	2017/12/7	关于南昌市申报 2016 年度省级充电设施补贴资金的请示	洪发改文〔2017〕281 号	南昌市发改委
辽宁省	辽宁省	2017/4/25	关于印发辽宁省污染防治与生态建设和保护攻坚行动计划（2017—2020 年）的通知	辽政发〔2017〕22 号	辽宁省人民政府
内蒙古自治区	呼和浩特	2017/7/3	呼和浩特市新能源汽车销售商登记管理办法（试行）	呼新汽推〔2017〕2 号	呼和浩特市新能源汽车推广应用领导小组办公室
宁夏回族自治区	宁夏回族自治区	2017/2/23	关于做好 2016 年度城乡道路客运成品油及新能源公交车价格补助工作的通知	宁交办发〔2017〕35 号	宁夏回族自治区交通运输厅
宁夏回族自治区	宁夏回族自治区	2017/5/15	关于印发关于开展电能替代工作的实施意见的通知	宁发改能源（发展）〔2017〕297 号	宁夏回族自治区发改委
宁夏回族自治区	宁夏回族自治区	2017/6/8	关于印发宁夏回族自治区城市公共交通“十三五”规划纲要的通知	宁政办发〔2017〕102 号	宁夏回族自治区人民政府

（续表）

省份	城市	发布日期	政策名称	文件字号	出台单位
青海省	青海省	2017/6/6	关于印发青海省“十三五”全民节能行动计划实施方案的通知	青经信节〔2017〕217 号	青海省经济与信息化委员会
山东省	济南	2017/3/24	关于印发济南市电动汽车充电基础设施建设实施方案的通知	济政办发〔2017〕8 号	济南市人民政府办公厅
山东省	济南	2017/8/16	济南市关于电动汽车充电设施服务价格的通知	济发改物价〔2017〕464 号	济南市发改委
山东省	青岛	2017/5/24	青岛市关于确定我市电动汽车充电服务费的通知	青价格〔2017〕11 号	青岛市物价局
山西省	山西省	2017/3/7	山西省关于调整新能源汽车补贴政策的通知	晋财建〔2017〕7 号	山西省财政厅、科技厅、经济和信息化委员会和发改委
山西省	山西省	2017/3/17	山西省新能源汽车产业发展 2017 年行动计划	晋经信产业字〔2017〕67 号	山西省经济和信息化委员会
山西省	山西省	2017/6/6	关于印发山西省鼓励投资政策（2017 年版）的通知	晋政办发〔2017〕61 号	山西省人民政府办公厅
山西省	山西省	2017/9/25	山西省新能源汽车营销补助资金管理办法补充通知	晋财建〔2017〕119 号	山西省经济和信息化委员会
山西省	太原	2017/7/3	关于印发太原市机动车停放服务收费管理办法的通知	并政办发〔2017〕55 号	太原市人民政府办公厅
陕西省	西安	2017/3/13	关于印发进一步加快新能源汽车推广应用的实施方案的通知	市政办发〔2017〕21 号	西安市人民政府办公厅
陕西省	西安	2017/7/23	关于印发西安市机动车停车服务收费管理办法的通知	市政办发〔2017〕37 号	西安市人民政府
陕西省	西安	2017/8/29	关于规范电动汽车充电基础设施建设运营管理的实施意见	市政办发〔2017〕80 号	西安市人民政府办公厅

（续表）

省份	城市	发布日期	政策名称	文件字号	出台单位
陕西省	西安	2017/12/15	关于印发西安市新能源汽车及充换电设施信息平台运行管理暂行办法的通知	市政办函〔2017〕338 号	西安市人民政府办公厅
四川省	成都	2017/4/27	关于组织申报成都市 2017 年新能源汽车充换电设施市级补贴的通知	—	成都市经济和信息化委员会
四川省	成都	2017/5/11	关于印发成都市加快能源消费结构调整实施方案（2017—2020 年）的通知	成办函〔2017〕71 号	成都市人民政府
四川省	成都	2017/6/13	关于申报 2015 年新能源汽车推广应用成都市级配套财政补贴的通知	成经信财〔2017〕56 号	成都市经济和信息化委员会
四川省	成都	2017/7/20	成都市人民政府办公厅关于印发成都市支持新能源汽车推广应用若干政策的通知	成办发〔2017〕20 号	成都市人民政府办公厅
四川省	成都	2017/8/3	成都市发展和改革委员会关于我市电动汽车充电服务费有关问题的通知	成发改价格〔2017〕611 号	成都市发改委
四川省	成都	2017/9/27	成都市关于鼓励和规范新能源汽车分时租赁业发展的指导意见	成办函〔2017〕165 号	成都市交通运输委员会
四川省	成都	2017/11/17	成都市公安交管局关于新能源汽车停车收费实施减免的通知	成发改收费〔2017〕930 号	成都市发改委、成都市经济和信息化委员会、成都市财政局、成都市交通运输委员会、成都市公安交管局
四川省	四川省	2017/2/23	四川省“十三五”能源发展规划	川府发〔2017〕12 号	四川省人民政府
四川省	四川省	2017/2/28	四川省关于加快电动汽车充电基础设施建设的实施意见	川办发〔2017〕19 号	四川省人民政府办公厅
四川省	四川省	2017/7/5	关于在省直机关开展新能源汽车自助分时租赁应用试点工作的通知	川机管函〔2017〕615 号	四川省机关事务管理局

（续表）

省份	城市	发布日期	政策名称	文件字号	出台单位
四川省	四川省	2017/9/27	关于印发四川省“十三五”汽车产业发展指导意见的通知	川经信汽车〔2017〕329 号	四川省经济和信息化委员会
天津市	天津	2017/1/5	天津市新能源汽车充电基础设施发展规划（2016—2020 年）	津发改工业〔2017〕4 号	天津市发改委
天津市	天津	2017/4/25	关于进一步加强在津推广应用新能源汽车安全服务保障的通知	津新能源推广〔2017〕2 号	天津市发改委、天津市交通运输委员会、天津市科学技术委员会、天津市市场监管委员会、天津市工业和信息化委员会、天津市财政局
天津市	天津	2017/4/28	天津市推广应用新能源汽车地方补助管理办法（2017 年）	—	天津市财政局、天津市工业和信息化委员会
天津市	天津	2017/12/19	关于印发天津市新能源汽车充电基础设施建设运营暂行管理办法的通知	津发改工业〔2017〕1021 号	天津市发改委、天津市规划局、天津市国土资源和房屋管理局、天津市城建局、天津市工业和信息化委员会、天津市财政局
天津市	天津	2017/12/19	关于加快推进我市单位内部电动汽车充电设施建设的通知	津发改工业〔2017〕917 号	天津市发改委、天津市国有资产监督管理委员会、天津市机关事务管理局
西藏自治区	拉萨	2017/8/16	拉萨市能源发展规划（2016—2025 年）	—	拉萨市发改委
新疆维吾尔自治区	新疆维吾尔自治区	2017/3/1	新疆维吾尔自治区新能源汽车产业“十三五”发展规划	新经信科装〔2017〕77 号	新疆维吾尔自治区经济和信息化委员会、发改委、科技厅
云南省	云南省	2017/2/28	关于建立云南省新能源汽车产业发展部门联席会议制度的通知	云政办函〔2017〕24 号	云南省人民政府办公厅

（续表）

省份	城市	发布日期	政策名称	文件字号	出台单位
浙江省	杭州	2017/7/13	关于印发 2017—2018 年杭州市新能源汽车推广应用财政支持政策的通知	杭政办函〔2017〕70 号	杭州市人民政府办公厅
浙江省	杭州	2017/7/13	杭州市新能源电动汽车公用充电桩运营管理暂行办法	杭建科发（2017）70 号	杭州市城乡建设委员会
浙江省	杭州	2017/8/14	杭州市关于进一步完善参与本市新能源汽车推广应用企业及车型备案相关事宜的通知	—	杭州市新能源汽车发展与应用领导小组办公室
浙江省	杭州	2017/10/30	关于核定杭州约行新能源汽车服务有限公司新能源汽车公用充电桩充电服务价格的通知	杭价资〔2017〕148 号	杭州市物价局
浙江省	宁波	2017/6/26	关于调整 2017 年宁波市新能源汽车推广应用资金补助政策的通知	甬科合〔2017〕65 号	宁波市科学技术局、宁波市财政局
浙江省	宁波	2017/7/3	关于印发宁波市电动汽车充电基础设施建设实施方案的通知	甬政办发〔2017〕82 号	宁波市人民政府办公厅
浙江省	温州	2017/4/25	温州市中心城区电动汽车充电设施专项规划	温政函〔2017〕29 号	温州市规划局
浙江省	温州	2017/5/8	关于印发温州市智能制造发展三年行动计划（2016—2018 年）的通知	温强市办〔2016〕4 号	温州市经济和信息化委员会
浙江省	温州	2017/6/2	温州市关于促进新能源汽车推广应用的若干意见（送审稿）	—	温州市发改委
浙江省	温州	2017/12/19	关于温州市区新能源汽车推广应用地方补助事项的通知	温发改产〔2017〕330 号	温州市发改委、温州市财政局
浙江省	温州	2017/12/28	关于开展温州市区新能源汽车销售单位登记备案工作的通知	—	温州市发改委
重庆市	重庆	2017/8/3	关于重庆市 2017 年度新能源汽车推广应用财政补贴政策的通知	渝财产业〔2017〕180 号	重庆市财政局文件、重庆市经济和信息化委员会

（续表）

省份	城市	发布日期	政策名称	文件字号	出台单位
重庆市	重庆	2017/8/15	关于印发重庆市新能源汽车路桥通行年费免缴实施细则（暂行）的通知	渝经信发〔2017〕110 号	重庆市经济和信息化委员会、重庆市城市管理委员会
重庆市	重庆	2017/12/11	关于印发重庆市新能源汽车推广应用市级财政补助资金申报流程（暂行）的通知	渝经信发〔2017〕140 号	重庆市经济和信息化委员会
重庆市	重庆	2017/12/28	关于 2017 年充电设施奖补有关事项的通知	渝能源综〔2017〕105 号	重庆市能源局、重庆市财政局